江苏省文物局科研课题成果（课题合同编号：2014SK05）

明初南京五十三年

明孝陵博物馆　编著

东南大学出版社
SOUTHEAST UNIVERSITY PRESS

图书在版编目(CIP)数据

明初南京五十三年/明孝陵博物馆编著. —南京：
东南大学出版社,2018.3
ISBN 978-7-5641-7665-5

Ⅰ.①明… Ⅱ.①明… Ⅲ.①南京-地方史-研
究-明代 Ⅳ.①K295.31

中国版本图书馆 CIP 数据核字(2018)第 046781 号

明初南京五十三年

出版发行	东南大学出版社
社　　址	南京市四牌楼 2 号(邮编:210096)
出 版 人	江建中
责任编辑	马　伟
经　　销	全国各地新华书店
印　　刷	常州市武进第三印刷有限公司
开　　本	787mm×1 092mm　1/16
印　　张	18
字　　数	285 千字
版　　次	2018 年 3 月第 1 版
印　　次	2018 年 3 月第 1 次印刷
书　　号	ISBN 978-7-5641-7665-5
定　　价	68.00 元

本社图书若有印装质量问题,请直接与营销部联系,电话:025-83791830。

"明初南京五十三年"课题组

顾　　问　　范金民
负责人　　任　青　张鹏斗　陈　恳
主要成员　　崔龙龙　张彭欣　吴智煜
　　　　　　董圣兰　詹绍威　臧卓美
　　　　　　向阳鸣　王广勇
统　　稿　　王　韦

前　言

　　南京是我国四大古都之一，又以"六朝古都""十朝都会"而闻名于世。洪武元年（1368），明太祖朱元璋在此登基称帝，同年八月，下诏以金陵为南京，此为南京名称之始。永乐十九年（1421），明成祖朱棣迁都北京，以南京为留都。从朱元璋到朱棣，南京作为明朝都城共计五十三年，这五十三年也是南京第一次成为全国统一王朝的都城。彼时南京，不仅是大明帝国的政治中心，还是经济中心、教育文化中心。朱元璋及其后继者在南京制定了一系列的典章制度，或被后世直接因袭，或被改造利用，对中国历史的发展亦产生了深远影响。因此，明初五十三年是南京发展极为重要的一个时期，深入研究这段历史，对追溯南京的过去、反映南京的现在、探索南京的未来具有多方面的积极意义。

　　2014年，"明初南京五十三年"的研究获得了江苏省文物局科研课题的立项。南京博物院原院长梁白泉、明史专家马渭源等专家学者对课题的开展给予了建设性的意见和建议，由于工作变动等原因，申请课题时的负责人张鹏斗馆长及主要成员夏爱军先后退出，研究进度受到影响。2015年，明孝陵博物馆任青馆长继任课题负责人，多次召开相关会议，推进研究工作开展。2016年初，针对课题研究内容及承担人员现状，求教于中国明史学会副会长、南京大学特聘教授、明清史大家范金民先生。范金民教授不仅对研究内容予以热心指导，还请南京大学历史学院中国古代专业明清史方向2014级硕士研究生董圣兰、崔龙龙、张彭欣、吴智煜、詹绍威加入到研究队伍中来。在重新厘定研究内容与充实人员后，2017年初研究成果初步形成，经过不断修改调整，于同年年底正式结题并交付出版。

　　《明初南京五十三年》共分五章：

　　第一章《政治与社会》，第一节、第四节由崔龙龙撰写；第二节、第六节由张彭欣撰写；第三节和余论由吴智煜撰写；第五节、第七节由董圣兰撰写。

　　第二章《经济与各业》，第一节由吴智煜撰写；第二节由詹绍威撰写；第三节由崔龙龙撰写；第四节由张彭欣撰写；第五节、第六节由董圣兰撰写。

第三章《城市与建筑》，由明孝陵博物馆臧卓美撰写。

第四章《教育与科举》，由明孝陵博物馆向阳鸣撰写。

第五章《尊儒与驭士》，由明孝陵博物馆王广勇撰写。

全部书稿由明孝陵博物馆王韦统稿改定，任青审阅。

作为为数不多专门论述明初南京五十三年的专著，本书在突出南京地方断代史的同时，兼顾南京及中国的通史，避免了"只见树木，不见森林"的局限。研究中非常注重第一手资料的使用，除了官修正史、政书外，大量参考了地方志、笔记、文集、碑刻、诗词、小说等材料，并尝试将文献学、考古学、艺术与思想、社会学等研究方法综合运用，力争在前人的基础上有所突破。本书不以面面俱到为目标，而是选取最重要的五个方面作为研究对象，更注重研究的深度和内涵，做到既兼及全面，又突出重点；既有宏观全景的论述，又不乏微观细节的勾勒。

当然，成果出自众手，疏漏舛误、重叠不足之处在所难免，敬请读者批评指正！最后，向课题资助方江苏省文物局及课题的参与者致以诚挚谢意！向帮助、关心成果面世的诸位朋友一并致谢！

"明初南京五十三年"课题组

二〇一七年十二月

目　录

第一章　政治与社会

　　元末明初是个风起云涌的时代，元朝统治崩溃，群雄逐鹿中原。朱元璋这个出身寒微的淮北地方军阀逐渐扩展自己的势力，接连打败其他地方势力，最终取得全国政权。1368 年他将新王朝的首都定于南京。南京作为王朝的首都并不是第一次，在这之前就有东吴、东晋、宋、齐、梁、陈、南唐七个王朝定都于此地，但是这些王朝皆偏安一隅，像明朝这样大一统的王朝以南京为都城这是第一次，正如牟复礼所说：南京是统一的中国第一次在长江南岸远离历史上古老的心脏地带建立的都城。① 南京由此作为这个古老国家的权力中心，开始了一段新的辉煌之旅。

第一节　明初的帝都与皇权

一、定都南京与都城营建

　　南京虽然是一座六朝古都，有着都城的规模，但"六朝旧事随流水"，经过历次的战争后，尤其是元末战争期间，朱元璋和诸多势力反复以南京为中心争夺，使得南京城的基础设施破坏得很严重，亟待重建。一个新的王朝要有一个新的气象，建一座新城就势在必行，当确定把南京作为都城后，一场大规模营建新城的计划便展开了，史载："秋八月庚戌，改筑应天城，作新宫钟山之阳。"② 公元 1366 年建筑南京新城的工作正式开始，直到 1386 年才大体完成，历时二十一年，可见朱元璋对于建造南京城的雄心壮志。在开始南京城的大规模营建前还有一番关于建都地点的讨论，开封、洛阳、西安等这些古都都是备选方案，朱元璋甚至一度决定把都城建在家乡凤阳，还大规模地建设中都城，但最后还是决定把都城建在南京，他主要出于以下考虑：

---

① 施坚雅主编：《中华帝国晚期的城市》，中华书局，2000 年。
② 《明史》卷一《太祖一》，中华书局，1974 年。

长安、洛阳、汴京，实周、秦、汉、魏、唐、宋所建国，但平定之初，民未苏息，朕若建都于彼，供给力役悉资江南，重劳其民。若就北平，要之宫室不能无更作，亦未宜也。今建邺长江天堑，龙盘虎踞，江南形胜之地，真足以立国。①

从这段话中可以得知，朱元璋最后敲定南京作为帝国的首都，主要考虑的是南京的经济和军事价值。首先，在经济上南京靠近江南富庶之地，可以方便江南财富的转运，减少江南人民赋税徭役的负担，节省人力、物力成本；其次，从军事上讲南京依靠长江天险和龙盘虎踞的地势可以抵御外来侵扰，这对于刚刚立国的朱元璋来说是非常重要的一个因素。还有一种说法可能是跟着朱元璋的功臣宿将多是出生于淮西地区，定都于南京是因为这些功臣宿将不想离家太远，甚至朱元璋本人都想把帝国的首都建在他的家乡凤阳，所以这个说法也不无道理。

南京最终确定为国都以后，便开始了大规模的建设。新南京城营建的重点是皇宫、城墙及各种坛庙等，特点是工程浩大，突击性强，当时征集了二十余万户的工匠和大量的民夫到京师，仅仅用了一年多时间，就基本上奠定了以后南京城的基础，但是后续的建设却花费了不少时间。南京城的营建是按计划、分阶段进行的，按照蒋赞初先生的分析，南京城的修建大体可以分成四个阶段。第一个阶段是在钟山的西南麓新筑宫城和改筑南唐以来的金陵旧城；第二个阶段是向北拓宽旧城直到江边；第三个阶段是建造聚宝、三山、通济各主要城门以及"后湖城"和主要街道；第四个阶段是建造外郭城。②

第一个阶段是建造宫城和改造南唐旧城。按照传统的筑城思想，宫城应该居于天下之中的位置，就像之后的北京宫城是位于北京城的正中心，但是朱元璋修建的南京宫城却在南京城的最东边。之所以有这种打破常规的设计，据学者分析，可能是考虑到南京的特殊地形、城市建设的规模和利用旧城这三个方面的因素。首先，南京城的西北山冈密集，地域不开阔，西南聚宝山也是岗阜起伏，溪流交错，这些都不是理想的宫城所在地。其次，从聚宝门

---

① 《明太祖实录》卷四五，台湾"中研院"历史语言研究所，1962年。
② 蒋赞初：《南京史话》，江苏人民出版社，1980年。

到玄武湖的这一老旧城区是南京的中心城区，同时也是主要的闹市区，人口密集，店铺林立，房屋众多，如果在此处建造宫城那就会造成大规模的拆迁，必然引起人民不满，对于刚刚取得政权的朱元璋来说民心向背非常重要，因此为了民心安定，他宁可舍弃这个居中的绝佳位置。最后，根据刘伯温等人的勘定，把宫城最终确定在了"钟山之阳"，① 就是在紫金山南麓的这一片水田，面积不大的燕雀湖位于其中，该区域地势十分低洼，这样就容易造成地基不稳。朱元璋为此征发了几十万民工来填平此湖，从而解决了宫城的地基问题。为了防止地面下陷，又在城墙下面铺垫巨石，在宫殿下面打下密集的木柱，这样就基本具备了建造宫城的条件。但是到了后期，宫殿地基还是出现了下沉的问题，造成整个宫城呈现出南高北低的地势，不过永乐皇帝迁都北京之后，南京的宫城实际上废弃了，因而也不再为此所困扰。

南京宫城的布局基本上和北京宫城一样，从最南面的洪武门开始，然后是一条御道直通至外五龙桥，御道两旁分布有六部和五军都督府，需要说的是六部中的刑部和大理寺、都察院设在太平门外，因为这三个部门杀气太重，设在宫城内可能会影响风水。外五龙桥以北就是南京的紫禁城，紫禁城的正门叫承天门，进入承天门后，接着是端门、午门、内五龙桥、奉天门和三大殿，三大殿分别是奉天殿、华盖殿和谨身殿，三大殿以东是文华殿，以西是武英殿，三大殿以北就是后廷，奉先殿、柔仪殿、春和殿、乾清宫、坤宁宫和御花园都在这里。宫城的外围还筑有一道都城的城墙来加强护卫，都城西面就利用了南唐的旧城。

第二个阶段是扩建都城。按照原先的计划，是沿着玄武湖南岸的覆舟山和鸡笼山，一直向西接鼓楼岗和清凉山，但是后来为了江防的需要以及考虑城西北狮子山的战略位置，就沿着玄武湖向北筑，再向西接狮子山，这样就把狮子山纳入城中。如果按照原来的计划，狮子山位于城外，这样就容易把南京城西北的这一制高点暴露给敌方，如果敌方一旦攻占狮子山，那么整个南京城就会在敌方的视野范围内，从而造成极大的危险。所以朱元璋出于军事战略考虑不惜花费比原计划多数倍的人力、物力来实行这一新的宏伟计划。现在鸡鸣寺后一段废城就印证了当年的这一段历史。

① 参见张泉：《明初城市规划》，《南京工学院学报》1985年第3期。

第三个阶段是营建聚宝、三山和通济等主要城门以及后湖城与主要街道。南京城墙周长约 34 千米，宽 4～8 米，高度一般在 14～24 米之间，最高地段达 25 米以上，其长、其高在当时均属第一。南京城墙不仅是明清时代我国最大的一座城池，就在同一时代的世界范围内也是首屈一指的，远远超过了城周近 30 千米的巴黎城墙。南京城墙共有城门十三座，关于这十三座城门，南京人还编了个顺口溜方便记忆：

神策金川仪凤门，怀远清凉到石城。
三山聚宝连通济，洪武朝阳定太平。

这十三座城门的上部都建有高耸的城楼，以聚宝门最为雄伟。聚宝、三山和通济这三座城门因为是主要城门，在守卫都城的战略地位上十分重要，所以比一般城门又多了四道城墙，尤其是通济门，整个城门造型酷似船底，非常牢固，敌军极难攻破。而在聚宝门里则分布有大大小小的藏兵洞，可藏兵达 3 000 人以上，有很强的军事防御作用。

后湖城相对于其他段的城墙来说有更多的特殊性在里面，首先它的建造时间可能要更晚，因为从城墙的砖文来看，大多印有洪武十年的纪年，这就说明后湖城这一段城墙是全新修造的，而不像其他段的城墙多是在原有旧城的基础上进行改建。其次，因为后湖这一带正好是宫城的北面城墙，起着守卫宫城的重要职能，因此它使用的多是来自江西用高岭土烧造的瓷砖，因而这一带的城墙异常坚固。

第四个阶段是营建外郭城。上面提到在营建都城过程中，为了城防的需要，把都城向北扩，从而将狮子山纳入都城范围内，而外郭城的营建也是同样的道理，要把南面的雨花台和北面的幕府山也包含在城内。公元 1390 年朱元璋就下令建造外郭城。外郭城不像都城那样主要用砖石，而是利用城外的黄土丘陵垒筑而成，俗称"土城头"。外郭城总长度大约有一百二十多里，共有城门十八座。

经过这四个阶段的营建，一座宏伟的南京城出现在了古老的东方大地上。

正如南京的城墙是不规则的一样，南京的主要街道也有着自己的独特风格。一般都城的街道都是横平竖直，极其规整，但是南京的街道却不一样，除了几条主要的官街是比较平直的，其他街道则多是迂回曲折的，沿袭东晋南朝那种"纡余委曲，若不可测"的风格，而且街道多与水道相连，因此南京城里也存在着大大小小的桥梁，正所谓"朱雀桥边野草花，乌衣巷口夕阳斜"。在南京，小桥、流水、街巷、人家完美地结合在一起，展现出有别于其他城市的独特风貌。之所以有这种布局，主要应该受南京独特的山形地势影响，南京的城里城外多是起伏不平的丘陵、高地，秦淮河、青溪等水道纵横，因此街道曲折，并有桥梁相连接。

对于这座新城的营建，朱元璋一直本着戒奢从简的原则，反对雕琢奇丽的行为，他对中书省大臣说："千古之上，茅茨而圣，雕峻而亡。吾节俭是宝，民力其勿殚乎。"但是在实际的施工过程中却耗费了大量人力物力，成千上百万的民夫被征调，全国各地的物资源源不断地运往南京。南京城的营造不仅体现了明初的开国规模，更体现了明初上至中央下至基层的强大动员能力。

二、皇位继承与靖难之役

洪武三十一年（1398）闰五月十日，朱元璋驾崩，一代雄才之主终于结束了他的洪武时代。按照自己生前做好的安排，皇太孙朱允炆顺利继位，年号建文，成为大明王朝的第二位皇帝。朱允炆之所以能够打败几位叔叔，主要因为他的父亲是朱元璋最喜欢的太子朱标。朱元璋是一个特别恪守汉文化礼法的人，他一直是想把皇位传给太子朱标，只可惜朱标过世得太早了，对此朱元璋是极度悲痛的。史载："生十年而懿文卒，高祖年六十有五矣，御东角门，对群臣泣。"[①] 老来丧子，这是人生中最大的悲痛之一，而对朱元璋来说他更是失去了一位理想的皇位继承人，而其他的几个儿子传给谁都会造成很大的矛盾，接班人的人选问题开始深深困扰着朱元璋。此时他的一位大臣刘三吾就建议说："皇孙世适，富于春秋，正位储极，四海系心，皇上无过忧。"[②] 朱元璋听完后表示同意，因为这也是符合礼法"立嫡以长不以贤"，所以就全然不顾他几个儿子已经为藩王的现实，把朱允炆指定为他的接班人。因此说朱允炆能够继位很大程度上就是因为他的嫡长孙身份，虽然他很年轻，

---

① （清）谷应泰：《明史纪事本末》卷一五《削夺诸藩》，中华书局，1977年。
② （清）谷应泰：《明史纪事本末》卷一五《削夺诸藩》，中华书局，1977年。

继位时年仅 21 岁，虽然他的资历和他的几位叔叔比起来简直可以忽略不计，但是朱元璋还是非常喜爱他的这个皇太孙，最终将大明江山传给他，并在遗诏中说："皇太孙允炆，仁明孝友，天下归心，宜登大位。"朱元璋当然知道他的几个儿子会对他的这一安排表示不满，并可能对皇太孙构成威胁，因此在遗诏中又特意嘱托："诸王临国中，无得至京。王国所在，文武吏士听朝廷节制，惟护卫官军听王。"[①] 最终在朱元璋煞费苦心的安排下，皇太孙朱允炆即皇帝位，并发布即位诏书：

> 天佑下民，作之君。我高皇帝受天之命，统有万邦，宵衣旰食，弘济斯民。凡事有益于天下者，无所不用其心。政教修明，规模宏远。朕以眇躬篡承大统，恭依遗诏，于洪武三十一年闰五月十六日即皇帝位。夙夜惶恐，思所以克相上帝，宠绥四方，以无忝我皇祖之大命。永惟宽猛之宜，诞布维新之政。其以明年正月初一日为建文元年，大赦天下……于戏！德惟善政，政在养民。当遵先圣之遗言，期致雍熙之盛。百辟卿士，体朕至怀！[②]

年轻的建文帝虽然顺利继位，但是接下来如何面对他的叔叔便成了一个十分重要的问题。朱元璋的四子燕王朱棣和五子周王朱橚以及齐、湘、代、岷诸王均拥兵自重，他们并不把这个新皇帝放在眼里，且多有不法之举，直至最后酿成了靖难之役。而产生这一问题的根源就在于朱元璋在立国初实行的分封制。

朱元璋错误地认为元朝没有实行分封制，导致了政权很快土崩瓦解，所以建国伊始，为了朱家王朝的万世基业，就大力推行分封制度，把他的 23 个儿子和一个孙子都封为各地的藩王，镇守全国的军事要地，从而达到"藩屏帝室"的目的。正如《明史纪事本末》中所言："初，太祖建都金陵，去边塞六七千里，元裔时出没塞下，捕杀吏卒，以故命并边诸王得专制国中，拥三

---

① （清）谷应泰：《明史纪事本末》卷一五《削夺诸藩》。

② （明）姜清：《姜氏秘史》，洪武三十一年闰五月，《四库全书存目丛书》，史部第264 册，齐鲁书社，1996 年。

护卫重兵，遣将征诸路兵，必关白亲王乃发。"① 《明史》中也记载："明制，皇子封亲王，授金册金宝，岁禄万石，府置官署。护卫甲士少者三千人，多者至万九千人，隶籍兵部。"② 朱元璋赋予了他这些儿子极大的权力，他们不仅可以设置官署，而且拥有相当数量的军队。朱元璋在位时，还可以牢牢控制这些拥兵自重的藩王，可是朱元璋一旦离去，留给继任者的就是一个巨大的威胁。当时就有朝臣叶伯巨上书指出这一问题："今裂土分封，使诸王各有分地，盖惩宋、元孤立，宗室不竞之弊。而秦、晋、燕、齐、梁、楚、吴、蜀诸国，无不连邑数十，城郭宫室亚于天子之都，优之以甲兵卫士之盛。臣恐数世之后，尾大不掉，然后削其地而夺之权，则必生觖望，甚者缘间而起，防之无及矣!"③ 叶伯巨对分封制的弊端分析是十分精准的，但是朱元璋并没有听进去这番逆耳忠言，一怒之下，反而将叶伯巨系死狱中。很快叶伯巨的这段话就得到了应验，靖难之役，燕王朱棣篡夺了建文帝的皇位。

在这几个藩王里面势力最强、对建文帝威胁最大的就是燕王朱棣。因此建文帝上台伊始，便和自己的两个亲信大臣齐泰、黄子澄来一起制定削藩政策。因为朱棣的实力太强，不容易解决，所以黄子澄就向建文帝建议，先从一些势力比较弱的藩王开始，"泰欲先图燕。子澄曰：'不然。周、齐、湘、代、岷诸王在先帝时尚多不法，削之有名。今欲问罪，宜先周。周王，燕之母弟，削周是剪燕手足也。'"④ 黄子澄针对当时的实际情况确实提出了比较合理的计策，那就是利用周王自身的问题先行将他废除，这样就断了燕王的一个手足，也可以试探一下燕王的反应。因而"帝纳齐泰、黄子澄谋，欲因事以削除之。惮燕王强，未发，乃先废周王橚，欲以牵引燕。于是告讦四起，湘、代、齐、岷皆以罪废。"⑤ 第一步的计划算是比较成功地完成了，但是这也引起了朱棣的警觉。

建文帝雷厉风行地在一年之内将五个藩王废除，这给朱棣的心理造成极大的恐慌，他非常清楚自己很快就会成为下一个目标。因此他立即和自己的

---

① （清）谷应泰：《明史纪事本末》卷一五《削夺诸藩》。

② 《明史》卷一一六《诸王》。

③ 《明史》卷一三九《叶伯巨传》。

④ 《明史》卷一四一《黄子澄传》。

⑤ 《明史》卷五《成祖一》。

亲信道衍和尚（姚广孝）开始谋划采取什么样的措施来应对。首先，他们招降蒙古朵颜三卫扩充自己的军队，其次把三个在南京做人质的儿子营救回来，然后就假装自己生病，麻痹建文帝。史载："王遂托病以缓谋，盛暑围炉，往往佯狂出市，攫民饮食，语蹇乱不经，或卧土壤，僵晕弥日，宫中掖而行。"①朱棣通过这一系列的动作为他赢得了充足的准备时间。

建文元年（1399）六月，朝廷果然对朱棣动手，齐泰派人前往北平，开始逮捕燕王府的属官，并与早先安排在燕王府的葛诚和卢振商定，里应外合，打算一举铲除朱棣。但是，就在这紧要关头，建文帝的手下张信向朱棣告发了此事，于是朱棣便与道衍立即开始谋划举兵之事。驻北平的布政使李友直也阵前倒戈，将张昺等部署卫卒屯田军士之事告诉朱棣，朱棣便急忙召集部下加强王府戒备。经过这两个人的告密，其实胜负不难知晓。七月四日，朱棣诱骗张昺、谢贵等人至王府中，一举歼灭之，史书对这一段有精彩的描写。

> 王方曳杖坐，赐宴行酒，出瓜数器，王索刀，割且詈曰："今编户齐民，兄弟宗族尚相恤；身为天子亲属，旦夕莫必其命，天下何事不可为乎？"乃掷瓜于地。一时伏兵尽起，前禽（擒）昺、贵，捽葛诚、卢振下殿。王掷杖起曰："我何病！为若辈奸臣所逼耳。"昺、贵及诚等不屈，皆斩之。②

次日，燕王朱棣誓师起兵，上书指责齐泰、黄子澄为奸臣，并援引祖训为他的行为正名：朝无正臣，内有奸恶，则亲王训兵待命，为天子讨平之。③接着自署，称自己的军队为"靖难"，目的是"清君侧"，这样打着"清君侧"旗号的靖难之役便开始了。

朱棣接受了谋臣的建议，接连攻下蓟州、居庸、怀来，巩固了以北京为中心的后方，军队没有什么后顾之忧，放心实行南下战略。而此时，南京的朝廷经过一番讨论后也正式做出了讨伐燕王朱棣的决定，并任命耿炳文为征

---

① （清）查继佐：《明书》卷三《太宗文皇帝》，齐鲁书社，2014年。
② （清）夏燮：《明通鉴》卷一二《惠帝建文元年》，中华书局，2009年。
③ （清）夏燮：《明通鉴》卷一二《惠帝建文元年》，中华书局，2009年。

虏大将军，驸马都尉李坚、都督宁忠副之，率师北伐。就在耿炳文即将出发时，建文帝却告诫他："昔萧绎举兵入京，而令其下曰：入门之内，自极兵威，不仁之至。今尔将士与燕王对垒，务体此意，勿使朕负杀叔父名。"[①]"勿使朕负杀叔父名"反映出建文帝深为儒家纲常礼教所累，也说明了他的仁慈善良，但是战场上无父子，这样会严重动摇军心，所以这也是造成他最后失败的一个相当重要的原因。

朱棣在稳定后方后，一路南下，势如破竹，在河北真定与耿炳文相遇后，经过一番激战后，朱棣获胜，但是并没有完全消灭耿炳文的大军。耿炳文退守真定，闭门不出，朱棣无奈返回北平。建文帝一听真定失败，便面有忧色，听从黄子澄的建议阵前换将，拜李景隆为大将军。李景隆是李文忠的儿子，他和战国时代赵国的赵括一样只会纸上谈兵，没有什么战场经验，而且阵前换将乃是兵家大忌。由此而后，建文朝廷一步步走向覆灭的深渊。朱棣听说统帅换成李景隆，大喜曰："九江，纨绔少年耳，未尝习兵，色厉而中馁。今畀之以五十万，是赵括之续也。"[②]于是朱棣果断出击，攻打永平。而此时李景隆乘他不在北京的机会来攻打北京，但遭到姚广孝等人的顽强抵抗，朱棣也迅速回师，一举击败了李景隆。接着白沟河大战、德州大战相继失败，李景隆也被很快换下。之后的几场战役中，双方互有胜负，但还是由于建文帝一方军事指挥上的无能，一旦遭遇失败就更换将领，导致军事指挥缺乏连贯性，最终使得燕王朱棣占据了军事上的主导地位。

1402年1月，朱棣对南京发动了全面的攻势，此次的目标就是要直捣黄龙占领南京。根据南京城内太监的情报，朱棣的靖难之师绕过了朝廷在运河和安徽、南直隶的坚固堡垒，选择了防守较弱的山东西北部，顺利攻下后，一路南下，攻下徐州，接着占领安徽北部的宿州。6月7日，又攻破盛庸在淮河的坚固防线，然后绕过防守坚固的凤阳和淮安，在6月17日一举拿下扬州。7月3日，指挥长江舟师的陈瑄投靠燕王，这样朱棣便不费吹灰之力就渡过长江，军队很快到达南京近郊，此时的南京朝廷已经危如累卵。

建文帝此时已是穷途末路，连忙派出几路人马前去议和，提出"划江而

---

① （清）查继佐：《明书》卷二《惠宗帝》。
② （清）夏燮：《明通鉴》卷一二《惠帝建文元年》，中华书局，2009年。

治"的条件，但都遭到朱棣的拒绝。因为朱棣从一开始就是为了大明江山而来，绝不会满足于划江而治。到了 7 月 13 日，建文帝曾经的大都督李景隆打开了金川门，将燕王迎进南京城。此时，建文朝的文武大臣大多已经投降，而建文皇帝也到了他自己的最后时刻，他将与社稷共存亡，"帝左右唯数人，遂尽闭诸后妃宫内，纵火焚之，挈三子变服出走，仓皇复弃三子于宫门，被燕军执真师中，帝遂逊国去"。① 一般的史料都记载建文帝在宫中纵火自焚以殉国，但是也有人说他剃发逃亡。不管建文帝是生是死，建文这个时代已经过去，而大明王朝即将进入永乐时代，南京这个城市也将从帝都变为留都。

三、从帝都到留都

通过靖难之役，朱棣成功地登上了皇位，但是他取得政权的合法性颇受质疑，把方孝孺十族诛灭依然没有改变士大夫群体视朱棣为乱臣贼子的立场。在南京以及整个江南士大夫群体里基本上都认为朱棣篡权这一事实，加之南京毕竟是洪武和建文两朝的首都，朱棣要想抹去有关建文朝的记忆，另择新都便是一个不错的选择。北京就是朱棣的最佳选择，这里是他作为燕王的"龙飞"之地，同时也可以巩固北方的边防。因为朱元璋虽然推翻了元朝的统治，但是尚存在关外的北元势力依然很强大，时刻对大明王朝的北部边防构成威胁，定都北京也有着天子守国门的意思在里面。因此出于以上种种因素考虑，朱棣最终放弃南京，将帝国的首都迁往北京。

永乐元年（1403）正月，朱棣正式下诏应天府仍称南京，"设北京留守行后军都督府、行部、国子监，改北平曰顺天府"。② 这样就形成了南北两京制度，然后就逐渐将南京朝廷中的主要文武官员迁往北京，同时北京也仿造南京皇宫的规格营造新的宫殿。永乐十八年十一月"以迁都北京诏天下"，正式开始确定迁都，然后十二月乙未"皇太子及皇太孙至北京"，最后到十二月的癸亥，北京的郊庙宫殿全部落成。③ 这时候也正式撤销了南京作为帝国首都的地位。永乐十九年正月初一日（1421 年 2 月 2 日），大明王朝正式迁都北京。南京这时候仍保留着中、左、右、前、后五军都督府和吏、户、礼、兵、刑、

① （清）谷应泰：《明史纪事本末》卷一六《燕王起兵》。
② 《明史》卷六《成祖二》。
③ 《明史》卷七《成祖三》。

工六部等重要的中央机构，从此开始南京便被称作"留都"或者"南都"。南都的各部和官卿都要冠以"南京"二字，以便与北京相区别。虽然之后仁宗皇帝曾一度又将南京称为首都，甚至想要把首都迁回南京，但最后还是不了了之。在正统朝后，南京最终被确定为帝国的"留都"，并开始扮演越来越重要的文化中心角色。

南京虽然从帝都变成了留都，但诚如利玛窦所言："尽管皇帝由于前面提到的理由已移位于北方的北京，南京仍然没有失掉它的雄壮和名声。即或是失掉了，那一事实也仅证明它从前比现在更加了不起。"①

第二节　明初的行政制度

明代的行政制度并未在建朝伊始就定型。自早期承袭元代的制度，到朱元璋以维护君权为核心的一系列改革，再至其后几经反复的辅政制度，明代初年的行政制度历多番调整而最终成型。本章拟根据时间脉络，将明初行政制度的发展分为三个阶段，从中央与地方两个方面，描述出大一统王朝背景下的制定过程与制度概貌。

一、承元——洪武早期的行政制度

朱元璋建立明朝后，在中央机构方面，基本沿袭前朝体制。"国家新立，惟三大府总天下之政，中书政之本，都督府掌军旅，御史台纠察百司，朝廷纲纪尽系于此。"② 中书省掌政务、都督府管军事、御史台司监察，三大府分理事务。地方建制也沿袭元代，设行中书省。又元代的中央机构包括中书省、枢密院、御史台三大系统，地方的行中书省制下设路、府、州、县，因此说两者之间是有沿袭的。

之所以会产生这种沿袭，与明朝建立的过程有关。朱元璋起势于元末的农民战争，先后臣服于郭子兴、韩林儿政权，最终割据一方。至正二十四年（1364）时，朱元璋在建康（南京）城内改称吴王，建有司官属，置中书省，设左、右相国，平章政事等职。虽名义上仍属于小明王的统辖之下，然其官

---

① 卢海鸣、邓攀：《金陵物语》，南京出版社，2014年。
② 《明太祖实录》卷二一。

第一章　政治与社会

11

职与行政体制的设置早已非地区性的政权，已初具统一帝国的面貌，为之后顺理成章称帝做好了准备。完全依循元代中央行政的制度，主要是出于三方面需要。第一是战争期间，首要目标是维护割据势力，完成国家统一。因此行政体制的作用是高效地为军事活动服务，而非巩固君主集权。元代的行政机制可以保证权力的集中，为赢得战争提供保障。第二是农民政权集团于当时情况下，没有能力建立一个完备的国家行政机制，或许有自己的政治理想，但也没有能力完成对国家权力职能的明确与细化分工，故参照元代的现行制度是最为便捷的选择。第三是元代的行政体制很大程度上赋予官员较大的自主权力，无论是中书省的丞相还是地方行省的平章，这对文臣武将很有激励与犒慰作用，达到了收买臣下人心，维护政权集团内部稳定的效果。至洪武元年于应天（南京）称帝，建立明朝时，这一套建朝前就已形成的中央机构就自然而然的被继续沿袭下来了。

虽然是照搬元朝旧制，但诏书中却载："当即位之初，会集群臣，立纲陈纪，法体汉唐，略加增减，亦参以宋朝之典。"[①] 朱元璋认为明初的行政制度是对唐宋行政体制的延续，与元制并无关系。这种对元制隐含的否定态度，不仅仅是基于民族感情的，也有背后的政治原因。元代的中书省虽亦名为中书省，然其权势极大，既有决策权，也有行政权，包揽了唐代中书省与尚书省两个部门的职能。而元代以皇太子行中书令，设左、右丞相，更是将中书省的权力推向巅峰，将君权大大压缩。因此在沿袭元朝旧制的同时，为了能使明初的行政制度更为符合统治需求，朱元璋广纳贤才，咨询意见，"上聘诸名儒集建康，与论经史及咨以时事"[②]，"置礼贤馆"[③]，至正二十三年时就在建康城内修建礼贤馆，网罗了一批当世大儒，为建立集权王朝做准备。

故朱元璋在早期建立的行政制度中，有许多是在元制基础上的改变，如"丁丑改枢密院为大都督府，命枢密院同金朱文正为大都督，节制中外诸军事[④]"。用都督府代替元代自忽必烈起实行的枢密院，成为最高军事机构，可以看做是对改制的一个小小的尝试。如政权早期，只是将中书省下笼统分为

---

① 《明太祖御制文集》卷二《废丞相大夫罢中书诏》，台北：学生书局，1965 年。
② 《明太祖实录》卷一二。
③ 《明太祖实录》卷一二。
④ 《明太祖实录》卷九。

四部,"分掌钱谷、礼仪、刑名、营造之务。洪武元年(1368)始置吏、户、礼、兵、刑、工六部,设尚书、侍郎、郎中、员外郎。"① 从四部到六部,中书省下辖部门的分工进一步明晰,职能更为细化,主官更多,曲线达到对中书省分权的效果。再如,自中书省建立之初,朱元璋就未循元制以皇太子行中书令,直接废除中书令,刻意避免中书省权力过大,与君主夺权。这些改变都一直延续至洪武早年,成为国家行政制度中约定俗成的一部分。可见朱元璋在政权建立之初,就处心积虑防止君主被分权,防止官员事权专擅。其"政皆独断"的统治思想已现端倪,只是江山未稳,不便大刀阔斧展露而已。

上述思想在洪武早期地方的行政体制的构建中,也可寻出线索。《明史》中言:"太祖下集庆,自领江南行中书省,后每略定地方,即置行省,其官自平章以下,大略与中书省同。"② 朱元璋在建立政权的过程中,在各个地方设立行省是有史料根据的。如史笔中言及的职官"大略与中书省同",此处的行省制度也是大略与元代相同。元代的行省相当于中书省的派出机构,拥有地方的行政大权与实际的军事大权,除了管理行政外,对于驻军有直接的领导权。明初的行省则与此略有别。明初所立之浙东、江西、湖广等行省,设立于战争时期,平章多为将领充任,主要侧重于军事权力。而洪武元年后设立的山东、河南、北平、广东等行省,又失去军事管理权。以北平行省为例,洪武元年克大都后,并未即置行省,而是"置大都督分府于北平"。③ 洪武二年置北平行省,"周或为北平行省参政",④ 行省与大都督分府并存,分别执掌行政与军事权力,互不相属。又见洪武三年,"设陕西、北平、山西行都督府",⑤ 掌军政。可见,明代的地方行省并没有达到元代统管军政的地步,其本质还是行政、军事二权分立,明初行省实际掌握的只有地方的行政权力。

因此,开篇言及明代初期的行政体制是基本承袭元代,究其根本,承袭的只是大体框架,承袭其名而已然不是其实,在行政体制构建的思想上,已经发生了截然相反的改变。明初的社会还不稳定,社会的潜在威胁还比较多,

---

① 《明史》卷七二《职官一》。
② 《明史》卷七五《职官四》。
③ 《明太祖实录》卷三一。
④ 《明太祖实录》卷四七。
⑤ 《明太祖实录》卷五三。

朱元璋出于保障统治的需求，选择了承元之制。这种选择，可以看做是君权的变相妥协，也可看做是君主暂时性的安抚。承袭的背后暗含了明代的新创以及帝王渴望集权的野心。

二、革新——加强集权的体制改革

随着明王朝的政权愈发稳固，行政体制中权臣与君王之间的矛盾也就愈发显露。中央机构中，中书省丞相总揽全国行政，统领六部及诸多行政机构，参与国家政务的决策与执行，下情上达与上情下表都需要经过中书省。这种机制极易出现权臣专擅，不利于高度专制的国家体制的建设。朱元璋遂进行改革。

这场对专制体制强化的改革，首先作用在地方行政上。洪武九年，朱元璋"诏改行中书省为承宣布政使司，设市政使一人，正二品。左右政各一人，从二品"。[①]取消行省制度，在全国陆续置浙江、江西、福建、北平、广西、四川、山东、广东、河南、陕西、湖广、山西十二个承宣布政使司以及南京直隶。同时另设提刑按察使司以掌司法，设都指挥使司，掌地方军权。此三者合称为"三司"，将原行中书省的行政、司法、军事权力分为三份，分而管之。三司之间互不统属，不再从属于中书省，而对各自的中央机构负责。布政使司的下级行政机构也随之简化，设府（直隶州）、县（属州）两级，地方长官称知府（知州）、知县。

将地方行省的权力分割，一方面避免了地方政权过于集中，造成个人专权的局面；另一方面，通过制衡，有效地分散并削弱了地方政权，利于中央统治。这也是朱元璋削弱中书省权力的开始，地方权力从此只对皇帝本人负责，大大降低了中书省对地方的影响，达到了集中皇权的目的。

县以下的基层行政设置是里甲制。洪武十四年编赋役黄册，规定"以一百一十户为里"，"百户为十甲"[②]，里有里长，甲有甲首。城镇里也有制度，"城中曰坊，近城曰厢，乡都曰里"[③]。坊有坊长，厢有厢长，均为官府指派。南京作为明初的都城，严格地执行着这种厢坊制。洪武十三年起，将苏浙的

---

① 《明太祖实录》卷一〇六。
② 《明太祖实录》卷一三五。
③ 《明太祖实录》卷一三五。

上户迁至南京，"置都城之内外，名曰坊厢"①。适时南京城内，"南有坊以居民，北有营以设行伍"②。城南被划为工商业区，其中的居民"有人丁而无田赋，止供勾摄而无征派"③，不必缴纳赋税，但须承担各种徭役。明初上元、江宁两县的坊厢共百余，有以所操行业为名的，也有以所在地区为名的。"上元之坊曰十八坊、十三坊、十二坊、织锦坊、九坊、伎艺坊、贫民坊、六坊、木匠坊。东南隅、西南隅厢曰太平门厢、三山门厢、金川门厢、江东门厢、石城关厢。……江宁之坊曰人匠一坊、人匠二坊、人匠三坊、人匠四坊、人匠五坊、正西旧一坊、正西旧二坊……厢曰城南伎艺一厢、城南伎艺二厢、仪凤门一厢……"④ 城南地区有大面积的作坊区，大作坊都由几个坊组成，以坊的制度保证生产进行。这些手工行业大多为官营手工业，旨为满足都城内的权贵的需要，便于官府勾摄公事。由此也流传下来了不少地名，至今仍在南京城内沿用。例如铜作坊、铁作坊、银作坊、弓匠坊、箭匠坊（今合称为弓箭坊）、木匠坊、油坊巷、颜料坊、瓦匠巷等等。

中央机构的改革略晚于地方，自地方废行省后，地方权力与中央直接对接，中书省宰相的权力进一步扩大。朱元璋对于奏章都要通过中书省而转呈是十分不耐烦的，"胡元之世，政专中书。凡事必先关报，然后奏闻。其君又多昏蔽，是致民情不通，寻至大乱，深可为戒"⑤。洪武十年，"置通政使司，设通政使一人，正三品。掌出纳诸司文书，敷奏封驳之事"⑥。通政司成为皇帝的喉舌之司，通上下之情，达天下之政。洪武十三年，因对左丞相胡惟庸"专肆威福"⑦、结党纳贿的不满，以"谋为不轨"⑧ 的罪名诛杀。随后下诏罢丞相，在洪武二十八年敕谕群臣，"国家罢丞相，设府、部、院、寺以分理庶务，立法至为详善。以后嗣君，其毋得议置丞相。臣下有奏请设立者，论以

① （明）顾起元：《客座赘语》卷二《坊厢始末》，中华书局，1987 年。
② （清）顾炎武：《肇域志》卷五，清钞本。
③ （明）顾起元：《客座赘语》卷二《坊厢始末》。
④ （明）顾起元：《客座赘语》卷二《坊厢始末》。
⑤ 《明太祖实录》卷一一七。
⑥ 《明太祖实录》卷一一三。
⑦ 《明太祖实录》卷一二九。
⑧ 《明太祖实录》卷二四三。

极刑"。① 同时，裁撤中书省，将其权力分给六部，并提高了六部官员的品秩，"定六部、御史台等官品秩。六部尚书，正二品。侍郎，正三品。郎中，正五品。员外郎，从五品"。从此六部只对皇帝一人负责，六部的长官就是尚书，各尚书之间互不听命，"彼此颉颃不敢相压，事皆朝廷总之"②，六部成为为皇帝分头办事的办公机构。

六部升部秩后，其行政职能也进行了一定的调整。吏部"表率百僚，进退庶官，铨衡重地"③，负责"天下官吏选法、封勋、考课"④，其下属总、司勋、考功三部，分掌文选、官制、考核之事。因负责选拔人才，被认为是六部中最重要的。户部负责"天下户口、田赋"⑤，除此之外考校赏赐、出纳料粮也归其负责，分民、度支、金、仓四部，下有十三司分掌各省之事。礼部掌"天下礼仪、祭祀、宴飨、贡举"⑥，分总部、祠部、膳部、主客四属部，后改为仪制、祠祭、精膳、主客四清吏司，由其名可见其职能。兵部掌"天下武卫官军选授、简练"⑦，有武选、职方、车驾、武库四清吏司。刑部掌"天下刑名及徒隶、勾覆、关禁"⑧，其属有四，曰总部、比部、都官部、司门部。工部掌天下百工与屯田山泽，有营缮、虞衡、都水、屯田四清吏司，掌兴造、捕窑、冶炉、水利诸事。六部在分中书、丞相之权后，地位有所提高，权力也有所扩大，执掌内容几经调整，职官每朝都有增减变化，内部职能从笼统到详细，这个过程一直持续至明中后期，甚至崇祯朝都有调整。

六部部衙在南京城内的位置，《洪武京城图志》的序中有载"六卿居左，经纬以文"⑨，指的是明初南京城以皇城的南面作为中枢行政机构的驻地，其中六部居于西侧。但六部中刑部不与其他五部在一处，"皇城居极东，偏正门

---

① 《明史》卷七二《职官一》。
② 《明太祖实录》卷二三九。
③ 《明史》卷七二《职官一》。
④ 《明太祖实录》卷七四。
⑤ 《明史》卷七二《职官一》。
⑥ 《明史》卷七二《职官一》。
⑦ 《明史》卷七二《职官一》。
⑧ 《明史》卷七二《职官一》。
⑨ （明）《洪武京城图志·序》，《洪武京城图志·金陵古今图考》，南京出版社，2006 年。

曰洪武，与都城正阳门直对。洪武门北之左，列吏户礼兵工五部。……刑部、都察院、大理寺于太平门外，筑堤于玄武湖上。"① 吏、户、礼、兵、工五部部衙整齐地排列在洪武门的西侧，今有留存地名"户部街"为证。而刑部则与其他司法机构置于太平门外，许是出于办公方便的考虑，又或是刑煞之气较盛，附近的城门也因而得名"太平"。因南京是明初的都城，永乐年间迁都北平后，南京六部仍然存在，在六部前加"南京"二字称之，只是其地位已无足轻重了。

至此，明代初年的中央行政制度大体形成，自秦朝以来的丞相制度以及隋唐以降的三省制度都被废止，国家行政权力高度集中，朱元璋达到了君主专制的目的。

三、发展——反复调整的辅政机构

废相罢中书后，国家权力高度集中，与之同时，大量庞杂冗繁的朝廷政事的处理也集中到皇帝一人之身。朱元璋"昧爽临朝，日晏忘食"②，事事需躬亲，然分身乏术。"自九月十四日至二十一日，八日之间，内外诸司奏札凡一千六百六十，计三千三百九十一事"③，事务繁多可想而知。朱元璋对给事中张文辅言："朕代天理物，日总万机，安敢惮劳？但朕一人处此多务，岂能一一周遍？苟致事有失宜，岂惟一民之害？将为天下之害。"④ 繁重的政务让朱元璋应接不暇，面对行政效率的低下，他"念密勿论思不可无人，乃建四辅官，以四时为号，诏天下举贤才。"⑤ 因密勿论思而举贤，帝王需要的是辅佐决策的贤人，而非处理政事的贤才。在中央机构的重新定制后，朱元璋开始了辅政机制的探索。

朱元璋仿古代四时命官之制，设四辅官，分称为春、夏、秋、冬四官，按四时季节任事，"隆以坐论礼，命协赞政事，均调四时"⑥。这些辅官分季节协助皇帝处理政事，大多是对文书、刑事的复核，以达到弥补专断之不足，

---

① （清）顾炎武：《肇域志》卷五。
② （明）谈迁：《国榷》卷十，中华书局，1958年。
③ 《明太祖实录》卷一六五。
④ 《明太祖实录》卷一六五。
⑤ 《明史》卷一三七《安然传》。
⑥ （清）夏燮《明通鉴》卷七。

兼听处政的要求。"所任辅臣皆老儒，起田家，淳朴无他长"①，这些耄耋儒生，既缺乏行政经验，又精力不济，再加上每月分三旬任事顾问，实际辅政效果微乎其微。洪武十五年，朱元璋废止了四辅官制度，此制度存世前后不满两年，四辅官虽易于控制、不会专权，但对行政决策的帮助却近乎没有。

四辅官制失败后同年，朱元璋又"仿宋制，置华盖殿、武英殿、文渊阁、东阁诸大学士。秩皆正五品"。②

这些大学士多是翰林院的编修、侍读等文学之士，地位低微，不能参与政事。殿阁大学士"侍左右备顾问"③，"考驳诸司奏启"④，与皇帝讨论经史义理，是作为侍讲之臣存在的。就某些方面而言，提高了行政效率，特别是"考驳"一项，有所发展，但并无实际议政之权，仍是朱元璋自操威柄。集中权力与行政效率在一定的范围内是成反比的，这种难以调和的矛盾导致了朱元璋时期的辅政制度或旋立旋废，或流于形式。值得一提的是，大学士的头衔前缀，例如华盖殿是皇城内三大正殿之一，今之明故宫内仍存有台基。文渊阁，是朱元璋定都南京后，建于奉天门东，宫城内的藏书楼建文渊阁，亦是皇帝讲读之所。武英殿、东阁等也俱是明代南京皇城内的建筑，成祖迁都北京时，在北京故宫里也依样为殿阁题名。南京城内这些建筑现今均不复存矣，只有名字因辅政制度而流传下来。

建文帝时，将大学士改为学士。靖难之役后，成祖即位。朱棣入主南京城，却发现自己并不受拥戴，更面临着无人辅政的统治困境。因感佩建文帝朱允炆的德政，诸多拥戴他的官员在朱棣进入南京称帝后，纷纷弃官隐逸。士子的领袖、朱允炆的老师，大儒方孝孺，因拒为篡位登基的朱棣草拟诏书，被灭十族，这就更加引发士子文臣的逆反。跟随朱棣征战多年的功臣又大多行伍出身，不通文墨。朱棣虽有心勤政，然缺少辅弼，实在是力不从心。是年，朱棣当即对殿阁大学士制进行了改革，"特简解缙、杨荣等直文渊阁，参预机务。阁臣之预务自此始"⑤。召解缙、黄淮、胡广、杨荣、杨士奇、胡俨、

① （清）夏燮《明通鉴》卷七。
② 《明史》卷七二《职官一》。
③ 《明史》卷七二《职官一》。
④ （明）沈德符《万历野获编》卷一〇《翰林权重》，北京：中华书局，1987年。
⑤ 《明史》卷七二《职官一》。

金幼孜七人入值文渊阁，被看做是明代内阁制之始。

解缙等阁臣精通政事，忠心耿耿，朱棣颇为倚重，常与他们讨论六部行政，顾问章事。杨士奇有载："属时乐务孔殷，常旦及午，百官奏事退。内阁之臣造宸前，进呈文字，商机密，承顾问，率漏下十数刻始退。"①永乐时期的阁臣开始与皇帝一起商讨机密，可以看做是对洪武时期殿阁大学士制最具突破性的进展。阁臣用最直接的方式辅政，不仅仅是顾问，也处理章奏，使永乐朝的行政效率大大提高。

内阁制度为朱棣首创，永乐时期内阁的一些特点逐渐发展成为对明代内阁制影响深远的制度性规定。有如下几点：一是不置官署。杨士奇称："臣士奇自布衣被召，太宗入继大统，首擢翰林编修，初建内阁于奉天殿内"②。黄佐于《翰林记》中则称："永乐初，命编修等官，于文渊阁参与机务，谓之内阁。"③永乐时期，内阁没有官署及固定的办公地点，限制内阁无法发展成为一个独立完善的行政组织。二是阁臣品阶低微，均为翰林学士，"入内阁者编、检、讲读之官"④。永乐初年的阁臣皆是翰林院的编、检、讲读之官，这是一个相对年轻、稳定的官僚群体，大都是科举入仕，有政见胆识，与其他廷臣群体相比更加适合内阁。此后内阁阁臣从翰林院中选调，便成为定例沿用。后世有"非翰林不入内阁"的说法。三是其虽参与机要，却"不得专制诸司"⑤。永乐时的内阁，也继承了朱元璋设立辅政机构的基本思想，对于权臣专擅之事，防微杜渐。内阁阁臣的品阶一直不高，或有虚衔提升地位，便于序禄与朝班，但实职只是区区小官，虽参与机要，却无法成为权臣。不得专制诸司，则是在限制其不高于六部等机构，以维护君主专制中央集权。四是永乐时期内阁已是政本之地。阁臣谢绍、胡广等虽入职文渊阁，"犹相继署院事"⑥。因阁臣参与机务，入值与未入值官员的差别逐渐显现，入值阁臣为天子近臣，非一般翰林可比。

---

① （明）杨士奇：《东里文集》，中华书局，1998 年。
② （明）杨士奇：《御书阁颂有序》，《明经世文编》卷一五，中华书局，1962 年，下同。
③ （明）黄佐：《翰林记》，《明经世文编》卷一五。
④ 《明史》卷七二《职官一》。
⑤ 《明史》卷七二《职官一》。
⑥ 《明史》卷七〇《选举二》。

同时，朱棣还提拔司礼监宦官，予其"出使、专征、监军、分镇、刺臣民隐事"① 之特权，扶持其与内阁抗衡，以达到巩固皇权的效果。

朱棣在用内阁去平衡明初因废相所致的集权与效率的矛盾，这在永乐一朝看来是比较成功的。帝王勤政以及其对内阁的强力掌控，是达成这种成功的重要保障。两个环节只要有一环略有欠缺，结果可能就不尽如人意。同时，永乐时期对于内阁的地位、性质以及权力表达方式皆是不明确的，作为一种制度，还未形成固定的界限，只是构建明代内阁制的基本框架。内阁进一步发展和完善是在仁宣时期完成的。

第三节　明初的军事管理与官吏管理制度

一、军事管理制度

明朝的军事管理制度，简言谓之都司卫所制度。明初定都南京之时，沿用明朝前身——吴国之旧制，在军事制度方面，设立大都督府，以统明初天下之兵政。据《明太祖实录》记载，至正二十一年，"改枢密院为大都督府，命枢密院同佥朱文正为大都督，节制中外诸军事"②。"京城内外置大小二场，分教四十八卫卒"。③ 由此得知，大都督府由朱元璋早期政权中的枢密院改变而来，管理所有军事，与当时的中书省同级，权力相当。因此，朱元璋任命其兄之子朱文正为大都督，目的是为了将军事大权集中于朱氏手中。

都督府除大都督外，还设有司马、参军、经历、都事等官，又增设左右都督、同知、副使、佥事、照磨各一人。1365 年，朱文正被免职后，不再设大都督，升任左右都督为长官，均为正一品。洪武十三年，胡惟庸案之后，朱元璋在废除丞相制度的同时，也废除了大都督府，"更置五军都督府以分领军卫，如此则权不专于一司，事不留于壅蔽"④。分其为前、后、中、左、右五军都督府，各府设左右都督、都督同知和都督佥事，但不全设。其职责主

① 《明史》卷三四〇《宦官一》。
② 《明太祖实录》卷一二九。
③ 《明史》卷八九《兵志一》。
④ 《明太祖实录》卷一二九。

要为"掌军旅之事，各领其都司、卫所"①，"分领在京各卫所（除锦衣卫等亲军和上直卫）及在外各都司、卫所"②。

五军都督府从官吏设置上来看，和大都督府很相似，但从其职权范围来看，却和大都督府完全不同。大都督府掌管天下军事，除能训练军马之外，还有调兵权，可统率天下兵马。而五军都督府只掌管练兵带兵等军旅事务，其他事务须"达于兵部"，其不再有调动军队的权力，只能领兵却不再统兵。而兵部有统兵调兵权，手中却没有军队。明太祖通过此举，分散了军权，将军政大权牢固地掌握在自己手中。

太祖以武功定天下，明初军队不断扩大，但编制却很混乱。1364 年，朱元璋下令："今诸将有称枢密、平章、元帅、总管、万户者，名不称实，甚无谓。其核诸将所部，有兵五千者为指挥，满千者为千户，百人为百户，五十人为总旗，十人为小旗。"③ 定都南京后，他采纳刘基之法，"系一郡者设所，连郡者设卫"④。故明朝的军队按卫所编制，"大率五千六百人为卫，千一百二十人为千户所，百十有二人为百户所。所设总旗二，小旗十，大小联比以成军"⑤。各卫所官兵分别由所在地方的都指挥使司统领，洪武十三年后，均统辖于五军都督府，听命于兵部。

都指挥使司是地方最高军事机构。洪武三年，升杭州、江西、燕山和青州四卫为都卫，又增设河南、西安、太原和武昌四都卫。洪武五年设亲王护卫指挥使司。洪武八年，太祖将在京留守都卫改为留守卫指挥使司，在外都卫改为都指挥使司，初设北平、陕西、山西、浙江、江西、山东、四川、福建、湖广、广东、广西、辽东和河南 13 个都司。其后又有所废革或增设，至洪武二十六年时，全国一共有 17 个都指挥使司，1 个留守司，329 个内外卫所和 65 个守御千户所⑥。据此推算，全国大致有士兵 180 万人。京师南京一带有 48 卫，大致有军队 20 万人。

---

① 《明史》卷七六《职官五》。
② 《明史》卷七六《职官五》。
③ 《明太祖实录》卷一四。
④ 《明史》卷九〇《兵志二》。
⑤ 《明史》卷九〇《兵志二》。
⑥ 《明史》卷九〇《兵志二》。

卫所制度不仅是一种军事编制，同时还是一种行政管理组织。在不设布政司的地方，设有辽东、大宁、万全三个都指挥使司。它配合布政司，在完成征调戍守任务的同时，还承担一些地方行政管理职能，共同管理着明代庞大的疆土。

明朝初期，军队的主要来源有四个：从征、归附、谪发和垛集。"从征者，诸将所部兵，既定其地，因以留戍。归附，则胜国及僭伪诸降卒。谪发，以罪迁隶为兵者。"① 而垛集，就是征兵，即政府强征民户为兵。明朝的军士都是另立户籍的。明朝的户口主要由军籍、民籍和匠籍组成，军籍隶属于都督府并且是世袭的。每逢战事，皇帝发诏兵部调兵，并亲自委派专人担任总兵官，由其统帅卫所军队出征，战争结束后，总兵官归还将印，军队则回到卫所，形成了一套完备的调兵出征流程。通过从中央到地方，从五军都督府到千户所这一系列军队管理体系，明太祖将军权牢牢掌握在自己手中，巧妙地解除了庞大的军事体系对于皇权的威胁。

二、监督体制

（一）都察院和大理寺

明朝建立之初，基本沿袭了前朝的中央机构，设中书省、都督府和御史台。其中，御史台的任务就是监察百官。其设有左右御史大夫、御史中丞、侍御史、治书侍御史、殿中侍御史、察院监察御史、经历、都事、照磨、管勾等职务。由邓愈、汤和担任御史大夫，刘基、章溢为御史中丞。正如太祖要求的那样，御史台"掌纠察，朝廷纪纲尽系于此，而台察之任尤清要。卿等当正己以率下，忠勤以事上，毋委靡因循以纵奸，毋假公济私以害物"②。此中可见御史台在朱元璋心目中的地位之高。他认为这个机构尤为重要，能纠察百官纪纲，保障中央机构正常运转。

如此重要的一个机构，在后来太祖进行的明初中央机构改革中，不可能不被推陈出新。洪武十四年，御史台被罢，次年，设立都察院。初设都察院时，其官吏品秩都比较低，监察都御史共八人，皆为正七品，分置于浙江、河南、山东、北平、山西、陕西、湖广、福建、江西、广东、广西和四川十

---

① 《明史》卷九〇《兵志二》。
② 《明史》卷七三《职官二》。

二道，各道御史才正九品。太祖此举可能想以小官监督大官，认为如此更为有效。其后逐步完善，洪武十六年设左右都御史、副都御史、佥都御史以及监察御史等官，且都提高了品秩，左右都御史皆升为正三品，十七年又升其为正二品，又按布政使司设十三道监察御史。

关于都御史和十三道监察御史的职责，《明史》中讲得很明确。都御史"专纠劾百司，辩明冤枉，提督各道，为天子耳目风纪之司。凡大臣奸邪、小人构党、作威福乱政者，劾。凡百官猥茸贪冒坏官纪者，劾。凡学术不正、上书陈言变乱成宪、希进用者，劾。遇朝觐、考察，同吏部司贤否陟黜。大狱重囚会鞫于外朝，偕刑部、大理谳平之。其奉敕内地，拊循外地，各专其敕行事"①。而十三道监察御史"主察纠内外百司之官邪，或露章面劾，或封章奏劾。在内两京刷卷，巡视京营，监临乡、会试及武举，巡视光禄，巡视仓场，巡视内库、皇城、五城，轮值登闻鼓。在外巡按，清军，提督学校，巡盐，茶马，巡漕，巡关，儹运，印马，屯田……巡按则代天子巡狩，所按藩服大臣、府州县官诸考察，举劾尤专，大事奏裁，小事立断……盖六部至重，然有专司，而都察院总宪纲，惟所见闻得纠察。诸御史纠劾，务明著实迹，开写年月，毋虚文泛诋，计拾细琐。出按复命，都御史覆劾其称职不称职以闻。凡御史犯罪，加三等，有赃从重论"②。从以上两段材料得知，都御史的主要职责是监察中央官纪，与刑部、大理寺一起审理重大案件。除此之外，还要考核回来复命的巡按的政绩。十三道监察御史主要是负责监察地方情况，代天子巡狩，考察地方官员政绩，决断地方上的细小事务，同时向中央奏报一些地方上的大事件。

通过这一制度，明朝形成了从中央到地方的一条垂直的监察系统。监察御史虽然归都察院管理，但实则其是直接对皇帝负责。朱元璋对御史的管理十分严格，御史犯罪贪污，皆罪加三等，从重处罚。

除都察院外，明朝还设有复审刑狱的大理寺。早在朱元璋建吴国时，便设有大理司卿。洪武元年，太祖革除大理司卿。洪武三年设磨勘司，负责天下赋税钱粮、司法刑名事务的覆（复）核工作，是国家最高覆（复）核部门。

<hr>

① 《明史》卷七三《职官二》。
② 《明史》卷七三《职官二》。

但不久这一机构便被废除。洪武十四年复置磨勘司，规模较之前变小了，但其基本职能没有发生变化。

同年夏，置大理寺，设有大理寺卿、左右少卿、左右寺丞等官职，下辖左右寺正各一人，寺副各两人，左评事四人，右评事八人。大理寺的主要职责是复审驳正，平反刑狱。起初，还设有审刑司，与大理寺一起复查冤假错狱，凡是大理寺复审的案件，审刑司通常会再详细地审理讨论，以期最大的公正，减少冤狱错案的发生。洪武十七年，改建刑部、都察院、大理寺、审刑司和五军断事官署于太平门外，称之为贯城。

审刑司与磨勘司一样，两置两废，且存在的时间都不长。审刑司于洪武十九年被罢黜，二十二年又复置，二十九年又被废除。明初的监察体制，就在这样的反复置废中不断发展完善，最终形成了"三法司"并行的局面。"三法司"即指刑部、大理寺和都察院。明朝的重大案件审理，均须经"三法司"共同协作完成。刑部负责主审，都察院负责纠察，再由大理寺覆勘驳正。"三法司"共同协作运行，体现了明朝对待司法谨严慎刑的态度。这一监督体制，避免了权力相对集中所造成的不公，同时也保障了皇帝本人至高无上，权力归于一的神圣皇权不被侵犯。

（二）通政使司

明朝设有通政使司这一机构。通政使司，顾名思义，就是"政令通畅"之意。朱元璋曾说："政犹水也，欲其常通，故以'通政'名官。卿其审命令以正百司，达幽隐以通庶务。当执奏者勿忌避，当驳正者勿阿随，当敷陈者勿隐蔽，当引见者毋留难。"[①] 因此，通政使司是一个沟通上下信息的机构。其始创设于洪武十年，设有通政使一人，左右通政各一人，誊黄右通政一人，左右参议各一人。除此之外，还设有经历、知事等职务。通政使司的地位仅次于六部和都察院，并与之和大理寺并称为"九卿"。

通政使"掌受内外章疏敷奏封驳之事"，无论什么官署上奏，都必须先经过通政使司。"凡四方陈情建言，申诉冤滞，或告不法等事，于底簿内誊写诉告缘由，赍状奏闻。凡天下臣民实封入递，即于公厅启视，节写副本，然后

---

① 《明史》卷七三《职官二》。

奏闻……"① 明初，通政使司的功能显得尤为重要和突出，它沟通了内廷和外廷，有利于皇帝对于国家事务的直接掌控。

（三）六科给事中

明初，统设给事中，初为正五品，后多次更改其品秩。洪武六年，设给事中十二人，分设六科，每科两人，因此又称为六科给事中。其中年长者掌职印一枚。九年定给事中十人。其后多次罢废重置。洪武十年，其隶属承敕监，十二年又改隶通政使司。洪武十三年，置谏院，十五年又设谏议大夫，不久都被罢黜了。洪武二十二年改给事中为源士，共八十一人，不久便又恢复为给事中。洪武二十四年，给事中共有四十人，每科均有都给事中一人，左右给事中两人。

六科"掌侍从、规谏、补阙、拾遗、稽察六部百司之事。凡制敕宣行，大事覆奏，小事署而颁之；有失，封还执奏。凡内外所上章疏下，分类抄出，参署付部，驳正其违误……凡大事廷议，大臣廷推，大狱廷鞫，六掌科皆预焉。"② 从中我们可以看出，六科给事中虽然品秩不高，但其职权却相当之重，除了稽查六部的官员之得失外，廷议、廷推等重大事项均须出席。

三、官吏管理制度

明朝幅员辽阔，自建立之日起，朱元璋便需要一个庞大的官僚体系来帮助他治理国家。因此，官吏的来源和选拔，也是太祖十分重视和关心的问题。明朝政府除了任用部分元朝的官吏外，还通过举荐、学校、科举和铨选这几条途径来选拔官吏。

（一）举荐

举荐是选拔官吏最直接的方式。早在朱元璋创业之时，其身边的能人贤士就大多由举荐得来，几乎每攻克一地，就会招募几名有用之才。如有名之士宋濂、刘基等，皆是举荐招募而来。至定鼎南京后，更是求贤于四方。"洪武元年征天下贤才至京，授以守令。其年冬，又遣文原吉、詹同、魏观、吴辅、赵寿等分行天下，访求贤才，各赐白金而遣之。"③ 此后，朱元璋曾多次

---

① 《明史》卷七三《职官二》。
② 《明史》卷七四《职官三》。
③ 《明史》卷七一《选举志三》。

强调举荐优秀人才的重要性，他在洪武三年和洪武六年又分别强调"六部总领天下之务，非学问博洽、才德兼美之士，不足以居之。虑有隐居山林，或屈在下僚者，其令有司悉心推访"①；"贤才，国之宝也。古圣王劳于求贤……人君之能致治者，为其有贤人而为之辅也。山林之士德行文艺可称者，有司采举，备礼遣送至京，朕将任用之，以图至治。"②

明初推举人才的科目有聪明正直、贤良方正、孝悌力田、儒士、孝廉、秀才、人才和耆民。明初举荐官员的范围很广，"俾富户耆民皆得进见，奏对称旨，辄予每官"。③ 如此巨大数量的人才需求和如此大规模、大范围的举荐人才，表现出朱元璋求贤若渴的心态，同时也从另一方面说明明初官僚机构的体系十分庞大。

(二) 学校

学校侧重于培养一批符合统治者需要的人才来作为官僚系统的后备力量。明朝的学校以官学为主体，在中央的称为"国子学"，在地方的称为府、州、县学。

洪武元年，明太祖"令品官子弟及民俊秀通文义者，并充学生"④，入国子学学习。从洪武十四年，在南京鸡鸣山脚下修建新学校，于洪武十五年完工，自此，国子学改为国子监，国子监设有祭酒、司业、监丞、博士、助教、学正等官，分为率性、修道、诚心、正义、崇志、广业六馆。祭酒、司业相当于今天的校长和副校长，而博士才是主讲教师。国子监拥有军事化的管理，所有学生都必须寄宿，且夜晚不得随意外宿，吃饭洗澡，都有严格的规定，违反规定的，最严重的可罚充戍吏。平时学生功课较繁忙，要学习"四书五经"、《御制大诰》、《律令》以及刘向的《说苑》和书、数等技能。每月仅朔望有休假，节假日有部分奖金（赏节钱）。

洪武二年，太祖感叹道："学校之教，至元其弊极矣。上下之间，波颓风靡，学校虽设，名存实亡，兵变以来，人习战争，惟知干戈，莫识俎豆。朕惟治国以教化为先，教化以学校为本。京师虽有太学，而天下学校未兴。宜

---

① 《明史》卷七一《选举志三》。
② 《明史》卷七一《选举志三》。
③ 《明史》卷七一《选举志三》。
④ 《明史》卷六九《选举志一》。

令郡县皆立学校，延师儒，授生徒，讲论圣道，使人日渐月化，以复先王之旧。"① 于是，在各府、州、县和卫所皆建学校，府设教授，州设学正，县设教谕，生员人数也有规定，府学四十人，州学三十人，县学二十人。府州县学的学生，要进国子监学习，才能得到做官的资格。

（三）科举

考试是选拔人才的一个相对较为公平的方式，所以，统治者都较为关心科举制度。明朝于洪武三年正式创立科举制度，初设科举考试时，由于考生年轻，缺乏应有的阅历，于是，在洪武六年的时候，停止了科举考试，直至洪武十五年重开乡试，洪武十八年重开会试。

明朝科举考试的内容，由朱元璋和刘基商量后确定，"其文略仿宋经义，然代古人语气为之，体用排偶，谓之八股，通谓之制义"②。这种利用八股文取士的方式在明朝早期绝对是起到了积极的作用的，它多少为明朝政府选拔出了相对优秀的人才。由于其文体的过于僵化，后期确实是出现了一些问题，但这并不能说明"八股文"这种文体有问题，其根本原因在于人们思想的固化和腐朽。

科举考试分为两级，省级考试叫做乡试，每三年一次，参加者为国子监和府、州、县的学生，即所谓的"秀才"，中试者称为举人，第一名叫"解元"。中央级考试叫会试，于乡试的第二年在京师举行，参加者为举人，考中的人称为贡士，第一名叫"会元"。所有的贡士再参加由皇帝主持的殿试，主要是策问时政，最后分为三甲。一甲"赐进士及第"取三名，分别为"状元"、"榜眼"和"探花"；二甲"赐进士出身"若干人；三甲"赐同进士出身"若干人。二、三甲的第一名为"传胪"。一般状元授修撰，榜眼和探花授编修，二、三甲考选庶吉士的可为翰林官，其他人则分派各部门做各类品秩不同的官吏。

（四）铨选

明朝的铨选之事，"文归吏部，武归兵部"，其中以吏部更为重要。其中有三个途径，进士为一途，举贡等为一途，吏员等又为一途，这就是所谓的

---

① 《明史》卷六九《选举志一》。
② 《明史》卷七〇《选举志二》。

三途并用。"京官六部主事、中书、行人……外官知州、推官、知县,由进士选。外官推官、知县及学官,由举人、贡生选。京官五府、六部首领官、通政司、太常、光禄寺、詹事府属官,由官荫生选。州、县佐贰,都、布、按三司首领官,由监生选,外府、外卫、盐运司首领官,中外杂职、入流未入流官,由吏员、承差等选。"①明初时期,太祖常常亲自在奉天门选官,并且不论其资格高低,都有机会被选上。

为了保证各级官员尽心尽责,提高自身素质和办事效率,明朝实行严格的官吏考核制度。官吏考核之法始于洪武十一年,太祖命吏部考核朝觐官吏,称职而没有过错的为上,赐坐而宴;有过但是称职的人为中,宴而不坐;有过又不称职的为下,不设宴,只能依次站在门外。

考核分为考满和考察。考满是指"论一身所历之俸",是对官吏的总体评价。其分为三等,即称职、平常和不称职,分为上、中、下三等。考察是"通天下内外官计之",分为八类,即"贪、酷、浮躁、不及、老、病、罢和不谨"。考满之法,三年一次,三年叫初考,六年叫再考,九年叫通考。考察之法,京官是六年一次,叫京察。州、县官以月计上报府,府以岁计上报布政司。满三年,巡、按考核其事,造册详细上报。"明初行之,相沿不废,谓之大计。计处者,不复叙用,定为永制。"②

明初制定的这种官吏考核制度,对官吏自身的素质和政绩都起到了约束和管理的效果,无疑是有利于明初的政治制度朝良好的方向发展的。

第四节 明初南京的大移民

在历经长年战乱后,南京城不仅基础设施遭到了大范围损失,该地区的人口也大量减少。在朱元璋最终确定以南京为首都后,便利用强大的行政力量,在全国范围将各色人等迁往南京,充实京师,一场轰轰烈烈的明初大移民便开始了。

---

① 《明史》卷七一《选举志三》。
② 《明史》卷七一《选举志三》。

一、移民的种类与数量

南京作为一个政治中心，它的移民情况有别于其他城市，其主要特点是种类多、数量大。明初南京的移民种类主要分为王公贵戚，行政人员及其家属、卫所士兵及其家属，降将、边民及少数民族，富户及工商业者和工匠、脚夫等六类人员，下面分别做简要的介绍。

（一）王公贵戚

朱元璋最终能够问鼎天下，统一中国，主要是靠他身边的一批谋臣干将，而这里面又以淮西将臣的贡献最大。因此，在定都南京后，论功行赏，淮西将臣便成了王公贵戚的主体，他们基本都留在了南京，并在南京城内建造了大量的府邸，他们从淮西所携带来的亲属家眷便构成了特殊的移民群体。据《明太祖实录》载："洪武四年，南京城内王公贵戚多达 1 197 户，估计人口可达万人左右。"[1] 有一首诗就生动地描绘了这些淮西勋贵移民南京的状况："两河兵合尽红巾，岂有桃源可避秦？马上短衣多楚客，城中高髻半淮人。"[2]

（二）行政人员及其家属

这里说的行政人员包括官和吏两个部分。明清时代的官和吏有着非常大的区别，官有品而吏无品，官主行政而吏主事务，官员主要有六部九卿及宦官、女官，而吏员主要有"椽吏、令吏、书吏、司吏、典吏、提控、都吏、人吏、胥吏、狱典、攒典"等名目。官员的人数相对于吏员要少，但是官员的地位要比吏员高得多。根据《明史》记载，全部朝廷的官员的人数为765～1 168人，加上家属人口可能会达到 2 万余人；而吏员的人数，通过学者的分析，在洪武年间中央各部门的吏员总数至少达到 3 000 人，若以每户 3 人计，则共有人口万人左右，也是相当庞大的一个数字，所以整个行政系统的人口（包含家属）共有三四万的规模。

官和吏的来源也有很大不同，明初的官员构成主要分成两部分：一部分是为朱元璋打下江山的功臣贵族，一部分则是通过正常科举考选进入仕途的普通士子。而吏员的来源主要是一些"清白无过"的农民，《大明会典》中就清楚地记载："凡金充吏役，例于农民身家无过、年三十以下、能书者选用。

---

① 《明太祖实录》卷六三。
② （明）贝琼：《清江诗集》卷五《秋思》。

但曾经各衙门主写文案、攒造文册，及充隶兵与市民，并不许滥充。"所以要想成为吏员，必须是没有什么犯罪记录的清白农民，年龄要在三十岁以下，而且要具备书写的能力，此外农民还一定要求有田籍，所谓"无田者，不得著籍。无籍者，不得试有司，不得为椽吏"。由于军人和市民都不能充任吏员，加上前面官员的构成也多是勋贵和士子，因此在明初庞大的官僚系统中就由绝大部分的外来人充任，南京土著的却很少，所以行政人员及其家属就构成了一个相当重要的移民群体。

（三）卫所士兵及其家属

明代的军事管理实行卫所制度，"明以武功定天下，革元旧制，自京师达于郡县，皆立卫所"。朱元璋在全国各地大大小小设立了诸多个卫所，而南京作为京师又设立了"五军""三千""神机"三大营，关于京营，《明史》中记载：

> 初，太祖建统军元帅府，统诸路武勇。寻改大都督府，以兄子文正为大都督，节制中外诸军。京城内外置大小二场，分教四十八卫卒；已，又分前后中左右五军都督府。洪武四年士卒之数二十万七千八百有奇。①

关于卫所的数量，结合《明史》《洪武京城图志》和《大明会典》的记载，推测洪武时期京师驻军应有48卫，如果按之后确定的定制"大率五千六百人为卫，一千二百人为千户所"来说，这48个卫总共就会有近27万人。明朝的制度规定，军士戍卫必须携带家属，因此这27万人的士卒后面又会是一个庞大的人口。如果按最保守的一个士卒有一个妻子和一个孩子算，那么总人口也达到80万，而且这些士卒多是从北方调来，所以给洪武时期的首都及周边地区带来了很浓的北方气息。

（四）降将、边民及少数民族

朱元璋在几十年的金戈铁马声中，消灭了张士诚、陈友谅、方国珍等群雄，推翻了元朝的统治，荡平寰宇，建立了大明王朝。这样就产生了一批故元将士和群雄降卒。在后面讨伐蒙古过程中又俘虏了大量蒙古边民，对这样

---

① 《明史》卷八九《兵志一》。

一批人的处理，朱元璋的做法就是把他们统统迁到京师附近，对他们进行严密的监视，他们从而构成了明初南京移民的一个群体。关于这一群体的情况，在《明太祖实录》中有很多记载：

> 洪武三年（1370），大将军徐达以获故元官属 1 323 人并招致河曲府山谷军民 2 092 户计 5 988 人入奏。①
>
> 洪武五年乙未，左副将军李文忠以所获故元官属子孙及军士家属 1 840 余人送至京师。②
>
> 洪武五年庚辰，豫章侯胡廷美收集武昌新军 5 400 余人至京师。③
>
> 洪武六年，从河南和湖南郴州迁入的元兵将和元将校分别为 2 940 人和 537 人。同一年，又有 4 756 名明玉珍的降将士从四川迁入。侍御史商暠招集王保保河南旧将士，得元参政副枢等 580 人、军士 1 660 余人至京师，简其壮勇者为驾前先锋。指挥万亿招集四川旧将士 4 756 至京师。④
>
> 洪武七年，3 230 名故元官、军、民从塞外迁入，另有 1 323 名故元官属从塞北迁入。⑤
>
> 洪武八年，缉捕太行山潜通四大王之人，未几获男女 10 400 人送京师。⑥
>
> 洪武十六年和洪武十七年，27 018 名方国珍水夫从浙东迁入，23 200 名何真旧部从广东迁入。⑦
>
> 洪武二十一年，34 名元将校及家属从辽东迁入。⑧

从以上数据可以看出，从洪武三年开始一直到洪武二十一年结束，朱元璋从各地把降将、边民及少数民族人士迁往京师地区。这一群体总人数加起

---

① 《明太祖实录》卷八八。
② 《明太祖实录》卷七五。
③ 《明太祖实录》卷七六。
④ 《明太祖实录》卷八〇～八三。
⑤ 《明太祖实录》卷八七～八八。
⑥ 《明太祖实录》卷九六。
⑦ 《明太祖实录》卷一五四、卷一五五、卷一六七。
⑧ 《明太祖实录》卷一九〇。

来有九万余人之多。

（五）富户及工商业者

关于富户，《明史》中给出这样的解释："尝命户部籍浙江等九布政司、应天十八府州富民万四千三百余户，以次召见，徙其家以实京师，谓之富户。"[1] 明初，朱元璋为了加强统治，开始着手把天下的富户迁往南京，重新分配资源。江南地区是此次大规模移民计划的重点区域，因为这里曾是张士诚的统治范围，所以为了打击张士诚的残余势力，朱元璋就重点把该区域的富户迁往南京和其他地区。洪武二十四年七月，就由工部负责迁徙各地富户5 300户到京师。《明太祖实录》中记载：

> 上谕工部臣曰：昔汉高祖徙天下豪富于汉中，朕初不取，今思之，京师天下根本，乃知事有当然，不得不尔。朕今欲令富民入居京师，卿其令有司验丁产殷富者分遣其来。于是工部徙天下富民至者凡五千三百户。[2]

万历《大明会典》中也有记载：

> 凡富户，洪武二十四年，令选取各处富民，充实京师。永乐元年，令选浙江、江西、湖广、福建、四川、广东、广西、陕西、河南及直隶苏、松、常、镇、扬州、淮安、庐州、太平、宁国、安庆、徽州等府无田粮并有田粮不及五石殷实大户，充北京富户。附顺天府籍，优免差役五年。[3]

在洪武二十四年的这次移民之后，洪武三十年又徙富民14 341户于京师，《明太祖实录》中记载：

---

① 《明史》卷七七《食货志一》。
② 《明太祖实录》卷二一〇。
③ 《大明会典》卷一九《户部六·富户》。

户部上富民籍名。先是，上谓户部尚书郁新、吏部侍郎张迪等曰：
"人有恒产，斯有恒心。今天下富民，生长田里之间，周知民事，其间岂
无才能可用者？其稽诸户籍，列名以闻，朕将选用焉。"于是，户部奏：
云南、两广、四川不取，今稽籍得浙江等九布政司、直隶应天十八府州
田赢七顷者万四千三百四十一户，列其名以进。命藏于印绶监，以次召
至，量才用之。[①]

　　从以上三段史料可以看出，明初由政府主导，大量的富户被迁往南京，
所选取的范围是全国，但重点则是江南地区，所以时人吴宽就曾发出感慨：
"夫自国初仿汉徙闾右之制，谪发天下之人，又用以填实京师。至永乐间，复
多从驾北迁。当是时，苏人以富庶被谪发，盖数倍于他郡。"[②] 可见，对于江
南地区而言，他们不仅无奈地承担着失败者的痛苦，同时损失了大量的社会
精英；而对于明王朝的统治中心南京来说，这些来自江南的富户也不过是构
成了明初迁入南京的一个遗民群体而已。

（六）工匠、脚夫等

　　南京自从被定为首都后，就开始了一场大规模的城市建设，修城墙，建
新宫，布局新的街道，这些都需要大量的劳动力。关于工匠，万历《上元县
志》中记载："维高皇帝定鼎金陵，驱其旧民而置之云南之墟，乃于洪武十三
等年起取苏浙等处上户 45 000 余家，填实京师，壮丁发各监司充匠。"根据这
条史料，每家至少出一个壮丁，所以工匠的人数至少是 45 000 人。关于仓脚
夫，《明史》中载："又徙直隶、浙江民二万户于京师，充仓脚夫。"[③] 以正常
一家四口算，大概征调了八万多人。而对于力役，《明太祖实录》也有记载，
洪武十八年五月，调天下各地的"民丁充力士者"14 200 人往京城，这些青
壮年劳动力一般不会孤身一人前来，他们平均每个人都会带两个家属，这样
合计家属就会有 43 000 人。这三种人总计人数约达十六七万人。

　　最后，就总体数量来说，从洪武四年闰三月开始，城中约有三万户，其

---

① 《明太祖实录》卷二五二。
② （明）吴宽：《匏翁家藏集》卷四二，《伊氏重修族谱序》。
③ 《明史》卷七七《食货一》。

中民二万一千五百六十七户，军一千八百九十六户，公侯族属一千一百九十七户，官吏二千四百九十九户。到了洪武二十四年，已迁进六万六千户左右，人口近四十八万。同一年又迁富民五千三百户至京，估计近五万人口。洪武二十八年又徙直隶、浙江等地民二万户于京师，充仓脚夫，以平均每户五口计，又得十万，加上原有人口和二十万军队，共有八十余万人，连同在京服役的轮班工匠，其最高峰当在一百余万。在那个时代，南京便聚集了一百余万人口，这在当时的世界范围内也绝对是一座超级城市。

二、移民的安置

通过上文分析，南京人口由起初的十几万暴增至一百余万，如此大量的移民人口该怎么安置是个非常重要的问题。要解决这一问题，首先要分析一下南京独特的城市区域分布。

南京城市空间分布主要是基于坊厢制度。洪武十三年二月，朱元璋下令"改作在京街衢及军民庐舍"，这次改作是依据统一的编户管理制度，改作之后南京便形成了"城中曰坊，近城曰厢，乡都曰里"的城市格局，明末南京文人顾起元对此也记述到："国初徙浙、直人户，填实京师，凡置之都城之内曰坊，附城郭之外者曰厢。而原额图籍，编户于郊外者曰乡。坊厢分有图，乡辖有里。"① 这样划分以后，城中大量移民人口便按照职业分类而居。在坊厢制度下，城市的不同地区具有不同性质，坊厢成了城区的名字，各区居民的方言、职业及其他特点也就各有特别的风貌。明初的大量移民就按照所属的类别分布安置在这些坊厢之中。

具体的分布是这样的：以宫城为中心的城东作为政治区，是皇帝居住的地方。官吏、富民居住区主要有两个集中区域：一是沿内秦淮河西段，从镇淮桥附近到下浮桥，两岸多为皇子、皇女、公侯将帅府第；另一区即北新街，南北皆是。手工业者、工商业者和匠人，这一群体是按照行业分类而居，他们的居住地一般称作坊，像木作坊、银作坊等等，这样的坊在洪武时期有十八个，坊的位置一般依据手工业的性质而分布，整体而言是南唐至宋元以来旧金陵城的范围内。具体一点的像染料坊就分布在柳叶街船板巷附近，三个"织锦坊"，都集中在聚宝门内的镇淮桥附近一带。龙江船厂的工匠则多集中

---

① （明）顾起元：《客座赘语》卷二《坊厢始末》。

在定淮门外。军户则主要驻扎在孝陵卫、城北鼓楼岗和花露岗一带。①

明初的南京不仅向内吸收大量移民，同时也向外迁出大量居民。从南京迁出去的居民主要流向了云南，所以现在一些云南的汉民还流传着自己"来自南京柳树湾的高石坎"一类的说法。这群人有一部分是元代的金陵人，因为朱元璋认为他们是不可靠的，所以把他们全部迁出南京，还有一部分则是原先驻扎在皇城附近的军人。明初，朱元璋对云南发动战争，派驻了很多军队到那里去。据日本学者分析，洪武十四年，明朝政府从南京及其附近驻扎的亲军卫、京卫、直隶等各卫中调遣了 249 100 人。② 这些人在战争结束后，不少人奉命留下屯田云南，他们把对南京的记忆留给了他们的一代代子孙。

第五节 明初的法律体系

明初制定了一系列的法规政策，基本上构建了明朝一代的法律体系。明太祖朱元璋时，制定颁布了《大明律》《御制大诰》等，崇尚重刑。"太祖之定律文也，历代相承，无敢轻改。"③ 洪武朝法律法规的制定，为后世提供了典范。当然，明初的许多大案要案也并非完全依照《大明律》断定，更多的是参照皇帝个人的意愿。明太祖屡兴大案，明成祖重罚建文遗臣，显示出明初法律体系的局限性。这些法令都制定于南京，并通行于全国。诸多大案也是在南京审理处置，是明初南京为都的五十三年中不容忽视的事件。

一、《大明律》与《大诰》

早在明朝建立之前，朱元璋即意识到要制定律令。吴元年（1367）冬十月，朱元璋命左丞相李善长为律令总裁官，参知政事杨宪、傅瓛，御史中丞刘基，翰林学士陶安等二十人为议律官。"卿等悉心参究，日具刑名条目以上，吾亲酌议焉。""每御西楼，召诸臣赐座，从容讲论律义。"④ 可见朱元璋对于制定律令一事极为重视，要求臣下每天向他汇报刑名条目，多次听臣下

---

① 关于明代南京城内的具体布局，请参考蒋赞初先生：《南京史话》，江苏人民出版社，1980 年。

② （日）上田信著：《海与帝国：明清时代》，广西师范大学出版社，2014 年。

③ 《明史》卷九三《刑法一》。

④ 《明史》卷九三《刑法一》。

讲解律令意旨。到十二月，《大明律》与《大明令》同时修成。"凡为令一百四十五条，律二百八十五条。"洪武元年（1368）正月，正式颁行天下。另外，朱元璋担心百姓不能完全理解律令的内容，下令大理寺卿周桢选定一些民间常用的法律条文汇集成《律令直解》，并且用通俗的语言进一步解释条文，颁发于郡县。朱元璋出身贫寒，能够体会到平民百姓的苦衷，这一政策显示出了典型的明初特征。朱元璋对于此举特别赞赏，喜称"吾民可以寡过矣"①。

《大明令》对明朝的各项制度作了初步的规定。现存《大明令》以吏、户、礼、兵、刑、工分类，吏令 20 条，户令 24 条，礼令 17 条，兵令 11 条，刑令 71 条，工令 2 条。②值得注意的是，明朝开国之时，中央机构承袭元制设中书省，中书省下设钱谷、礼仪、刑名、营造等四部，并非六部。到洪武元年八月，才设六部。可见《大明令》与《大明律》均按六部分类早于明朝的中央政治体制，更多的是仿照元代的律法《元典章》与《元经世大典》。从此处，也能清晰地看出明承元制。《大明令》不是严格意义上的律法，更像是条令的汇编。其中只有各种条令，并没有涉及触犯者的具体惩罚措施。③《大明令》是一时之法，自制定之后再也没有进行修改和完善，而《大明律》则不断修改，在完善中也把《大明令》中的内容吸收进来。随着《大明律》的日益完善，《大明令》完成了自己的历史使命，逐渐淡出了历史舞台。

朱元璋在位期间，国家诸多事务都处于草创阶段。"始，太祖惩元纵弛之后，刑用重典。然特取决一时，非以为则。后屡诏厘正，至三十年始申画一之制，所以斟酌损益之者，至纤至悉，令子孙守之。"④建立明朝后，朱元璋多次下令群臣修订《大明律》。洪武元年，下令儒臣四人同刑官讲《唐律》，向《唐律》学习部分刑名的判定。洪武五年，颁布限制宦官权力的禁令以及允许亲属相互隐忍的律法。洪武六年夏，刊定《律令宪纲》。是年冬天，诏刑部尚书刘惟谦详定《大明律》。到洪武七年，修订完成。《大明律》从初订的

---

① 《明史》卷九三《刑法一》。
② 张显清、林金树等：《明代政治史》，广西师范大学出版社，2003 年。
③ 《大明令》，《皇明制书》卷一，《续四库全书》第 788 册，史部政书类，上海古籍出版社，2002 年。
④ 《明史》卷九三《刑法一》。

285 条，扩充到新订的 606 条。翰林学士宋濂进表详细介绍了新订《大明律》的构成："篇目一准于唐：曰卫禁，曰职制，曰户婚，曰厩库，曰擅兴，曰贼盗，曰斗讼，曰诈伪，曰杂律，曰捕亡，曰断狱，曰名例。采用旧律二百八十八条，续律百二十八条，旧令改律三十六条，因事制律三十一条，掇《唐律》以补遗百二十三条，合六百有六条，分为三十卷。"① 洪武九年，再次下令修改《大明律》，命丞相胡惟庸、御史大夫汪广洋等详细商讨修改 13 条。洪武十六年，命尚书开济制定诈伪律条。洪武二十二年，命翰林院同刑部官，将连年以来增加的条例附入《大明律》，并总其名为《大明律例》。

　　从洪武十八年（1385）十一月至二十年十二月，朱元璋颁布《大诰》四编，分别为《御制大诰》②《御制大诰续编》《御制大诰三编》《大诰武臣》。颁行《大诰》的直接原因是郭桓案。洪武十八年，郭桓案发，涉及中央、地方官吏众多，涉案粮达 2 400 多万石。案件一发触目惊心，深深刺激了朱元璋。他在处理案件的同时，"采辑官民过犯，条为《大诰》"。③ 洪武十九年颁布《御制大诰续编》《御制大诰三编》。朱元璋制定《大诰》并非独立于《大明律》另设法典，而是加大对官吏百姓的劝诫力度。"颁学官以课士，里置塾师教之。""因有《大诰》者，罪减等。"将《大诰》作为学校的教材，而且凭借手中的《大诰》文本罪犯可以减刑，可见其推广力度非常之大。"于时，天下有讲读《大诰》师生来朝者十九万余人，并赐钞遣还。"④ 十九万余人专为《大诰》一事齐聚南京，场面宏大。若寻得相关材料，考证这近二十万人的来源，他们来南京之后如何起居，政府怎样遣还他们，遣还力度如何，不失为一个有趣的课题。《大诰》中惩罚措施相当严重，动辄抄没、夷族，但这些严刑峻法重在劝诫，并不具有长期的法律效能，即所谓"《大诰》所载诸峻令未尝轻用"⑤。

　　《大明律》与《大诰》的制定显示出明初的典型特征，尤其是《大诰》列举种种官民违法的惩罚措施，深刻地诠释了朱元璋"重刑"的思想。建文帝

────────────

① 《明史》卷九三《刑法一》。
② 《御制大诰》，《皇明制书》卷二，《续四库全书》第 788 册。
③ 《明史》卷九三《刑法一》。
④ 《明史》卷九三《刑法一》。
⑤ 《明史》卷九三《刑法一》。

即位后，认为"大明律，皇祖所亲定，命朕细阅，较前代往往加重"。① 鉴于洪武朝的严刑峻法，建文帝主张"齐民以刑，不若以礼"②，废除了一些酷刑。靖难之役后，明成祖一反建文帝的做法，基本恢复洪武旧制。"成祖诏法司问囚，一依《大明律》拟议，毋妄引榜文条例为深文。"③ 明初洪武以后，尽管诸如《问刑条例》之类的条例法令不断出现，在司法中的地位也逐日提高，但《大明律》作为根本大法，是条例的制定与实施的重要参照，始终发挥着重要作用。

二、明初特务机构——锦衣卫

明初的锦衣卫是皇帝监察京畿官员的重要耳目。④ 锦衣卫属于皇帝的亲军，成立于洪武十五年（1382），直到清初，作为明代遗存的机构还存在一年多时间。从1382年到1645年，锦衣卫存在了250多年。锦衣卫长官为锦衣卫指挥使，下领17所分管官校，官即千户、百户，校即校尉力士，即明代文献中所谓"缇骑"。"锦衣卫，掌侍卫、缉捕、刑狱之事。"⑤ 锦衣卫狱，就是通常所说的诏狱，由本卫镇抚司职掌狱讼之事。原来锦衣卫只有镇抚司一司。在洪武十五年，增添了北司，"而以军匠诸职掌属之南镇抚司，于是北镇抚司专理诏狱"。⑥ 诏狱锦衣卫为皇帝亲军心腹，原则上负责监管皇帝以外的所有人，上至诸王，下至普通百姓。明初朱元璋对大臣的监管力度非常强。其中一个实例表现得非常明显。宋濂为明初功臣，"性诚谨，官内庭久，未尝讦人过"⑦。《明史》载："尝与客饮，帝密使人侦视。翼日，问濂昨饮酒否，坐客为谁，馔何物。濂具以实对。笑曰：'诚然，卿不朕欺。'"⑧ 可见，尽管其为人谨慎，也时刻处于朱元璋的监控之下。

朱元璋屡兴大案时，锦衣卫发挥了很大的辅助作用。在基本排除异己之后，他也意识到锦衣卫的危害性，逐渐缩小其权力范围。"后悉焚卫刑具，以

---

① 《明史》卷九三《刑法一》。
② 《明史》卷九三《刑法一》。
③ 《明史》卷九三《刑法一》。
④ 明初南京锦衣卫衙署在通政使司衙署以南，即今大阳沟一带。
⑤ 《明史》卷七六《职官五》。
⑥ 《明史》卷九五《刑法三》。
⑦ 《明史》卷一二八《宋濂传》。
⑧ 《明史》卷一二八《宋濂传》。

囚送刑部审理。(洪武)二十六年申明其禁,诏内外狱毋得上锦衣卫,大小咸经法司。"① 明初的缇骑人数只有 500 余人,并没有太多力量延伸到京畿以外的地区。② 但在其后,锦衣卫的权力则不断被强化,尤其是北镇抚司。到成化十四年,北镇抚司拥有专属印信,处理刑狱不再受锦衣卫指挥使的管辖,而是直属皇帝。卫权与司权各自独立,分别对皇帝负责。另外,锦衣卫的监督范围也不断扩大,从最初的京畿地区,扩充至全国,其缇骑的人数在嘉靖年间"凡十五六万人"。③ 另外,廷杖也由锦衣卫执行。廷杖不属于国家法律的规定范畴,但却是明代专门用来惩罚官吏的重要手段。行刑时,由司礼监太监监督,锦衣卫执行。但在明初,廷杖只是示侮一番。到明中后期,许多大臣被执行廷杖,甚至有不少人直接死于杖下。

在明代,厂卫时常并称,卫即锦衣卫,厂即东厂④。东厂设立于永乐十八年 (1420),此时距离正式迁都北京尚有一年的时间。东厂首设于北京东安门,与南京基本上没有太多关联。但东厂与锦衣卫关系密切,有必要在此处作简单的补充说明。东厂其长官为宦官,而其下属官员多是锦衣卫的人员。东厂的主要职责,也是负责侦查与监督。东厂以外,还有西厂和内行厂。东厂的设置一直持续到明亡,而西厂与内行厂均为一时权宜之计,是宦官气焰高涨的结果,并非常制。

三、明初大案要案

明初在南京处理了多个大案要案,其代表有胡蓝之狱、空印案、郭桓案等。这些案件牵扯范围极为广泛,株连人数众多,是发生在明初南京的不容忽视的重大事件。

在大案中,首先爆发的是胡惟庸案。胡惟庸是明初功臣之一,为人圆滑老练,深得朱元璋的信任与喜欢,官拜丞相。在洪武十三年 (1380) 正月,御史中丞涂节、商暠告发胡惟庸勾结蒙古、私通倭寇,蓄意谋反。⑤ 胡惟庸被

---

① 《明史》卷九五《刑法三》。
② (明) 王世贞:《锦衣志》,《续四库全书》第 749 册。
③ (明) 王世贞:《锦衣志》。
④ 明朝迁都之后,南京仍保留东厂,迁至复成桥东 (今瑞金路一带)。
⑤ (清) 谷应泰:《明史纪事本末》卷一三《胡蓝之狱》;《明史》卷三〇八《胡惟庸传》。

杀，其僚属被株连者多达 15 000 人。明初著名文臣宋濂因其长孙受到胡惟庸案的牵连，"帝欲置濂死"，后因马皇后、太子朱标力谏才被流放到茂州，但最终死于途中。然而这次案件并没有终止于洪武十三年。每每有大臣犯案，大多都会与胡惟庸牵扯在一起。洪武二十三年（1390），有人揭发李善长曾与胡惟庸相通，"谓善长元勋国戚，知谋逆不发举，狐疑观望怀两端，大逆不道。"① 李善长全家 70 余口全被处死。"而吉安侯陆仲亨、延安侯唐胜宗、平凉侯费聚、南雄侯赵庸、荥阳侯郑遇春、宜春侯黄彬、河南侯陆聚等，皆同时坐惟庸党死，而已故营阳侯杨璟、济宁侯顾时等追坐者又若干人。帝手诏条列其罪，傅著狱辞，为《昭示奸党三录》，布告天下。"② 这次借李善长而兴的大案涉及非常广，许多国初受封的公侯被牵扯进来。洪武二十六年（1393），锦衣卫指挥使蒋瓛告发时封凉国公蓝玉图谋不轨。蓝玉被夷三族，牵连人数多达两万余人。直到洪武二十六年（1393）九月，朱元璋才昭告天下，从此胡蓝之党概不追究，胡蓝之狱才真正宣告结束。后人将胡惟庸案与蓝玉案合称为"胡蓝之狱"。

"胡蓝之狱"前后持续了 13 年，株连人数多达几万人，明初功臣基本被消灭殆尽。而胡惟庸、李善长、蓝玉等均以谋反之罪被杀，这样的罪名到底有多少合理性？自大案兴起以来，一直受到人们的关注，包括明代当时的官员以及后世的研史学者。著名明史学家吴晗先生曾专文探讨过胡惟庸案。他在《胡惟庸党案考》中综合分析各类文献记载，认为胡惟庸位居显位，其或有可能居高自傲，但不至于谋反。③ 另一位史学家吕景琳在《蓝玉党案考》一文中也考证出蓝玉尽管军功显赫，极有可能作威作福，但也不至于图谋不轨。④ 至于李善长案，早在其被杀的第二年就有官员就案件的真实性提出置疑。洪武二十四年（1391），工部郎中王国用向朱元璋上言此事，提出对李善长参与胡惟庸案的置疑。

　　善长与陛下同心，出万死以取天下，勋臣第一，生封公，死封王，

---

① 《明史》卷一二七《李善长传》。
② 《明史》卷一二七《李善长传》。
③ 参见吴晗：《胡惟庸党案考》，商务印书馆，2015 年。
④ 参见吕景琳：《蓝玉党案考》，《东岳论丛》1994 年第 5 期。

男尚公主，亲戚拜官，人臣之分极矣。藉令欲自图不轨，尚未可知，而今谓其欲佐胡惟庸者，则大谬不然。人情爱其子，必甚于兄弟之子，安享万全之富贵者，必不侥幸万一之富贵。善长与惟庸，犹子之亲耳，于陛下则亲子女也。使善长佐惟庸成，不过勋臣第一而已矣，太师国公封王而已矣，尚主纳妃而已矣，宁复有加于今日？且善长岂不知天下之不可幸取。当元之季，欲为此者何限，莫不身为齑粉，覆宗绝祀，能保首领者几何人哉？善长胡乃身见之，而以衰倦之年身蹈之也。凡为此者，必有深仇激变，大不得已，父子之间或至相挟以求脱祸。今善长之子祺备陛下骨肉亲，无纤芥嫌，何苦而忽为此。若谓天象告变，大臣当灾，杀之以应天象，则尤不可。臣恐天下闻之，谓功如善长且如此，四方因之解体也。今善长已死，言之无益，所愿陛下作戒将来耳。①

对于李善长参与谋反的罪名，王国用提出了几点质疑：其一，假使胡惟庸成功谋反，其对李善长的安置也不过"勋臣第一"。而李善长早已位极人臣，没有必要投奔胡惟庸。其二，李善长与朱元璋是儿女亲家，而与胡惟庸是侄儿女亲家，亲疏关系很容易区分。其三，李善长跟从朱元璋打天下共患难多年，深知取天下的难度，不会轻易谋反。其四，李善长时已 77 岁高龄，本可颐养天年，没有必要冒如此风险参与谋反举动。其五，如果仅仅因为"有言星变，其占当移大臣"②而诛杀大臣更不能服众。王国用劝谏言辞极为激烈，甚至讲到上言早已无益于事，他之所以这样做不过是想让朱元璋引以为戒。按照朱元璋的性情，如果不是他觉得自己"理亏"，一定会重惩王国用。然而最终，"太祖得书，竟亦不罪也"③。朱元璋早已认识到李善长为冤狱，他借机除掉李善长等大批勋旧自有他的目的。朱元璋面对皇太子朱标"不可滥杀"的劝谏，曾讲道："汝弗能执，使我润琢以遗汝，岂不美哉？今天所诛者皆天下之险人，除以安汝，福莫大焉。"④朱元璋视国初的功勋旧臣

---

① 《明史》卷一二七《李善长传》。
② 《明史》卷一二七《李善长传》。
③ 《明史》卷一二七《李善长传》。
④ （明）吕毖：《明朝小史》，《玄览堂丛书》初辑第 19 册，台北："中央"图书馆出版，1981 年。

为天下太平之"险人"，欲先除之而后安。这也许就是朱元璋屡兴大案的根本原因。

建文帝登基后，试图纠正朱元璋的做法，但他面临更大的问题是藩国问题。等到燕王朱棣"靖难"南下，一切恢复洪武旧制，沿袭了明太祖建立的法律体系，其对建文帝少子朱文圭以及建文臣僚家属的惩治方式，远远超出了《大明律》的规范。从今天看来简直是惨无人道，即便是在当时其处罚手段也为时人所不齿。在朱棣取代建文帝时，朱文圭年仅两岁。朱棣将他幽禁在中都凤阳的广安宫。直到明英宗复辟，才终于放他出来。英宗主要是念及朱文圭被幽禁多年，与自己被禁于南宫的情形极为相似。但是此时朱文圭已经57岁，被幽禁了55年，与社会严重脱节。"听居凤阳，婚娶出入使自便。与阍者二十人，婢妾十余人，给使令。"① 这样的条件对于朱文圭而言已经意义不大了，"未几，卒"。②

许多建文旧臣的家属都被发在教坊司，如齐泰"姊及甥媳俱发教坊司"，黄子澄"妻妹发教坊司"。曾经在济南坚决抵抗燕军的铁铉"二女发教坊司"，还有"御北兵数有功"的将领牛景先在自己死后也没能够逃掉"妻刘发教坊司"的惩罚。③ 据记载，"永乐十一年正月十一日，教坊司等官于右顺门口奏：有奸恶齐泰的姐并两个外甥媳妇，又有黄子澄妹，四个妇人每一日一夜二十余条汉子看守着。年小的都怀身孕，除生子令做小龟子，又有三岁小的女儿。奉钦依：由他。不长到大便是个淫贱材儿"。④ 罪臣女眷被没入的教坊司不是外廷宴饮礼仪表演的机构，而是教坊司管辖下的官妓场所。这些处置方式并不符合《大明令》《大明律》等法律法规的相关依据，更多是永乐皇帝自己的意志。

在南京为都的五十三年中，明朝建立起一整套的法律系统。朱元璋召集群臣设计新王朝的法令法规，开始着眼于王朝的百代基业的长治久安。明初

① 《明史》卷一一八《兴宗诸王》。
② 《明史》卷一一八《兴宗诸王》。
③ （明）朱鹭：《建文书法拟》，北京图书馆古籍珍本丛刊11，书目文献出版社，1988年影印本。
④ （明）宋端仪：《立斋闲录》，邓士龙辑；许大龄、王天有校点《国朝典故》卷四〇，北京大学出版社，2005年。

的法律体系主张效法唐宋，比照唐宋的法令机制构建本朝的法律体系。同时，也从元代继承下了一些有时代价值的新规定。日本有学者注意到《大明令》中的一些条文与《通制条格》《元典章》极为相似。[①] 当然，明代的法律体系也有许多创新之处，显示出其独有的特点。《大明律》对于谋反、谋叛、谋大逆等罪行的处罚方式最为严重，这与明初专制皇权的强化是紧密相关的。另一方面，其创新之处即是明代法律体系中对大臣官僚的高压控制。不论是厂卫制度的建立，还是廷杖的长时期存在，都是明代有别于前朝的具体表现。正如中国传统社会的其他朝代一样，明初的法律体系非常庞杂，在不同的律文中处置方式也有出入。另外，处置罪犯也不可能完全依照法律明文的规定，皇帝的至上权力对法律的干预非常突出。皇权远远凌驾于法律之上，这是明初法律体系的重要特点。

第六节　明初的民族政策

蒙元治下百年间，中国民族格局发生了巨大改变，大范围的迁徙与融合，使得各个民族共同体的自觉意识逐渐苏醒，民族聚居区逐渐成形。明朝对于多民族国家统治所施行的民族政策，特别是百废待兴的明朝初年的民族思想，汉民族政权与各少数民族的关系等等，是本节关注的重点。

一、明初的民族心态与民族政策

明朝建立后，初期的统治者，无论是朱元璋或是朱棣，对于少数民族的民族心态，是高度一致的。朱元璋认为，"自古帝王临御天下，中国居内以制夷狄，夷狄居外以奉中国，未闻以夷狄居中国治天下者也[②]"。朱棣也尝言，"夷狄之为中国患，其来久矣。《书》云'蛮夷华夏'，《诗》称'戎狄是膺'[③]。"明初统治者都以中华自居，对于边远部少数民族皆蔑称为"夷"，实有"非我族类，其心必异"的心态，这种心态奠定了明初统治者对于少数民族难以放下的戒备防范的总基调。

---

① 参见内藤乾吉：《大明令解说》，《日本学者研究中国史论著选译》，第 8 册，中华书局，1993 年。

② 《明太祖实录》卷二一。

③ 《明太宗实录》卷二六四。

但同时因为明初的社会，是一个华族（汉族）与少数民族逐渐融合的社会，少数民族也是王土上的王臣，是不可分割的重要组成部分。像前朝一样，推行民族歧视与压迫政策是不妥当的。激烈的民族政策，恐百姓心生抵抗，不利于明朝统治。故朱元璋对少数民族持"'华夷'无间"的态度，天下臣子皆属于大一统的明王朝，天下间的人民都是朝廷赤子。朱棣甚至认为，"华夷"本是一家，"好善恶恶，人情所同，岂间于'华夷'"①。

因此，明初统治者的民族心态就是对外宣传"华夷"一体，亲近少数民族，极力促成各民族团结的大一统帝国画面，暗地里却一直对少数民族持有戒备之心，防患于未然。

在这种民族心态的影响下，明初的民族政策总体上可概括为"以威服之，以德怀之"。洪武朝臣杜彦良曾论述穷兵黩武之害，明言单靠征伐很难让"四夷"安定，"若汉武之穷兵黩武，徒耗中国而无益。隋炀三伐高丽，而中国蜂起。以唐太宗之明智，后亦悔伐高丽之非。是皆可以为鉴，非守在四夷之道也"。② 再加之受儒家德政思想的影响，孔子有云"远人不服，则修文德以来之"，③ 从而形成这样一种恩威并施的民族政策，一种流动性极强的民族政策。面对强大的北元，明朝采取征伐、防御为主的政策，力图用军事力量让北方少数民族臣服，从而平息不安定因素，维护北方边境稳定。但在征伐之外，又对北方各族多次招抚，通过厚往而薄来的手段，拉拢少数民族上层，利用他们建立起对周边少数民族的间接统治，巩固明朝政权。这一点在对南方少数民族上表现得更为明显。明朝政府针对南方各族无常的叛服，少数征伐之余，多以招抚为主，采取怀柔政策。同时施行"因俗而治"，即根据少数民族地区实际情况，发展推行符合当地政治情况的政策。主要体现在以"多封众建，因俗以制"来稳定西南边陲，以及用"以夷制夷"的方法牵制北方各族。

这一套民族治理政策，对明初民族关系的稳定与边陲的巩固，发挥了重要的作用。下面试以各族分区域论之，概括其民族在明初的发展概貌以及民族政策对其的影响。

---

① 《明太宗实录》卷三二。
② 《明太祖实录》卷一四八。
③ 杨伯峻：《论语译注》，中华书局，2004 年。

二、蒙古与女真

明初，朱元璋认为应趁明将斗志强烈之时，对残元势力乘胜北击，实现国家的大一统。1372 年，以徐达为"征虏"大将军，拨军十五万北伐。然因粮草不接，轻心应敌，岭北之役大败。分析战败原因，朱元璋认为，"我朝自辽东至于甘肃，东西六千余里，可战之马仅得十万，京师、河南、山东三处马虽有之，若欲赴战，猝难收集。苟事势警急，北平口外，马悉数不过二万。若逢十万之骑，虽古名将，亦难于野战①。"朱元璋由此暂时放弃了统一蒙古的打算，对蒙古各部的思想转为固守。固守并非消极应战，来则御之，是一种积极的防御措施。

固守的措施有三：一为设卫所等关隘据点，在明朝北部构建坚固的防线；二为屯田移民守边，"无事则耕，有事则战，兵得所养，而民力不劳②"；三为宗室振藩，抵御外患。由上可见，固守的目的在于养精蓄锐，这样尚有再战之心。

经过休养生息，至洪武中期社会经济得到较大发展，国力增强，为出击蒙古提供了强大的经济保障。而此时北元，自洪武十一年爱猷识理达腊病逝后，其弟脱古思帖木儿继位掌权。因其刚愎自用，持兵自重，北元内部分崩离析，部分部落甚至南下投明。朱元璋决定与北元一决高下的时机已到，洪武二十一年，明朝出兵北伐，旋小胜即收兵回塞，固守疆域，并下令"不宜与战，或收入壁垒，或据山谷险隘之处，夹步兵，深伏待之③。"做出这种选择的原因许是一举消灭北元，绝非易事，一击不能绝杀，不如按兵不动。至此，明朝与蒙古进入相衡对峙状态。

在军事上试图对蒙古各族征服的同时，在政治上进行招抚，永乐时期尤为突出。永乐二年始，主动遣使与蒙古通好，交好上层贵族的同时，也善待归降的蒙古军士。有臣子上疏："侍卫防禁宜严，外夷异类之人，不宜直左右④。"朱棣对归降的蒙古士兵，发放口粮，真心归顺的还收为侍卫，引得臣子都惴惴不安而上疏。可见，侍卫中的蒙古士兵不是少数。

---

① 《明太祖实录》卷二五三。
② 《明太祖实录》卷八七。
③ 《明太祖实录》卷二五三。
④ 《明太宗实录》卷八六。

朱棣曾赐山西蒙族指挥、千百户等一百九十人姓名。建州卫指挥纳哈出被赐姓名李思诚，把都帖木儿被赐姓名吴允诚，乃马歹被赐姓名王存礼，等等，这些被赐姓名的蒙古人，大多人如其汉名，对明朝忠心不二，深得朱棣信任，为明朝边防贡献良多。

明初还对东北少数民族采取羁縻政策。在兀良哈三部、女真诸部、奴儿干诸部等建立羁縻卫所，之后陆续设置了一百三十多个羁縻卫所，加强了明朝对东北地区黑龙江、乌苏里江流域的统治及对各民族的实际掌控。

羁縻之事的目的，是"欲其蛮夷自攻"。① 东北地区主要是女真族，以及与之相邻的蒙古族，明人分称其为"东夷"与"北虏"，认为两者之间有世仇，女真政权金朝曾被蒙古人之元朝所灭。自永乐始，借"东夷"之力以制"北虏"，表面扶持、背地利用女真族对付蒙古族，借女真的力量打击蒙古，牵制蒙古，使其无心南下。

"以夷制夷"还有一个明显的表现就是分枝离势，即将一个实力较为强大的少数民族或部落，拆分为几个小的部分，分别赋予其权力，分而治之；其主要目的就是分其枝，离其势，令其争斗仇杀，无暇顾及中原。

永乐年间，将女真分为建州、海西、野人三大部，"使其各自雄长，不相归一者，正谓中国之于夷狄，必离其党而分之②"，各部卫所间互相牵制，总体实力互相削弱。这种"分枝离势"的做法对于女真部的效果是显著的，百余年间女真分裂成大大小小许多部落，部落间互相厮杀，持续内斗，没能统一部落，阻碍了女真族发展，但有利于明朝在东北地区的统治。

三、回族与藏族

（一）回族

明代被认为是回回民族共同体形成的时期，元朝灭亡后，回族地位发生改变，为适应新朝，民族内聚力增强，共同的民族心理形成。

回回人在元时多为达官贵富之人，居于大都（北京）与市镇中。及至元末兵乱，改名换姓，四徙逃难。明初时，逐渐形成了在全国范围内大分散、小集中的分布格局，其中西北的陕甘宁青地区成为回族最主要的聚居区。在

---

① 《明神宗实录》卷四四四。
② （明）陈子龙辑《皇明经世文编》卷四五三，明崇祯平露堂刻本。

汉地，很多市镇出现了回族聚集的街道。比如在南京，回族最大的聚居区约在城南以七家湾为中心，东至夫子庙，南至中华门，西至水西门，北至新街口的一个扇形地域内。同时以小聚居的形式杂居在汉地的回民，也不自觉地完成汉化的过程，习汉语，易服饰。

南京作为明初的都城，有几次回族人大规模的徙入。有跟随回族的开国功臣徙入的，民间素有"十大回回保国"的戏称，显而易见明代开国功臣中回族人的比重之大。回族人大多身体强健，回回将领又以骁勇善战著称，跟随朱元璋征战天下的回族名将就有常遇春、冯胜、冯国用等等。明朝建都南京后，回族将领的部属随之徙入南京，长居于此地。如南京中华门外有地名叫回回营，大抵是明初回族军士驻扎之所。洪武二十一年，在此地附近兴建敕造清真寺。明代开国功臣大多葬于南京，"鄂国公常遇春柩车至龙江……命择地于钟山草堂之原，营墓建祠①"。常遇春死后被葬于钟山之阴，其子孙、部属也随之定居南京。也有故元官员归附入南京的。"及睹各姓敕命，乃知洪武二十一年，有亦卜剌金、可马鲁丁等，原系西域鲁密国人，为征金山、开元地面，遂从金山境内随宋国公归附中华。……将可马鲁丁等五户分在望月楼净觉寺居住，子孙习学真经，焚修香火祝延圣寿，寄籍江宁县，优免差役。②"也有精通天历的回族官员，明初多次召故元回回司天监的学者入南京，常见诸如"诏征元太史院使张佑……回回司天监黑的儿阿都剌、司天监丞迭里月实一十四人至京③"，"征故元回回司天台官郑阿里等十一人至京师，命给饩廪赐衣服有差④"，"召回回珀珀至京，……珀珀明天文之学，寓居宁波府鄞县，有以其名闻者，故召之⑤"。也有兴修都城的工匠等等，途径众多而不一一赘述。明初回族人大量徙入南京，据估洪武年间南京回民有万人之多，可见回族的聚居效应，以及南京对回族的宽容程度。

南京城中的清真寺，也在明初有了进一步发展。当时南京官修清真寺有

---

① 《明太祖实录》卷四三。
② （清）刘智：《敕建静觉礼拜二寺碑记》，《天方至圣实录》卷二〇，《续修四库全书》第 1296 册。
③ 《明太祖实录》卷三一。
④ 《明太祖实录》卷四〇。
⑤ 《明太祖实录》卷一五三。

净觉寺、回回营、六合清真寺三座，民修清真寺有汉西门、登隆巷、花牌楼、象房等八座。① 其中南京净觉寺被看做是明朝"官寺"的源头，皇帝敕建敕修清真寺题名。明初南京回族清真寺如此密集，可见朱元璋对此的态度开明。

(二) 藏族

洪武二年，明军从陇西入藏，诏谕西藏上层，汉地朝代更迭，西藏已为明朝疆域。明代初年对于西藏地区的政策，巧妙地运用了"因俗而治"。首先，就是设立僧细司，"惟因其俗尚，用僧徒化导为善②"，分封僧官管理当地，契合西藏地区政教合一的特点。明朝承认元朝对西藏上层僧侣的封号，但要求他们来南京接受明朝的封任。洪武四年至六年间，在藏地陆续设立了乌斯藏、朵甘卫指挥使司、宣慰使司、千户府等机构，颁赐其长官印信，通过他们完成藏地的赋税征收。实际上明朝通过西藏的贵族、僧侣，实现了对西藏地区的间接管理。同时推行"多封众建"，西藏教派众多，寺院林立，遂广赐名号，羁縻"西戎"。"至成祖兼崇其教，自阐化等五王及二法王之外，授西天佛子者二，灌顶大国师者九，灌顶国师者十有八，其他禅师、僧官不可悉数③。"大面积的分封使在西藏地区建立起一套周密的僧官制度，一方面削弱了各教派势力，防止出现一家独大，从而威胁朝廷；另一方面，这种分封热潮使得大小僧侣纷纷上京请封，加强了明政府对西藏各教派的监督和对西藏地区的有效管理。

根据"厚往薄来"的原则，经济上厚待藏族僧侣，实行汉藏茶马互市政策，"设茶马司于秦、洮、河、雅诸州，自碉门、黎、雅抵朵甘、乌思藏，行茶之地五千余里。山后归德诸州，西方诸部落，无不以马售者④"。洪武二十一年，又在岩州设市，建立仓库，进一步推动茶马贸易的发展。永乐五年至十二年间，修通雅州至乌思藏的驿路，汉藏间的经济节奏加快。茶马贸易，有利于汉藏民族间的交流，使得藏地对明朝的经济依赖加深，维护了中央政权对藏族地区的统治。

明朝初年实行的其他举措还有广建寺院、赐封土地、派兵护持等等。值

---

① 伍贻业：《南京回族伊斯兰教史稿》，金陵刻经处，2000 年。
② 《明史》卷三三一《西域三》。
③ 《明史》卷三三一《西域三》。
④ 《明史》卷八〇《食货志四》。

得一提的是，朱棣在藏族地区分封，既是民族政策的需要，也是为了表达对藏传佛教的信仰。为表达对藏传佛教的崇信，永乐朝特地重刊《大藏经》，被后人称为《南藏》。更为了报答养育之恩，在南京城内中华门外，以藏传佛教的种种理念兴建大报恩寺，并多次举办法会。皇权对藏传佛教的崇信，有力地推动了其在汉地的传播，拉近了藏地与汉地的联系。

四、南方各少数民族

明初，南方的云南、贵州、湖广地区分布着羌、苗、壮、白、彝等二十多个少数民族。对于南方少数民族的治理，明政府也采取了"因俗而治"的政策。西南一带沿袭元代的土司制度，"以夷制夷"。让少数民族管理少数民族，"西南夷来归者，即用原官授之。其土官衔号曰宣慰司，曰宣抚司，曰招讨司，曰安抚司，曰长官司[1]"，授予少数民族首领宣慰使、宣抚使、招讨使、安抚使、长官等职，在少数民族聚居区设土官，以此争取南方少数民族的归附，稳定政局。土司是世袭制，但"袭替必奉朝命，虽在万里外，皆赴阙受职[2]"，其权力还是来自中央，虽自治也需承担贡赋。同时还从内地迁徙大量居民，在土司周围屯田垦荒，起到监视土司的作用。今之贵州仍有许多人自称祖上是南京明初屯田移民而来的。

南方自然灾害频发，为了稳定少数民族地区的统治，每遇水旱灾荒，就宽免赋税。洪武十八年，云南霜旱、疾疫，民人无从征纳，朱元璋即诏，赋税悉数免之；还兴修水利，发展农业。"洪武元年修和州铜城堰闸，周回二百余里，四年修兴安灵渠，为陡渠者三十六。……十四年筑海盐海塘。[3]"大量工程的兴建，提高了南方地区的生产力。

同时，还对少数民族，谕之"礼义教化"。接收土司子弟入国子监读书，"乌撒土知府阿能、乌蒙、芒部土官，各遣子弟入监读书[4]"，受明代儒家教化的土司，思想被同质化，可以更好地维护明朝统治。明政府在少数民族地区也开设儒学，推行儒家文化，教化百姓。

之后，永乐时期，思虑贵州常生叛乱，土司不循章法，十一年"分其地

---

① 《明史》卷三一〇《土司》。
② 《明史》卷三一〇《土司》。
③ 《明史》卷八八《河渠志六》。
④ 《明史》卷三一一《四川土司》。

为八府四州，设贵州布政使司。置贵州都指挥使，领十八卫①"。十五年，又设贵州提刑按察使司。这被称为"改土归流"，使边疆地区经济得到发展的同时，中央的权力进一步延伸到边疆地区，推动了统一多民族国家的发展，为之后大规模的改土归流奠定了基础。

明朝初期，对于不同的民族，都有一系列应对的民族政策。正是源于这种积极经营民族管理的执政理念，少数民族地区的经济与文教得到了长足发展，造就出一个民族关系较为缓和稳定的局面，为明初政权巩固、经济恢复创造了良好的环境。

第七节　明初的外交关系

新朝的建立并非意味着前朝的灭亡，这是明初不得不面对的事实。北元拥有相当的军事力量，在漠北绵延千里的草原上出没，是中原新王朝的巨大威胁。另外，在中亚也存在这一支巨大的威胁。中亚的帖木儿帝国崛起，四处攻略扩张。帝国创立者帖木儿扣留了明初使臣傅安等，并曾计划征服中国。② 在东南广袤的海域上，也有诸多不安定的因素。在元末明初，倭寇就不断在沿海进行骚扰。朱元璋定都南京后，制定了一系列的政策，其中重要部分是如何面对周围的大环境，怎样为国内安定打造外部保障。

朱元璋出身于社会底层，深知乱世中民间的苦难，建立明朝后最希望国家长治久安、百姓安享太平。因而，他对内严惩贪官污吏，打击地方豪强势力，处处维护传统的小农经济；对外也采取与内政相对应的外交政策。这一点在他处理与周边国家和地区的关系问题上体现得非常明显。他没有对远遁的北元政权穷追不舍，也没有像元朝建立之初一样大肆扩张。他亲手划定"十五不征国"，使得新王朝免于内忧外患的困境。明初对外政策的基本格调就是和平，对周边国家通常采取"恩威兼济"的政策。明成祖时期，尽管几次征讨蒙古并开展郑和下西洋的壮举，但并没有改变朱元璋所定的基本外交

---

① 《明史》卷三一六《贵州土司》。
② 参见万明：《傅安西使与明初中西陆路交通的畅达》，《明史研究》第 2 辑，1992 年。

格调。

一、涉外机构

明初，朱元璋废除丞相之后，采取分权的策略。"分理天下庶务，彼此颉颃不敢相压，事皆朝廷总之。"① 在对外机构的设置上也是如此，没有一个机构能够总领其事，而是将对外的事务分为多块，分归多个部门进行管理处置。在中央的涉外机构重要的有礼部②及所属行人司、太常寺③及所属四夷馆、光禄寺、鸿胪寺、会同馆等。

明代礼部负责国家礼仪与教化，设立于洪武元年（1368）。礼部设尚书一人，左右侍郎各一人。洪武六年，礼部下置四部：总部、祠部、膳部、主客部。在洪武年间，礼部下属机构的名称多有变化。二十二年，改总部为仪部。二十九年，改仪部为仪制，祠部为祠祭，膳部为精膳，再加上主客司，名为四清吏司。仪制"分掌诸礼仪、宗封、贡举、学校之事"；祠祭"分掌诸祀典、国恤、庙讳之事"；主客"分掌诸藩朝贡接待给赐之事"；精膳"分掌宴飨、牲豆、酒膳之事"。④ 在涉及对外方面，仪制清吏司主管涉外礼仪，即是五礼中的宾礼，如何以礼对待藩国来华的君主及其使臣。主客清吏司主要负责接待朝贡诸国，并将诸藩国所上的朝贡表笺上呈礼部。精膳清吏司主要负责对来朝藩国的赐宴款待。

礼部行人司是专门职掌出使少数民族地区和外国的机构。行人司建立于洪武十三年（1380），设行人、左右行人，为正九品衙门。后改为司正、左右司副、行人。洪武二十七年改行人司为七品衙门。建文时，一度废止行人司，而将朝廷出使事宜归属于鸿胪寺。到永乐年间，复设行人司。行人司中行人负责出使少数民族地区以及诸藩国，或宣谕诏令，或护送各国使臣回国。但行人数量有限，明初特别是永乐朝迎来送往的事务繁多，因此派出的使臣不只是行人一类，其他的官员六科给事中、都察院监察御史、翰林院待诏、内官等等都时有出使任务。行人出使他地，不仅要完成基本的出使任务，而且

---

① 《皇明祖训》，《四库全书存目丛书》史部第264册。
② 位于南京御道街东侧户部之南，属柳树湾盘字铺地段。
③ 位于御道街西侧五军都督府南端近洪武门处，与工部相对，地属崇礼街意字铺，约今大光路东口一带。
④ 《礼部职掌》，《皇明制书》卷四，《续四库全书》第788册。

要记录沿途纪闻，归国后上呈给朝廷存档。这是明朝探听海外消息、搜集情报的重要举措。

永乐五年（1407），设立"四夷馆"，隶属于翰林院。"四夷馆"设蒙古、女真、西番、西天、回回、百夷、高昌、缅甸八馆，专门负责翻译外国和国内少数民族文字。八馆中，西番是指吐蕃，西天是指天竺，回回馆中包括撒马尔罕、天方、吐鲁番、占城、日本、爪哇、满剌加、真腊等，百夷指云南西南的傣族，高昌指畏兀儿，缅甸即指今缅甸。① 每馆中设有译字生和通事。《大明会典》中记载："洪武、永乐以来设立御前答应大通事，有都督、都指挥、指挥等官，统属一十八处小通事，总理来贡四夷、并来降夷人、及走回人口。凡有一应夷情，译审奏闻。"② 后来，通事成为定额 60 名。

明代负责接待外国使臣的机构是会同馆。洪武初，设公馆，不久改名为会同馆。自洪武二年（1369），所有外来使节到京，经礼部官员引导，由会同馆负责款待。除了负责款待之外，还负责部分对外贸易活动。明朝规定贸易要在会同馆内进行，而不准外国使节与国内商人私自贸易。《大明会典》中详细介绍了接待各国使臣朝贡的情况。③ 各国使节除了日常饮食外，一般还会赐宴一两次。宴会由礼部办理，陪宴人员有中官、文武大臣等。

明朝在地方上也有一套较为系统的涉外机构，诸如市舶提举司、怀远驿、安远驿等。早在吴元年（1367）十二月即在太仓设立市舶提举司，依照前朝惯例，专门负责掌管海外各国的朝贡事务。洪武三年（1370）二月，考虑到太仓距离都城南京距离太近，不利于都城的安定而罢，改置泉州、明州、广州三处。洪武年间，多次废立。永乐元年，复设三处市舶司，还一度在交趾云屯设立市舶司，接待西南各国使臣。在明朝，三处市舶司各有分工。浙江市舶司负责通商日本，福建市舶司负责通商琉球，广东市舶司负责通商占城、暹罗和西洋各国。各处市舶司均设提举 1 人，副提举 2 人。永乐元年（1403）设内官提举，为提举市舶太监。市舶司的主要职责在于辨别勘合真伪。永乐三年（1405），朝贡使臣日益增加，下令在广州置怀远驿，在泉州置来远驿，

---

① 参见《四译馆新增馆则》，《续四库全书》第 749 册。
② 《大明会典》卷一九〇《礼部六十七·各国通事》。
③ 《大明会典》卷一六〇《礼部六十四·朝贡二》。

在宁波置安远驿，专门负责接待各国使节。

二、明初对外关系的基本格调

明初，朱元璋对外政策的主要基调是在政治上实行以和平为主的睦邻友好政策，在经济上实行厚往薄来的朝贡政策，成祖即位后继续执行这一国策。1368 年朱元璋在南京称帝，随后攻占大都。元顺帝逃往漠北，保留了相当的军事实力，史称"北元"。北元势力始终是明朝北部边防的重大威胁。朱元璋为此多次派将北征，分封诸子镇守北疆。

另外，突厥化的蒙古人帖木儿在 1370 年建立了帖木儿帝国。帖木儿娶成吉思汗家卡赞汗之女为妻，明朝人称之为"驸马帖木儿"。从 1372 年，帖木儿东征西讨、攻城略地，逐渐建立起一个庞大的帝国，对周围国家形成了巨大威胁。[①] 洪武二年（1387），帖木儿开始向明朝进贡，尽管自称"臣"，但并不想奉明朝为宗主国，而更想通过使节往来探听明朝虚实。洪武二十八年，帖木儿扣留明朝使臣给事中傅安等；后来，企图先击败周围小国，转而进攻明朝。因而，帖木儿帝国在明初是一个重大威胁。

从汉唐以来，在中国传统国际关系的思想里，"天下共主"一直占据着重要地位。朱元璋在北伐时曾宣告："自古帝王临御天下，中国居内以制夷狄，夷狄居外以奉中国，未闻以夷狄居中国治天下也。"[②] 朱元璋早在建立明朝之前就已经意识到了如何处理与周边国家的关系问题。元朝在中原的统治短命，多与其穷兵黩武，武力讨伐日本、安南、占城、爪哇等国有关。明朝建国之初，百业待兴。朱元璋确立了保境安民的和平外交政策。通过一定的朝贡贸易关系，发挥诸藩国对明朝的向心力。朱元璋在《皇明祖训》中告诫子孙："四方诸夷皆限山隔海，避在一隅，得其地不足以供给，得其民不足以使令。若其自不揣量，来扰我边，则彼为不祥，彼既不为中国患，而我兴兵轻伐，亦不祥也。吾恐后世子孙倚中国富强，贪一时战功，无故兴兵，杀伤人命，切记不可。"[③] 朱元璋划定十五不征国，分别是朝鲜、日本、大琉球、小琉球、安南、真腊、暹罗、占城、苏门答腊、西洋国、爪哇国、湓亨国、白花国、

---

① 《明史》卷三三二《西域四·撒马尔罕》。
② 《明太祖实录》卷二六。
③ 《皇明祖训》。

三佛齐国、淳尼国等 15 个国家。他告诫子孙不要轻动干戈，重视武备的同时切不可炫耀武力。朱元璋之所以采取这一策略，主要出于保证内外稳定的考虑。恢复国内统治秩序，需要安定的周围环境。

永乐时期，明朝外交策略更为主动。洪武三十五年（即建文四年，公元 1402 年），朱棣以即位诏的口气遣使诏谕海外各国，同时谕礼部："今四海一家，正当广示无外，诸国有输诚来贡者听"。① 永乐元年（1403），又宣布"自今诸番人愿入中国者听。"② 永乐元年设置浙江、福建、广东市舶司后，又于三处分别设立安远、来远、怀远等译馆，专掌接待各国使臣之职。③ 在处理对外关系上，朱棣比朱元璋更为积极主动，他不仅屡次征讨蒙古，而且动用全国之力发起郑和下西洋之举。在明代乃至中国航海史上都具有划时代的意义。

三、郑和下西洋

在明朝朝廷的支持下，郑和从明永乐三年（1405）到明宣德八年（1433）的二十八年间，七次率船队远航，曾到达东南亚、南亚、西亚和北非区域的三十多个国家和地区。规模最大的一次是由两万七千多人、两百艘船组成的庞大船队出航。其船舶数量之多、航海人员之众、组织之精密、航程之远，在当时是无与伦比的。《明史·郑和传》对郑和第一次下西洋记载得较为详细："永乐三年六月，命和及其侪王景弘等通使西洋。将士卒二万七千八百余人，多赍金币。造大舶，修四十四丈、广十八丈者六十二。自苏州刘家河泛海至福建，复自福建五虎门扬帆，首达占城。以次遍历诸番国，宣天子诏，因给赐其君长，不服则以武慑之。五年九月，和等还，诸国使者随和朝见。"④

郑和下西洋是明初中国一次规模空前的壮举。其航海路线跨越亚非几十个国家和地区，在当时的技术条件下是极其难得的举动。这次前后持续几十年的航海事业在国内外留下了许多遗迹。国内主要分布在南京、太仓、长乐等地。南京是郑和下西洋的出发地，下西洋的宝船主要是在南京龙江船厂打造的，所用物资也主要是这里采办的。因此南京有关郑和下西洋的遗址、遗迹最为丰富。

----

① 《明太祖实录》卷一二（上）。
② 《明太祖实录》卷二四。
③ 张显清、林金树等：《明代政治史》，广西师范大学出版社，2003 年。
④ 《明史》卷三四〇《宦官一·郑和传》。

马府街　郑和本姓马，燕王朱棣在南京即位称帝后，赐姓郑。郑和除了下西洋在海上生活外，其他时间均生活于南京。因此这里有他的府邸和衣冠墓葬。郑和的府邸称为马府，马府所在的街被称为马府街，位于今南京市秦淮区太平南路东侧。直到太平天国运动以前，郑和的府邸尚有房屋七十二间，后来毁于战火。

龙江船厂　位于南京城西北。明初下关称为龙江关，所以船厂命名为龙江船厂。龙江船厂始设于洪武年间。洪武初年，明太祖朱元璋在南京城西北设立造船厂。据李昭祥《龙江船厂志》载：船厂厂址东抵城壕，西抵秦淮卫军民塘地，南至留守右卫军营基地，北到南京兵部首蓿地及彭城张田。这样巨大规模的船厂在当时世界上也是首屈一指的。郑和下西洋的船只主要是在这里打造的。龙江船厂后来被废弃，船厂的七个船坞现在还依稀可见，皆东西向，目前已开发为以郑和下西洋为主题的龙江宝船厂遗址公园。

静海寺　位于南京城北狮子山西南麓。建于明成祖永乐九年（1411），规模宏大。史载：寺内柱础大如车轮，多为紫金山上所产的楠木。静海寺的建造，一是因为郑和等"命使海外，风波无警，因建寺，赐额'静海'"。二是因为郑和下西洋于永乐七年（1409）在锡兰佛寺内布施，携回该寺所珍藏的佛家至宝——佛牙。永乐皇帝于"皇城内苑严栴檀金刚宝座贮之，式修供养，利益有情，祈福民庶，作无量功德"。静海寺建成后，佛牙即移往该寺供养。另外，静海寺还保存有郑和自海外带回来的艺术珍品——水陆罗汉像。明代正德年间和清代乾隆年间，静海寺曾经两次大修，是南京的名寺之一。1937年，日本进攻南京，静海寺毁于炮火之中，主要建筑荡然无存。

南京天妃宫及天妃宫碑　南京天妃宫位于南京城北狮子山下，左依仪凤门，右临静海寺，是纪念郑和远航归来所修的第一座天妃宫。永乐五年（1407），郑和第一次远航归来，为谢天妃佑助之功，建造新天妃宫于仪凤门外。永乐十四（1416）年，朱棣御制弘仁普济天妃宫之碑。天妃宫的原有建筑都曾毁坏殆尽，但永乐十四年所制的御碑还依然屹立，碑文尚清晰可辨。

大报恩寺与琉璃宝塔　位于南京中华门外，今长干桥东南、雨花路东侧。朱棣为了报答母恩，不惜工本，对寺和塔的工程，破格特许用皇家宫殿的制度和材料来修建。他特派了两名亲信太监担任监工，郑和就是其中之一。参加修建工程的军匠和服役民夫，达十万之多。这一工程从永乐十年（1412）

55

开始动工，经过了十年的时间才建成。寺的规模很大，周围就有"九里三十步"。大雄宝殿俗称"碽妃殿"，每年由礼部派人按时祭祀。平时这个殿终年封闭，不许闲杂人等出入。寺内的佛像经书都非常考究。僧人众多，共有和尚五百名。

当时佛教的十大宗派都在大报恩寺内设有讲座，经常有高僧在这里讲学。寺内还栽种了郑和下西洋带回来的五谷树、婆罗树和各种奇花异草。这个寺庙，当时香火之旺盛，景物之繁多，可以称得上全国首位。琉璃宝塔则被西方人推崇为中世纪奇迹之一的"南京瓷塔"。在19世纪中叶被毁之前，曾经在南京雨花台畔耸立了四百多年，并且载入了世界文明的史册。

净觉寺　位于南京城南三山街，又称为三山街礼拜寺。其始建时间是洪武二十一年（1388）。宣德五年（1430），净觉寺遭火灾被毁，郑和奏请重建。其后，亦卜剌金等子孙"果能世守焚修，不缺瞻礼殿庭者"。至弘治五年（1492），该寺"重加修葺，各姓祈置碑勒石，以垂不朽"，王鏊遂应请为作碑记。嘉靖年间，世宗赐以"清真寺"匾额。清代咸丰年间为战火所焚。现存建筑为光绪年间重建。这是与郑和有关的最完整的一所建筑。

郑和墓　在南京市江宁区牛首山南麓。墓地面文物已不见，1982年文物普查时发现。墓西有郑家村，为郑氏守墓者后裔所居。[①]

可见，南京在明初外交上的地位尤为重要。中国与周边国家的贸易朝贡圈中，各国使臣来中国必然要到中央所在的南京。南京作为明初京师，集合了全国的人力、物力、财力，在对外交通尤其是郑和下西洋物资筹备的过程发挥过巨大作用。这一点能促使我们较好地定位南京在明代，尤其是在明初的重要地位。

余论　明初政治制度对后世的影响

明朝是中国古代最后一个汉族政权。明太祖朱元璋起于布衣，以武功定天下。在初建政权时，其政治制度明显带有元朝的特点。定鼎南京以后，明

---

① 有关郑和下西洋的遗址与遗迹，详见范中义、王振华：《郑和下西洋》，海洋出版社，1982年；仲跻荣、杨新华、潘卓之等：《郑和》，南京大学出版社，1990年。

太祖着手一系列政治改革，其根本目的只为坐稳龙椅，稳固江山，希望将一个干净而轻松的担子交予子孙后代。在其一系列的政治改革之中，对后世影响最为深远的，便是废除中书省，罢黜了存续一千五百多年的丞相制度，权分六部，通过分权从而集权于最高统治者。虽然不久之后，朱元璋又设置内阁，但却只是一个顾问机构，并无实权。加之六部分权，各部权力极小，君主权力集中而稳固。这无疑是一个创世纪的举动，并且是一个具有相当深远影响的改革。清朝政府依然沿用并且不断加强中央集权。由此可见，不断强化中央集权是历史发展的一个大趋势，其中最具代表性的措施，便始于明太祖。

除此之外，明初建立的一系列其他政治制度，其初衷和根本目的都是为了不断加强中央集权，从而维护明朝政府的统治。明太祖希望通过一系列有利于朱氏统治的措施，为子孙后代的统治打下良好的基础。此后虽然政局有过动荡，但政治制度却没有受其影响，并且被继承发展，发扬光大了。所以，明初的政治制度对后世是有很大的有利影响的。

但是，这些政治制度也并非没有弊端。最直接的例子，就是明初制定的八股取士的考试制度。这一制度在成立初期，明显是有利于扩大政府官吏来源的。但在明朝中后期，这一制度的弊端也不断暴露出来，其僵化的文体，导致人们思想的僵死，从而阻碍了明朝的发展。由此我们也能得知，再公平公正的制度也会有弊端，也要结合时代的变化不断调整和完善。

总之，明初南京的五十三年，为后世奠定了良好的政治基础，其影响之深远，不局限于明朝，更延续到清朝乃至更晚。

第二章 经济与各业

第一节 人 口

受元末统治者腐朽暴戾统治和长年战乱的影响，各地经济凋敝，百姓流离失所、死伤无数，至朱元璋建立明政权，定都南京之时，全国人口已经损失严重，很多地方人烟断绝，一片荒凉。中原地区人口损失十分严重，江淮及南方广大地区亦是如此。明初常州、湖州和杭州三府的户口数只有元朝的百分之五六十，而浙江行省的户口数更是大大少于元朝。①

明开国初期，太祖深知这个问题的重要性，一方面采取了很多与民休息、人口增殖等措施；另一方面，制定了严密的户籍管理制度，丈量土地，清查人口，编制新的户籍黄册和地籍鱼鳞图册等。这些政策措施的制定和推行，有利于大致弄清全国及各地人口数量，增加政府财政税收的来源。

但人口增减不一，清查起来也比较困难。其中较为可考的是《明史·食货一》和《大明会典》记载的一组数据，其显示：洪武二十六年（1393），全国总户数为 16 502 870 户，总人口数为 60 545 812 口，户均人口数约为 3.7人。而同年京师应天府总户数为 163 915 户，总人口数为 1 193 620 口，其户均人口数约为 7.3 人。

根据数据，我们不难发现，南京户均数要高于全国。究其原因，大致为以下几点：其一，南京为明代都城，乃政治中心，城中官员较多，达官贵人家族相对较为庞大，其人口相对其他地方要稍微多一点；其二，通过分析《大明会典》中其他地方的人口数据，我们可以发现，越是离京师近的地方，其人口统计越精确，人口数和户均人口数相对较多；离京师越远，该数据相对较少。因此，曹树基在其著作《中国人口史》中提出这么一条规律："户口调查的质量高或低，与该地距政治中心的近或远成正比。由此也可发现，距离

_____

① 王育民：《中国人口史》，江苏人民出版社，1995 年。

政治中心愈近，户均人口数愈是正常，反之则不正常。"①

一、人口迁移

明初，为了巩固政权，稳定社会秩序，调整人口布局，明太祖实行了大规模的移民。南京作为明朝的国都，是移民的重要地区。与南京有关的移民，分为输入和输出两种类型，即一类是由其他地区人口移入南京，充实京师的；另一类是由南京迁徙至其他地区的。

南京作为明初的京师，是移民的主要输入地区。"（朱元璋）乃于洪武十三年起取苏、浙等处上户四五万千余家，填实京师……"② 洪武二十四年（1391），"（朱元璋）令选取各处富民，充实京师"。③ 从政治层面上来分析，朱元璋将江南地区乃至全国富民迁往国都南京，一方面，有利于打击江南的旧地主势力，将其徙往京师，更方便对这一部分人加强控制和管理；另一方面，也有利于京师的发展。在经济层面上，就更容易理解这一举措。随着历史上经济重心的南移，江南地区工商业发达，经济繁荣，人民生活富庶，将其中一部分富户迁往京师，有利于南京的经济发展和繁荣，加快修复南京在元末明初战争中所受的破坏，同时也抑制了江南地区的经济势力，有利于稳定社会秩序。

至永乐年间，在其迁都北京以前，迁入南京地区的移民主要是鞑靼、女真和安南等边疆民族的领袖等。这一时期，常有少数民族领袖前来归附，他们就居住在南京。与之一起迁徙而来的，还有这些民族的能工巧匠，这些迁徙而来的匠人数量也是十分巨大的。"癸酉，交趾总兵官新城侯张辅遣送交趾诸色工匠七千七百人至京，上念南土远来不耐寒，命工部悉给锦衣。"④ 这些工匠的迁入给南京带来了相对先进的生产技术，为南京作为全国首都的发展贡献了力量。

在明初定都南京之时，京师更多的是作为全国人口迁移的输入地区。随着南京京师地位的日益巩固和明朝局势的不断稳定，也有大量人口从南京迁往其他地方，如云南、贵州等地。明朝初年，在平定云南地区后，很多留守

---

① 曹树基：《中国人口史·第四卷·明时期》，复旦大学出版社，2000 年。
② （明）顾起元：《客座赘语》卷二《坊厢始末》。
③ 《大明会典》卷一九《户部六·富户》。
④ 《明太宗实录》卷七一。

云南的士兵便在那里屯守戍边。这些士兵大多来自江淮地区，为了使这些留守士兵安心，明政府又将大量士兵的家属迁往云南。贵州地区的情况亦是如此。这些移民而去的士兵、家属及其后裔，建立了一个个村落，这些村寨至今仍保留着江淮一带的风俗习惯。

云贵一带除了军士移民外，还有大量明初从南京迁去的工匠。洪武十五年（1382）后，沐英曾在南京征召大批工匠迁往云南。这些移民的涌入，除了使云贵地区边防更为牢固以外，还带去了南京一带较为先进的技艺，对这一地区的发展无疑是有利的。

分析明初南京的移民情况，我们发现，移民是一个双向的过程，南京和周边以及其他地区，都是既有迁入，也有迁出的。从其迁移的目的和户口区别来看，大致可以分为以下两个类别：第一类是自由迁徙，第二类是由政府组织的迁徙。

自由迁徙是指人们自发地迁移，排除那些人为的强制措施，其中的大部分人主要是受天灾人祸等的影响。在元末明初这一兵荒马乱的时期，饱受战乱的人为避难而四处逃亡的不在少数，这是自由移民的主要力量。即使到了明初社会相对安定的时候，自由移民这一方式也占据了重要地位，毕竟移民是受人的主观能动性影响极大的措施。

由政府组织的迁徙大致分为两类人：一类是为了调整生产、稳定社会而组织迁徙的百姓和工匠；另一类是为了军事原因而组织迁徙的卫所军官。明政府为了改善地域差异，扩大种植面积，增加国家赋税，强制迁徙苏、松、杭、嘉、湖等地百姓前往其他地方进行屯种，其中不乏大量的富户。这一措施也是为了加强政府的统治。而迁徙军户戍边，上文已提到将士兵及其家属迁往云南、贵州等地，此处不再展开。

二、人口布局

讨论明初南京的人口布局，我们先要分析一下明初南京城市的规划和建设。明初至迁都以前，南京的建设大致可以分为以下四个阶段：

第一个阶段为准备期，即朱元璋以南京为根据地，对抗元朝。这一时期鉴于朱元璋忙于战事和迫于经济等形势，没有大规模的营造活动。第二个阶段为南京首次进入建设高潮时期。此时，朱元璋已定都应天，虽然战争仍未平息，但陆续开始大规模的都城营建活动。这一时期城市建设的重点是皇宫和各种国家机关、机构以及庙宇殿堂等。第三阶段为建中都，南京和北京共建时期。随着国家的进一步统一，地处东南的南京作为首都，不便于国家对全国的掌控和管理，明太祖于是想到了建立两都制。由于建北京和中都消耗了不少民力和财力，南京的建设相对放慢了脚步。第四阶段为放弃北京和中都，定南京为京师。这是明初南京迎来的第二次建设高潮。由于对另外两地的放弃，营建重点又再次回到南京上来。这一时期南京的建设稳定而频繁，所涉及的面也比较广泛，南京城各区的重大布局也最后在这一时期完成。①

明初营建都城，不仅将六朝和南唐的都城囊扩在内，更向东和北延伸，开设十三座城门，又增建外郭城，开设十六座城门，建成了包括宫城、皇城、都城、外郭城四座城池的完整防御体系，成为天下第一大城。②

明初，南京人口高度集中，除了王公贵族、达官显贵以外，还有大批城市居民以及庞大的军队，均依靠南京相对较为发达的城市设施而生存。而这些庞杂的人口，也被政府有序地安排在城市的各个区域。例如，较为繁盛的工商业区，有众多的工匠被安排在此。这一区域大致为东起大中桥，中经内桥，西迄三山门，南达聚宝门这样一个地带。秦淮河的南侧，为游乐风景区，风景区与沿河之间为功臣名将的聚居区。大中桥以东，南至正阳门，北达太平门是皇宫和官署区域，宫城以北是一些富民区。鼓楼岗西北为人烟罕至的空旷区，分布着较多的卫所和仓库。这一布局适应了南京作为当时全国京师的功能和作用。

明朝实行坊厢制，这一制度最早在南京推行。"洪武十四年诏天下府州县编赋役黄册，以一百十户为一里，推丁粮多者十户为长，余百户为十甲，甲凡十人。岁役里长一人，甲首一人，董一里一甲之事。先后以丁粮多寡为序，凡十年一周，曰排年。在城曰坊，近城曰厢，乡都曰里。"③从这段文字可以看出，所谓坊厢，即是在明初，太祖将苏浙等地四万五千余家迁徙填实京师，除壮丁充实匠籍外，其余编户置于都城之内的为坊，近城之地的为厢。正如

① 张泉：《明初南京城的规划与建设》，《中国古都研究（第二辑）》，浙江人民出版社，1986年。
② 范金民：《明代南京的历史地位和社会发展》，《南京社会科学》2012年第11期。
③ 《明史》卷七七《食货志一》。

正德《江宁县志》中记载："有人丁而无田赋,止供勾摄而无征派。"① 坊厢户不需要交纳赋税,但是需要承担各种徭役。此举加强了对南京人口的管理,保证了国家机器的正常运转。

明初,南京实行铺户当行制,便于有效地管理铺户。"盖国初建立街巷,百工货物买卖各有区肆"②。当时,城中分布了铺户集中的十二廊,即花铺、鼓铺、扇铺、床铺、麻铺、表背、手帕、包头、香蜡、生药、纸铺、故衣等廊。这些都方便了南京城市居民的生活。

明初,这些南京城中实行的种种制度,完善了南京的城市功能,便于对南京城中的人口管理,稳定了京师的社会秩序,为明初恢复元末战争所伤元气提供了一个安定的环境。明朝初年,南京才成为一个真正统一国家的首都。在此时期,南京城的规划建设和人口发展超过以往各代,成为一个真正繁华的都城。

第二节 农 业

在元朝末年二十多年的战乱中,长江中下游地区屡遭兵灾,人口总数锐减,大量良田荒芜,尤其是江左、淮右地区,社会经济遭到严重破坏。江南许多地方"亡绝过半,田多荒芜"。③ 位于运河边的扬州素以繁华著称,在元代是著名的商业城市,结果在战乱后"城中居民仅余十八家"。④ 著名工商业城市苏州甚至"邑里萧然,生计鲜薄"。⑤ 农业是国民经济的基础,也是封建国家赋税的主要来源。面对如此残破景象,恢复农业发展,增加收入成为朝廷首要之事。

一、以农为本

朱元璋出身于淮右贫农之家,先是在元末灾荒中失去了好几位亲人,后以游僧身份走遍淮河上游诸地,又参加了元末农民起义,颇知农民之艰辛,

① (明)正德《江宁县志》。
② (明)顾起元:《客座赘语》卷一《市井》。
③ 《明太祖实录》卷一九七。
④ 《明太祖实录》卷五。
⑤ (明)王锜:《寓圃杂记》卷五《吴中近年之盛》,中华书局,1984年版。

农民生产之不易。他曾不止一次地表示要重视农业生产，与民休息，"为国之道，以足食为本。大乱未平，民多转徙，失其本业。而军国之费，所资不少，皆出于民。若使之不得尽力田亩，则国家资用何所赖焉？今春时和，宜令有司劝民农事，勿夺其时。一岁之中，观其收获多寡，立为劝惩。若年谷丰登，衣食给足，则国富而民安，此为治之先务，立国之根本"。① 吴元年（1367），应天的圜丘竣工，朱元璋携世子朱标前往，并带领世子参观农家，并告诫朱标："汝知农之劳乎？夫农勤四体，务五谷，身不离畎亩，手不释耒耜，终岁勤动，不得休息。其所居不过茅茨草榻，所服不过练裳布衣，所饮食不过菜羹粝饭，而国家经费皆其所出，故令汝知之。凡一居处、服用之间，必念农之劳，取之有制，用之有节，使之不至于饥寒，方尽为上之道。若复加之横敛，则民不胜其苦矣。故为民上者，不可不体下情。"② 洪武元年（1368），朱元璋又告诫天下来朝府、州、县官："天下初定，百姓财力俱困，譬犹初飞之鸟，不可拔其羽；新植之木，不可摇其根，要在安养生息之。惟廉者能约己而利人，贪者必朘人而厚己。况人有才敏者，或尼于私；善柔者，或昧于欲，此皆不廉害之也。尔等当深戒之。"③ 洪武二年（1369）春，朱元璋从钟山游玩回宫时，路过农田，便亲履田亩，感慨道："农为国本，百需皆其所出。彼辛勤若是，为之司牧者亦尝闵念之乎！且均为人耳？身处富贵而不知贫贱之难艰，古人常以为戒。夫衣帛当思织女之勤，食粟当念耕夫之苦。朕为此故不觉恻然于心也！"④ 洪武三年（1370）夏，大旱，朱元璋又告诫群臣："君天下者，不可一日无民，养民者不可一日无食，食之所恃在农……今仲夏不雨，实为民忧。"⑤ 朱元璋这种以农为本的思想成为明朝初年的一项基本国策。

（一）鼓励垦荒、建设军屯

元末战乱不断，大量人民或死或逃，留下了大批荒田，"元季丧乱，版籍多亡，田赋无准"。⑥ 新兴的明廷鼓励农民垦荒耕种，洪武元年，朝廷下令：

---

① 《明太祖实录》卷一九。
② 《明太祖实录》卷二七。
③ 《明太祖实录》卷二九。
④ 《明太祖实录》卷四一。
⑤ 《明太祖实录》卷五三。
⑥ 《明史》卷七七《食货志一·田制》。

"一各处荒闲田地，许令诸人开垦，永为己业。与免杂泛差役三年，后并依民田起科税粮。一镇江府密迩京畿，供给烦重，洪武元年租税灾熟不等，有司不须检踏，尽数蠲除，次年夏税亦与优免。一各处人民曩因兵燹抛下田土，已被有力之家开荒成熟者，听为己业，其田主回乡，仰有司于附近荒田内验数拨付耕种，坟茔、房舍不在此限。"① 这样的话，明廷即从法律意义上肯定了农民的垦荒以及耕种无主地为己业。在洪武十三年（1380），朝廷即下令"陕西、河南、山东、北平等布政司及凤阳、淮安、扬州、庐州等府，民间田土许尽力开垦，有司毋得起科"。② 建文、永乐时期，政府为鼓励农民开垦荒地，也曾规定新起田地永不征税，这都极大地促进了劳动人民的垦荒积极性。

除了鼓励民间开垦荒地外，明政府还大力推行屯田政策。屯田分为两种，即民屯和军屯，民屯大多是移民垦屯，即迁移窄乡人民垦种宽乡。洪武三年（1370），"徙苏、松、嘉、湖、杭民之无田者四千余户，往耕临濠，给牛、种、车、粮，以资遣之，三年不征其税……复徙江南民十四万于凤阳"。③ 此后数十年间，这种大规模的移民活动一直没有中断过，"洪武赶散""洪洞大槐树"等移民历史记忆均源于此。

此外，为了保证军粮供应，减轻国家财政以及百姓赋税负担，朱元璋很早就开始推行军事屯田，在定鼎金陵后不久，即申明将士屯田之令："初，命诸将分军于龙江等处屯田。至是，康茂才屯积充牣，他将皆不及，乃下令申谕将士曰：'兴国之本，在于强兵足食。昔汉武以屯田定西戎，魏武以务农足军食；定伯兴王，莫不由此。自兵兴以来，民无宁居，连年饥馑，田地荒芜，若兵食资于民，则民力重困。故今尔将士屯田，且耕且战。今各处大小将帅，已有分定城镇，然随处地利，未能尽垦，数年以来，未见功绪；惟康茂才所屯，得谷一万五千石，以给军饷，尚余七千石。以此较彼，地力均而入有多寡，其故何哉？盖人力有勤惰故耳！自今诸将宜督军士及时开垦，以收地利，庶几兵食充足，国有所赖。'"④ 后来，军屯制度在全国各地推行，军屯的主体是卫所士兵，卫所制与屯田制相辅相成，共同构筑了明朝的国防力量。朱元

① （明）傅凤翔：《皇明诏令》卷一《初元大赦天下诏》。
② 《大明会典》卷一七《户部四·田土》。
③ 《明史》卷七七《食货志一·田制》。
④ 《明太祖实录》卷一二。

璋高度重视军屯，曾命令五军都督府臣："养马而不病于农者，莫若屯田。今海宇宁谧，边境无虞，若但使兵坐食于晨，农必受弊，非长治久安之术。其令天下卫所，督兵屯种，庶几兵农，兼务国用，以舒古之良将若赵充国辈，皆以此策勋当时垂名后世，其藩镇诸将，务在程督使之尽力于耕乍，以足军储，则可以继美于古人矣。尔都督府其申谕之。"① 根据各地卫所战守的需要，明初军屯分为边屯和营屯两种。"边屯，屯于各边空闲之地，且耕且战者也；营屯，屯于各卫附近所，且耕且守者也……边地，三分守城，七分屯种；内地，二分守城，八分屯种。"军屯所需的种子、农具、耕牛均由政府供给，屯军则需纳税，称为"屯田子粒"或"屯粮"，南京地区的军屯则是由南京锦衣等四十八卫承担，"原额屯田九千三百六十八顷七十九亩三分七厘零，见额屯田二万二千六百九十六顷六十六亩三分五厘，粮一十五万一千五百二十五石七斗五升四合三勺，银一万二百六十六两四钱八分六厘三丝"。军屯岁入在永乐十五年达到顶峰，为 32 695 864 石，该年屯田子粒占了明朝国家粮食总收入的百分之四十三。明朝初年推行的屯田政策很大程度上保证了国家府库的充盈，促进了社会经济的发展，起到了朱元璋所说的"兴国之本""强兵足食"的作用。

（二）蠲免赋税，兴修水利

明初，政府不仅鼓励农桑、移民兴屯，也多次减免赋税，以苏民力。应天府作为首善之地，为朱元璋夺取天下提供了大量的人力物力，贡献最多，所以早在立国前即曾被蠲免赋税。吴元年（1367），朱元璋告诫中书省臣："予尝亲历田野，见人民凋弊，土地荒芜，失业者多。盖因久困兵革，生息未遂。譬之触热者思得清凉，冒寒者思就温暖，为之上者固当念之。且太平、应天、宣城诸郡乃吾渡江开创之地，供亿先劳之民，其有租赋，宜与量免，少苏民力……吾昔在军中，尝乏粮，空腹出战，归得一食，虽甚粗粝，食之甚甘。今尊居民上，饮食丰美，心未尝忘之。况吾民居于田野，所业有限，而又供需百出，岂不重困？""于是免太平府租赋二年，应天、宣城等处租赋一年。"② 数月后，又令"凡徐、宿、濠、泗、寿、邳、东海、安东、襄阳、

---

① 《明太祖实录》卷一九三。
② 《明太祖实录》卷一八。

安陆郡县及今后新附土地人民，桑、麻、谷、粟税粮、徭役，令司尽行蠲免三年"。①

　　洪武二年（1369），再次大范围诏免税粮，并且昭告天下自己的轻徭薄赋的观念，诏："朕本淮右布衣，因天下乱，率众渡江，保民图治，今十有五年矣！荷天眷佑，西取陈友谅，以安荆楚，东缚张士诚，以平三吴。遂至八闽，直抵交广，以极于海，悉皆戡定。重念中国本我华夏之君所主，岂意胡人入据已及百年。天厌昏淫，群雄并起，以致兵戈纷争，生民涂炭。是用命将出征，兵渡大河，齐鲁之民，欢然来迎，馈粮给军，不辞千里。朕思其民，当元之末，疲于供给；今既效顺，何忍复劳！已将山东洪武元年税粮免征，不期天旱，民尚未苏，再免今年夏、秋税粮。近者，大军平燕都、下晋冀，朕念北平、燕南、河东、山西之民，久被兵残，困于征敛，尤甚齐鲁，今年税粮亦与蠲免。其河南诸郡，自归附以来，久欲济之，奈西北未平，出师所经，拟资粮饷，是以未遑。今晋冀既平，理宜优恤。其北京、河南、滁、徐、宿等州已免税粮外，西抵潼关，北界大河，南至唐、邓、光、息，洪武二年夏秋税粮，一体蠲免。"不久，又下诏免畿内诸郡税粮，"朕自渡江，首克太平，定都建业，其应天、镇江、太平、宣城、广德、寔为京师辅翼之郡，军需钱粮供亿浩穰，朕每念之不忘。去岁曾免税粮，忽遇天旱，民无所收，惠不及下。朕有慊焉，其今年夏、秋税粮并再免一年。"②

　　洪武三年，诏"再免应天、徽州等十六府州、河南、北平、山东三省税粮……其应天、太平、镇江、宁国、广德、滁州、和州，朕兴师渡江时，资此数郡，以充国用，致平定四方。朕念其勤劳，未尝忘之，仍免今年夏、秋税粮"。③两年后，再次对应天等五府蠲免，诏"国以民为本，民以食为天，此有国家者所以厚民生而重民命也。朕乘群雄鼎沸之时，率众渡江，定都建业，十有八年。其间高城垒，深壕堑，军需造作，凡百供给。皆尔近京五府之民率先效力，济我时艰；民力烦甚，朕念不忘！天下一统，今五年矣。虽皆蠲其四岁租税，然犹未足以报前劳。……应天、太平、镇江、宁国、广德

---

　　① 《明太祖实录》卷一八。
　　② 《明太祖实录》卷三六。
　　③ 《明太祖实录》卷五〇。

五府，今年合征秋粮，除粮长顽狡不盖仓及科敛困民者，本户之粮不兑外，其余尽行蠲免。"①

洪武十一年（1378），蠲免"应天、太平、镇江、广德诸府州秋粮"。② 洪武十三年五月，因皇宫谨身殿遭到雷击，遂免天下田租。洪武十五年，"应天、太平、广德、镇江、宁国五郡秋粮，官田减半征收，民田全免，期苏民力"。③ 洪武十六年（1383），再免五郡税粮，特命户部诰谕其民。洪武二十四年（1391），又诏免应天等五府州官租之半。洪武二十九年（1396），又免应天等五府州田租。

以上为朱元璋在位时期曾施行的蠲免赋税政策，而以南京应天府为首的五府经常单独享受免税的待遇，究其根本在于"朱元璋以应天为统一全国的大本营，南京土著供输了朱元璋政权十多年，到建国时早已穷困不堪"④，明太祖一方面是感谢应天等五府的早年支持，另一方面作为首善之地的应天府在建国后也急需恢复，故朱多次蠲免南京地区的田租。

明太祖对南京赋税的蠲免，到明成祖时大为减少。朱棣在位时期，仅仅两次蠲免南京赋税。第一次是在洪武三十五年（即建文四年，1402年）七月，朱棣刚攻克南京入嗣大统，为了获得南中国地区以及西北地区人民的支持，他下令"直隶府州、山西、陕西、浙江、福建、江西、湖广、四川、云南蠲免秋、夏税粮一半"。⑤ 未过多久，有司进言："旧制，应天、太平、镇江、宁国、广德五府州例免税粮。"朱棣随即下令："五府州兴王这地，先帝时特加优恤。近年兵兴，烦于供给；今方遂宁息，未宜劳之，可蠲今年之役。"⑥ 此后二十多年里，应天府再也没有享受过蠲免的优待。

朱元璋也高度重视农田水利建设。早在定鼎金陵之初，就设立专门的部门管理水利，令康茂才为营田使兼帐前总制亲军左副都指挥，并告诫他："比因兵乱，堤防颓圮，民废耕耨。故设营田司以修筑堤防，专掌水利。今军务

---

① 《明太祖实录》卷七六。
② 《明太祖实录》卷一一九。
③ 《明太祖实录》卷一三九。
④ 范金民：《国计民生——明清社会经济研究》，福建人民出版社，2008年。
⑤ 《明太宗实录》卷一〇。
⑥ 《明太宗实录》卷一一。

实殷，用度为急，理财之道，莫先于农。春作方兴，虑旱潦不时，有妨农事。故命尔此职，分巡各处，俾高无患干，卑不病涝，务在蓄泄得宜。大抵设官为民，非以病民。若但使有司增饰馆舍，迎送奔走，所至纷扰，无益于民而反害之，非付任之意。"① 在这样一种思想指导下，在建国后，全国各地掀起了一股水利建设的高潮。

洪武四年（1371），修建广西灵渠三十六陡，沟通了湘江和漓江，灌溉良田万顷。洪武八年，长兴侯耿炳文疏通了陕西泾阳县的洪渠堰，附近五县田地大获其利。洪武十七年，江夏侯周德兴疏通荆州狱山坝，灌溉田地，每年多增加田租四千三百余石。洪武十九年，修筑福建长乐县海堤，长乐农田从此不再担心盐碱，而岁获其利。洪武二十四年，建绍兴上虞县海堤四千丈。同年，又修宁波东钱湖堤，利民田百万余顷。洪武二十七年，朱元璋又派遣国子监生分赴天下监督水利建设，次年，开天下郡县塘堰四万九百八十七处、河四千一百六十二处，陂渠岸堤五千四十八处②。

以上所列举的农田水利工程，规模巨大，非用国家之力难以完成，这些都极大地促进了地方农业发展。除了建设灌溉水利工程外，朱元璋还大力建设漕运。自其定都应天府，南京便成为全国的政治、经济和军事中心，人口迅速膨胀，据学者估算，洪武朝南京城内人口约39万③。这么多人聚集在首都，需要消耗大量物资，绝非南京一地可以供奉得起，所以需要从外地运输大量物资来京，"四方贡赋，由江以达京师，道近而易"。四方贡赋中江南贡赋占绝大部分，当时江南漕粮有两条路可以送到京师：一条是走大运河用船运到丹阳，然后弃船登陆，用车运到南京，中途需要转运，程序颇为麻烦，费时费力；另外一条道路则是通过长江来运输，即沿着长江逆流而上，但长江风大浪急，漕船稍有不慎即有倾覆的危险。为了使江南和浙江等地的漕粮安全运送到南京，朱元璋下令开凿运河，以避开长江之险，随后派人考察浙江

---

① 《明太祖实录》卷六。
② 《明太祖实录》卷二四三。
③ 范金民：《国计民生——明清社会经济研究》。据范金民先生估算，朱元璋初入城时，南京约有 95 000 人。洪武四年，朝廷下令核实"应天府关厢"，全城"军民官吏人户凡二万七千一百五十九"，这近 3 万户人，若以上江两县户均 7.7 人计算，则城内军民官吏的人口约为 21 万；加上当时驻军 175 000 余人，以及国子监生员 2 700 余名，故全城人口总数约有 39 万人。

至南京的山川地貌，修建胥溪运河、胭脂河。

胥溪运河开凿于公元前 506 年，源出今南京市高淳区固城湖。胥河是中国现有记载最早的运河，也是世界上开凿最早的运河。胥溪运河所经地段是太湖与长江之间的丘陵地带，地势东低西高，沿着河道建设水坝，船只只需要在过坝时候用人力或者畜力挽拽，使得原本无水源的丘陵地带得以水运。北宋吴江大坝修筑好后，江南太湖水不再汇入江流，胥溪河水东泄对太湖流域产生严重影响，水上运输也颇受其害。

洪武二十五年（1392），明太祖征调大批民工，疏浚胥溪河，恢复了太湖流域与石臼湖间的水路交通，提高了江南至南京之间的漕运能力。同年，朱元璋又派人"疏凿溧阳县银墅东坝河道，自十字港至沙子河，凡三千九百六十丈，又沙子河至胭脂坝凡三百六十丈，计役嘉兴等府州民丁三十五万九千七百人"。[①]

胭脂河位于南京市溧水区城西约 4 千米处，是明代在胭脂岗上开凿的一条沟通秦淮河与石臼湖的人工运河。它南起洪蓝埠，北至秦淮河，长约 7.5 千米。洪武二十六年，朱元璋"命崇山侯李新开溧水胭脂河"。[②] 胭脂河工程多为石方工程，开凿难度极大，工程艰难，进展缓慢，朱元璋再三催促，李新严厉督工，先在石头上凿开缝隙，用麻塞在缝中，浇上桐油，然后点火焚烧，等到石头烧得通红时，再泼凉水，利用热胀冷缩的原理使岩石崩裂，进而将岩石撬开搬走，该工程"役而死者万人"[③] 方才完成工程。

明初，通过整治胥溪运河、开凿胭脂河两大漕运工程，太湖、石臼湖、秦淮河三个流域连通起来，大大缩短了漕运航程，减少了漕运损失，改善了运输条件。江南等地的赋税漕粮通过胥溪运河至固城湖、石臼湖，再由胭脂河进入秦淮河，直抵南京；皖南芜湖、太平、宣城等地的船只也可经过石臼湖、胭脂河、秦淮河到达南京。自此，长江下游的粮食产区通过水路运输联成一体，保证了首都南京的物资供应，为南京的工商业快速发展奠定了交通基础，也有力地促进了江南地区经济文化的交流和发展。

---

① 《明太祖实录》卷二二一。

② 《明史》卷八六《河渠四·运河下》。

③ （明）黄汝金，等：万历《溧水县志》卷四《桥梁·天生桥》，《金陵全书（甲编·方志类·县志 40）》，南京出版社，2013 年。

二、南京的地理状况与欠发达的农业

南京"居东南之首，面京洛而揖嵩岱，纳江汉而控瓯粤"①，号称"缩毂两畿，辐辏四海"②。加上朱元璋修浚漕粮运河，故京师交通十分便利，吸引了四方商人前来贸易，南京作为明初的政治文化中心，是个典型的消费城市，由于商业发达，外来客商的人数也十分庞大，南京所生产的丝绸全国闻名。以城市为中心的手工业和商业发展迅速，但相比之下，南京的农业发展却由于自然和生态因素的影响，而远远落后于江南其他地区。将南京和苏州对比一番，贫富差距是很明显的，洪武时期，应天府少苏州 25 000 顷土地，而人口不及苏州的一半，赋税差别更是极大，应天秋米仅有苏州的九分之一③，这中间固然有江南重赋的原因，但也反映出苏州府的生产供应能力要远强于应天府。这种差异正是由于两地自然地理条件决定的。

（一）南京地理与明初的辖区

南京地处长江中下游地区，地貌特征属宁镇扬丘陵地区，以低山岗地为主，低山丘陵占南京总面积的六成以上，平原、洼地及河流湖泊所占不及四成。宁镇山脉和江北的老山横亘城区，南部有秦淮流域丘陵岗地南界的横山、东庐山。低山、岗地、河谷平原、滨湖平原和沿江河地等地形单元构成了南京的地理地貌。这样岗地相间的地形，造成了农业生产非常容易遭到旱涝灾害，丘陵地带因不易建设水利工程，所以容易"大雨大涝、小雨小涝、不雨即旱"。

明初，朱元璋在全国推行"乡、都、图、里、甲"制度，而南京则以坊、厢、乡为单位来划分居民区。都城之内皆曰"坊"，附城郭之外者曰"厢"，编户于郊外者曰"乡"，乡下辖里、村。应天府在洪武朝共有田地 72 701 顷 25 亩④。

南京附郭县上元县，编户一百五十里，三万五千四百三十八户，人口总数达十四万两千五十。有十六个坊厢，即十八坊、十三坊、十二坊、织锦坊、

① （清）周亮工：《金陵览古·序》，上海古籍出版社，1983 年影印本。
② （明）顾起元：《客座赘语》卷二《南京水陆诸路》。
③ 《大明会典》卷一七《户部四·田土》。
④ （明）王一化，等：万历《应天府志》卷一九《田赋志》，《金陵全书（甲编·方志类·府志 9）》，南京出版社，2013 年。

伎艺坊、贫民坊、六坊、木匠坊、东南隅、正东隅、太平门厢、三山门厢、金川门厢、江东门厢、石城图厢。在城外则有十八个乡，即泉水乡、道德乡、尽节乡、兴贤乡、金陵乡、慈仁乡、钟山乡、北城乡、清风乡、长宁乡、惟政乡、开宁乡、宣义乡、凤城乡、清化乡、神泉乡、丹阳乡、崇礼乡。上述诸厢、乡在洪武年间共有官民田地一百一十五万亩。①

南京另一附郭县江宁县，计一万七千五百二十六户，五万两千八百二十八人。有三十六个厢，即人匠坊五、正西旧坊二、贫民坊二、正南坊二、正南旧坊二、正东新坊、铁猫局坊、正西新坊、正西伎艺坊、城南伎艺厢二、仪凤门厢二、城南人匠厢、城南脚夫厢、江东新厢、清凉门厢、安德门厢、三山门旧厢二、三山门伎艺厢、三山门富户厢、三山新厢、石城关厢、刘公庙厢、神策门厢、毛翁渡厢、东旧厢。有乡二十一，其中县西南有三乡，即安得乡、处真乡、归善乡；县东南有九乡，即凤东乡、凤西乡、新亭乡、光宅乡、山南乡、山北乡、驯翠乡、永丰乡、葛仙乡；县南有九乡，即菜园务乡、建业乡、惠化乡、铜山乡、朱门乡、泰南乡、泰北乡、随车乡、万善乡。洪武朝，上述诸厢、乡共有官民田约四十九万八千亩，地约十二万三千一百亩，加上山塘杂产，共约七十二万八千八百亩。②

句容县，计三万六千九十六户，二十一万五千九百八十六口。有四个坊，即东南隅、西南隅、东北隅、西北隅。有十六个乡，即通德乡、福祚乡、临泉乡、上容乡、承仙乡、政仁乡、茅山乡、崇德乡、句容乡、来苏乡、望仙乡、移风乡、孝义乡、仁信乡、风坛乡、琅琊乡。共有田地约九十七万亩。③

溧阳县，计二万四千八百三十三户，十六万一千八百八十口。有八个坊，即东坊、西坊、南坊、北坊、中坊、中左坊、中右坊、新坊。有十三个乡，即永成乡、福贤乡、举福乡、明义乡、惠德乡、德随乡、从山乡、桂寿乡、

① （明）王一化，等：万历《应天府志》卷一九《田赋志》，《金陵全书甲编·方志类·府志9》。

② （明）王浩修，等：正德《江宁县志》卷三《菑亩》，《金陵全书（甲编·方志类·县志11）》，南京出版社，2012年。

③ （明）王一化，等：万历《应天府志》卷一九《田赋志》，《金陵全书（甲编·方志类·府志9）》。

奉安乡、崇来乡、来苏乡、永泰乡、永定乡。共有田地约一百二十五万亩。①

溧水县，计一万七千七百六十四户，十万五千六百五十六口。有八个厢，东坊、西坊、南坊、北坊、东南隅、西南厢、东北隅、西北隅。有十一个乡，即上元乡、思鹤乡、赞贤乡、白鹿乡、丰庆乡、归政乡、崇贤乡、长寿乡、山阳乡、仙坛乡、仪凤乡。共有约六十二万五千一百五十二亩田地。②

江浦县，计二千六百六十户，二万五千一百三十六口。仅有七个乡，即孝义乡、白马乡、任丰乡、遵教乡、怀德乡、丰城乡、崇德乡。共有约十七万亩田地。③

六合县，计三千一百七十三户，二万九千五百八十口。有两个里，即东里、西里。有五个都，即东三都、南四五都、北四五都、上三都、下三都。共有官民田地两万五千七千五十三亩。④

高淳县，计一万二千五百二十六户，六万七千四百七十六口。有七个乡，即崇教乡、立信乡、游山乡、安兴乡、唐昌乡、永宁乡、永丰圩乡。共有官民田地五十二万三千八百八十二亩。⑤

以上为南京的地理地貌以及明代时期的行政辖区。总体而言，与江南其他地方相比，南京的农业区位条件不具优势，人口户数也并不是很多，这注定了南京周边农业发展的落后性。

（二）农业生产与赋税

南京地区复杂的地貌决定了其农业发展有限，作为南京首县的上元县，"其田地多近山与江，垆瘠居其半"。江宁县则"西以滨江，苦于潮，东多原

① （明）王一化，等：万历《应天府志》卷一九《田赋志》，《金陵全书（甲编·方志类·府志9）》。
② （明）王一化，等：万历《应天府志》卷一九《田赋志》，《金陵全书（甲编·方志类·府志9）》。
③ （明）王一化，等：万历《应天府志》卷一九《田赋志》，《金陵全书（甲编·方志类·府志9）》。
④ （明）王一化，等：万历《应天府志》卷一九《田赋志》，《金陵全书（甲编·方志类·府志9）》。
⑤ （明）王一化，等：万历《应天府志》卷一九《田赋志》，《金陵全书（甲编·方志类·府志9）》。

麓，寡塘堰，故少值旱涝辄病。又民贫而粪不足，虽有年亦鲜厚获"①。府城东南的溧阳县，"民俗惟鲁果毅，务农植谷，不事商贾"。位于府城正南方的高淳县，"市井鲜博戏，无逋赋，无嚣讼，老稚不敢怀诈暴憎，间阎寝成敦本、俭朴之俗"。溧水县则"有山林川泽之饶，民勤耕稼，鱼稻果茹，随给粗足"，几个县都是交通闭塞，发展是以农业为主的自然经济，工商业都不是很发达。位于南京东面的句容县"地窄人稠，善自生殖"，工商业也要稍微发达一些，诞生过著名的句容商帮，但农副业生产不大可能满足南京城的需求。而位于江北地区的江浦县与六合县，发展要更为滞后了，其地"敦朴俭素，犹存古风，而园桃沮洳，不能免云"②。南京地区的农业生产并不能供应城内居民消耗，需要从外地大量引进，"若米客不时至则谷价骤踊，而人情嗷嗷矣。"这种情况直到清代还是如此，清人感慨道："江宁五方杂处，百物品类，稽之列肆所居，亦云伙矣，究其特产为诸方所无者，指盖不胜屈也。"③

明初，定赋税徭役，"以黄册为准。册有丁有田，丁有役，田有租。租曰夏税，曰秋粮，凡二等。夏税无过八月，秋粮无过明年二月。丁曰成丁，曰未成丁，凡二等。民始生，籍其名曰不成丁，年十六曰成丁。成丁而役，六十而免。又有职役优免者。役曰里甲，曰均徭，曰杂泛，凡三等。以户计曰甲役，以丁计曰徭役，上命非时曰杂役，皆有力役，有雇役。府州县验册丁口多寡，事产厚薄，以均适其力"。④ 即分为田租、里甲、均徭、税课等项。田租包括夏税和秋粮，南京地区夏税征收小麦、丝绵、农桑丝，秋税征收稻米和马草，另外还有户口盐钞。

明代南京的田赋制度比较复杂。首先有长期实行的官田、民田之分。洪武初年，朝廷多次下令应天五府蠲免赋税，一般民产免租，官产减半租。至于租额，平均每亩 1.5 斗，"而杂徭不与焉"⑤。应天一府，在洪武朝，夏税麦11 260 石，绢 1 406 匹，秋粮米 320 616 石。以税粮而言，应天府每亩平均

① （明）王诰修，等：正德《江宁县志》卷三《菑苗》，《金陵全书（甲编·方志类·府志11）》。
② （明）王一化，等：万历《应天府志》卷一四《风土志》，《金陵全书（甲编·方志类·府志9）》。
③ （明）顾起元：《客座赘语》卷二《议籴》。
④ 《明史》卷七五《食货志二·赋役》。
⑤ （明）顾起元：《客座赘语》卷二《条编始末》。

0.046 石，是江南八府（应天府、镇江府、苏州府、松江府、常州府和浙江杭州府、嘉兴府、湖州府）中最低的，远低于平均水平的每亩 0.143 石。[①] 不过这些仅仅是赋役中的征税，由于首都的特殊地位，南京上元、江宁二县还承担着各种徭役，而且负担沉重，"力差一事，往往破人之家，人皆以田为大累，故富室不肯买田。以至田地荒芜，人民逃窜，钱粮拖欠，几成敝县矣"。[②]

南京应天府的自然条件、水路交通乃至土地肥沃程度都是长江三角洲最差的地区。就应天府各县来说，江宁县的农业水平要高一些，江宁县安德乡、凤西乡所产稻米质量上乘，有"南乡米"的美誉[③]。但总体而言，明初，南京各县的农业生产特点就是经济结构单一，商品化程度低下，"在自给自足的条件下，明代南京各县不但为他处所无的特产品不多，更为突出的是几乎没有最能体现经济水平的副业、家庭手工业生产，特别是为市场的生产。丝与丝绸、棉与棉布两大类商品，是同为江南地区的苏、松、常、杭、嘉、湖各府最大宗的商品。当地人民充分利用地理条件，或栽桑养蚕，缫丝织绸，或植棉织布，家纺户织，十分普遍，改善了自身生活条件，创造了兴盛的江南经济，也为提供最为繁重的赋税做出了贡献。而这种千家万户非常普遍的副业手工业的生产，在南京各县是看不到的。"[④]

万历《应天府志》曾总述本府的风土："金陵山水清丽，士生其间，大抵崇廉让，好儒术。其小人亦皆勤于作业，家有盖藏，市鲜巧伪，斯其可称述者，入国朝来，治化隆恰，俗尚淳朴，若弘治、正德间彬彬乎进于古矣。"[⑤] 这种风尚与生活行为方式，显然与当时江南其他地区有着较大的社会经济水平落差。南京周围乡村的落后淳朴，也与南京城中的繁华形成了鲜明对比。

---

① 范金民：《明清江南重赋问题述论》，《中国经济史研究》1996 年第 3 期。

② （明）李登，等：万历《上元县志》卷一二《艺文志》，《金陵全书（甲编·方志类·县志1）》，南京出版社，2010 年。

③ （明）王诰修，等：正德《江宁县志》卷三《物产》，《金陵全书（甲编·方志类·县志11）》。

④ 范金民：《明朝时期的南京经济（公元 1368 年—1644 年）》，陈胜利、茅家琦主编：《南京经济史》，中国农业科技出版社，1996 年。

⑤ （明）王一化，等：万历《应天府志》卷一四《风土志》，《金陵全书（甲编·方志类·府志9）》。

第三节　手工业

说到明初的南京，我们都会联想到那巍峨的宫墙，壮观的大报恩寺，喧嚣的夫子庙和桨声灯影里的秦淮河，这些都让我们直观地感受到了当年明王朝在南京的繁荣气象。明代著名画家仇英甚至画了一幅《南都繁会图》记录了此番的繁华，而支撑这一繁华的重要因素就是明初南京发达的手工业，其表现在有完备的制度，从业人员众多，种类众多，门类齐全，工艺水平高超。

一、官营手工业

明初的南京作为当时国家的政治中心，集中了全国最主要的官营手工业，系统庞杂，制度完备，机构庞大，门类齐全，产品的质量和数量都相当可观。

（一）皇室与工部两大系统

明初，南京官营手工业的系统庞杂，其规模超过了以往的任一时代。官营手工业主要包括皇室与工部两大系统。皇室系统是专为皇室服务的，主要有内官监的内织染局和司礼监的神帛堂等，还有一个比较特殊的机构，那就是南京供应机房，《明史》中记载有："明初设南北织染局，南京供应机房，各省直岁造供应，苏、杭织造，间行间止。"① 这些机构主要是为宫廷织造缎匹、神帛等物。

而工部系统则包含了工部织染所、针工局、宝源局、鞍辔局、巾帽局、兵仗局、营缮所等机构，专为朝廷织造缎匹、打造兵器、铸造钱币、刻印书籍及织造日用物品、修建官衙等服务。工部下面主要有三个机构涉及手工业，分别是营缮清吏司、虞衡清吏司、都水清吏司。营缮清吏司掌握经营兴作之事，如宫殿、陵寝、城郭、坛场、祠庙、仓库、廨所、营房、王府邸第的营建和工役派遣，木材、陶器等材料的制作与保管以及卤簿、仪仗、乐器等的使用与储存，其下又有琉璃厂、神木厂、大木厂和台基厂。虞衡清吏司掌握山泽采捕、陶冶之事，还有军装、兵械的督造，该机构还要与兵部一起审查。特别在管理陶冶时，要严格取材，审查模范，其下设立皮作局和试验厅等机构。都水清吏司掌管川泽、陂池、桥道、舟车、织造、券契、量衡之事，设

① （韩）朴元熇主编：《〈明史·食货志〉校注》，天津古籍出版社，2014年。

有木作、竹作、蒸笼作、桶作、卷胎作、油漆作、金作、铜作、锡作、铁作、彩花作、裁缝作等共 18 种匠作和织染所。

(二) 坊厢制度与铺户当行制度

明初，南京官营手工业得以繁荣发展，还在于明初南京各项完备的管理制度，其中主要的就是坊厢制度与铺户当行制度。明初，南京是全国最早实行坊厢制度的城市，朱元璋定都南京后，便从全国各地征发大量富户、工匠填实京师；为了安置这些大量移民人口，便设计了坊和厢这两种基层组织单位，置于都城之内的叫坊，近城的叫厢。这些移民人口在坊厢之内享有一定特权，所谓"有人丁而无田赋，止供勾摄而无征派"。①

这样的坊厢南京一共编有一百多个，坊厢的命名比较多样，有的是以所从事的行业命名，有的则是根据地域命名。在坊厢下面还分图，如上元织锦坊分 21 图，十八坊分 18 图，十三坊分 7 图，十二坊分 8 图。如此众多的坊厢固定住了人匠和工商业者，他们专门用来应差服役，这样就保证了官营手工业有稳定的从业人员，进而保证生产任务的顺利完成。

铺户当行制度，在南京城内的十二廊集中着大大小小的铺户，他们有：花铺、鼓铺、扇铺、床铺、麻铺、表背、手帕、包头、香蜡、生药、纸铺和估衣等。铺户的产生并不是因为手工业者自发的聚居，这其中有很多政府的因素，铺户当行制度更是与坊厢制度一样，是经过了统治者的一番精心设计而产生的。明万历时期的顾起元在《客座赘语》中记载了很多关于铺户的史实，可以更好帮助我们理解这一制度。对于铺户，顾起元说道："铺行之役，不论军民，但卖物则当行。大者如科举之供应与接王选妃之大礼，而各衙门所须之物，如光禄之供办，国学之祭祀，户部之草料，无不供役焉，初令各行自以物输于官，而官给其直，为遂为厉也。"② 可知铺行的服务范围相当广泛。

铺行需要注籍于官府，接受政府的统一管理，明人沈榜在《宛署杂记》中记载："盖铺居之民，各行不同，因以名之。国初悉城内外居民，因其里巷多少，编为排甲，而以其所货注之籍。遇各衙门有大典礼，则按籍给值役使，

----

① (明) 王诰修，等：正德《江宁县志》卷二《坊厢》，《金陵全书 (甲编·方志类·府志 11)》。

② (明) 顾起元：《客座赘语》卷二《铺行》。

而互易之，其名曰行户。或一排之中，一行之物，总以一人答应，岁终践更，其名曰当行。"南京当时作为都城，各种政府机构林立，官府把众多铺户掌握在手上，随时令他们应役买办，如果要反抗就会遭到严惩。政府明文规定铺户为官府无偿服役，当行买办，因此，铺户当行制度实际上是一种变相的徭役制，而服徭役的对象则由一般的民众变成了城市坐商和手工业者。

（三）匠籍制度

明代实行匠籍制度，规定编入籍的工匠需要世代服役，不能随便改变自己的职业。明代工匠实行两种服役制度：一种是轮班匠制度，一种是住坐匠制度，《明史》记载："凡工匠二等：曰输班，三岁一役，役不过三月，皆复其家；曰住坐，月役一旬，有稍食。工役二等，以处罪人输作者，曰正工，曰杂工。杂工三日当正工一日，皆视役大小而拨节之。"[①] 住坐制度指服役工匠必须带家属一起迁居在工场所在地，住在固定的坊厢内，按分工编定排甲。住坐匠每月需要上工 10 天，每年服役 120 天，闰年服役 130 天，其余时间可以由住坐匠自由安排。

轮班匠制度是一种有着固定的人数、严格班次和相应生产规模的制度，轮班匠通常依据工艺的种类及其居住地距离京师的远近，隔三、四、五年轮一班到京城服役。其驻京的时间通常以每年不超过一个月为标准，其余时间可以自由支配，产品可以出卖并且不受限制。轮班匠在当时的规模很大，全国总计有 23 万的轮班工匠，而南京一个城市就占了 13 万人之多。不过，在永乐迁都后，这个数字减少了一多半，由 13 万减少到 6 万。

无论是住坐匠还是轮班匠都在工部注册，受到政府的严格管理，但政府的盘剥，导致班匠不断失班和逃亡，这样就严重束缚了生产力。到明代中后期，鉴于旧的匠籍制度已难以为继，开始推行"代役银"制度。"代役银"是指轮班匠可以在应服役期间每月出银 6 至 9 钱，官府雇人代役，这样轮班匠自身就可以得到解放，投入更有效益的行业。到了嘉靖八年，明朝廷正式下令废除轮班制，一律改成"班匠银"，嘉靖四十一年又规定轮班匠每名每年征银 4 钱 5 分，传统匠籍下的轮班制度就被废除而彻底走向纳税制度，由此也削弱了工匠与国家之间的隶属关系，为工匠走向市场扫清了障碍，为民营手

---

① 《明史》卷七二《职官一》。

工业和商品经济的发展创造了有利的条件。

轮班匠制度的瓦解、"代役银"制度的产生都为民间手工业的发展创造了绝佳的条件，因此大批的技术工匠从宫廷走向民间，他们的先进技术极大地提高了民间手工业发展水平，也有利于先进技术的广泛传播。因为官营手工业是不计成本的生产模式，这种模式到了明代中期，随着政府财力衰退后已经难以持续，而民间手工业则紧跟市场，展现出更多的活力，迅速地发展起来。

明代南京民间手工业最具代表性的是丝织业和印刷业，众所周知的南京云锦和金陵刻经正是这两个行业发达的表现。实际上，通过这两个行业可以看到，明初南京的官营和民间手工业并没有显著的区别，二者是相互影响、相互渗透的关系，官营手工业需要从民间手工业那里汲取灵感，而民间手工业更是需要官营手工业中的杰出人才，在后期发展中，民间手工业甚至是官营手工业的有力补充。明初，南京的民间手工业分布行业较为广泛，比如制扇业、铜铁器皿业、木作业、染洗颜料业以及弓箭、鞍辔、香蜡、金箔等行业，这些行业都极具优势，其先进的工艺水平甚至到清代都一直领先。

南京民间手工业主要分布在南唐至宋元以来旧金陵城的范围内，即东起大中桥，西至三山门（今水西门），南自聚宝门（今中华门），北抵北门桥（今珠江路北）。在这片地区，有十余万手工业者聚居在城南的十八个坊内。

二、明初南京手工业的种类

（一）丝织业

明初，南京的丝织业最能代表官营手工业的发达程度，主要表现在它的产量位居全国前列，而且质量也是其他地区难以匹敌的。此外，官营丝织业的整个生产和管理系统也非常的复杂。关于官营丝织业的管理机构，《明史》中只是简单地记载："明制，两京织染，内外皆置局。内局以应上供，外局以备公用。南京有神帛堂、供应机房，苏、杭等府亦各有织染局，岁造有定数。"[①] 不过一些学者的相关研究，可以帮助我们进一步认识这些复杂的织造机构。

韩国朴元熇在其主编的《〈明史·食货志〉校注》中，对织造机构做出进

---

① 《明史》卷八二《食货志六》。

一步解释:"内局,即内织染局,设在内府的织染局,宦官八局之一,由大使一人正九品、副使一人从九品管之;外局,即工部清水清吏司所属之两京外织染局,由大使一人正九品、副使一人从九品管之,亦称工部织染局或织染所,织造赏赐及公用绸缎等;神帛堂,南京司礼监所属,仅制造各种祭祀用的制帛;供应机房,民间特殊的御用机房,指民间机房从官府领取经费并根据需要织造额外的上供织物,包括织造纻丝、纱、罗、缎匹等以及各色各样袍服等。"①

范金民《明代南京丝织业的发展》更是对上述几个机构做了进一步的考索。② 下面就根据该论文,对南京内织染局、南京工部织染所、南京供应机房和南京神帛堂做简要介绍。

南京内织染局。该机构织造的内容主要是上用缎匹,主要包括四项内容:一是织造各色绢布。明初是 10 年一题,料造进宫各色绢布 5 万匹,后来略有变化,其所用物料都是来自南京本地,比如苏木就直接在南京丁字库支取。二是织造文武官员诰敕。凡用于官员封赠的诰敕,洪武二十六年规定,照依品级制度,如式织造。每年产量有 1 000 道,所用丝料还是由南京支取。三是织造龙衣等各色纻丝、罗绫织物。每年分春秋二运解进。四是一些零星织物。

南京工部织染所。该所隶属于工部都水司,设大使一人,虽几经变化,但是有明一代一直存在着。该所到了嘉靖年间,除了负责一些零星的织造任务外,实际上成了储存制品、诰敕用料的仓库,地位已变得无足轻重。

南京神帛堂。神帛堂是皇帝用于祭祀天地、祖宗、神祇、历代帝王、功臣及孔子等的丝织品。神帛堂属南京司礼监,由太监管辖,堂长负责具体事务。其地址在皇城厚载门内。每 10 年料造 1 次,原来供帛 13 690 段,每年实为 1 369 段。额设织机 40 张,食粮人匠 1 200 余名,每名发月粮三斗,并"俱免杂差"。其制帛用料通过南京工部支给,如遇有缺失,应天府则支出天财库的铜钱令铺户办纳。

南京供应机房。始设于明初,主要织造上用纻丝、纱、罗、缎匹与各色花样袍服。供应机房与以上三个机构不同,它并不是一个常设机构,而是一

---

① (韩)朴元熇主编:《〈明史·食货志〉校注》。

② 范金民:《明代南京丝织业的发展》,中国社会经济史研究,1993 年第 2 期。

个临时性的机构，以备不时之需。因为朝廷织物的加派不断增加，该机构的规模也在不断地扩大。起初供应机房的原料主要由工部提供，后来随着加派任务的增加，常常会动用其他钱粮。在正德、嘉靖年间，常动用盐引销银、南京承运库银等完成织造任务。

在南京的丝织品中最有特色的是"织金"和"妆花"两种工艺。"织金"是明初继承元代织金锦的风格，然后应用大量金银线，最后织造成一种满地织金。妆花的技术十分复杂，用绕有各种不同颜色的彩色丝绒纬管对织料上的花纹图案一部分一部分地通经断纬，盘织妆彩，配色非常自由，不受任何限制，这样就可以充分表现花纹效果。图案的主体花纹通常用两个层次或者三个层次的色彩来表现。部分宾花则分别用双场色或单色表现。一件妆花织物，花纹配色可多达十几色乃至二三十种颜色。妆花织物通常要由两名机工在花楼提花机上织造，提花和投纬要上下默契配合，即使一对技术娴熟的织工，一天也只能织两寸左右。妆花织物的特点是用色多、色彩变化丰富，而且工艺极其复杂。当时名贵的妆花品种包括妆花缎、妆花绢、妆花纱、妆花锦以及各种织金妆花绸，这些多为上用品，一般人也难以见到。

我们今天能见到的明代妆花缎最有名的就是在定陵发现的万历皇帝随葬遗物，其中就有很多妆花匹料和衣物。定陵中出土的一件织金孔雀羽妆花纱龙袍最能代表妆花工艺的水准，这是一件在本色起暗花的绛纱地上，用孔雀羽加金绒织出十几条大小不同、姿态各异的五彩妆花云龙。其织造工艺之复杂、织造效果之精美，绝无仅有。① 所以，妆花缎可以说是我国古代丝织物的最高水平代表，它在继承我国织锦技术的优秀传统基础上，发展出了自己的独特外观。

随着明初南京官营丝织业的快速发展，民间丝织业也随之取得了长足进步。这主要是因为后期随着轮班匠制度的瓦解，大量能工巧匠将技术外传，而官府实行的"代役银"制度又从民间招募大量工匠，这使得民间的机户数量不断增加，其织造水平也随之得到提升。关于民间织造业的具体发展情况，可通过两起发生在南京的机户违禁私织番使缎匹案来简单了解一下。

---

① 仲杰：《明代丝织工艺中的奇葩——妆花》，《南京史志》1999 年第 1 期。

成化十二年（1476）四月，暹罗国王派遣一支200人左右的庞大使节团，带着大批苏木、象牙等物品以及银两前来中国进行朝贡贸易。不幸的是，船队航行至八月时，在海上遇到大风暴，漂流至雷州一带触礁搁浅，雷州当地官员得知这一情况后，便派指挥顾云、通判刘镇前来搭救，所幸200余人无一伤亡，但是进贡的苏木、象牙则损毁了一部分。到了十二月，镇守广东的右少督韦眷在三司委官的监督下，打算将那些损毁的苏木、象牙焚毁。暹罗副使坤禄群谢提和奈英必美亚知道这一事件后，立刻带领200余人前往哀求，希望能够将这些损毁的苏木、象牙发回，用以"买布度寒"，三司最后也答应了他们的请求。

　　暹罗使团中的副使奈英必美亚，原本就是一名福建人，名叫杜文斌，后来因为出海经商遭遇风浪漂流至暹罗，一番曲折后竟然成了暹罗国的使臣。他在中国时经商，也积累了一些人脉关系，于是利用关系将这一批损毁的苏木、象牙由广东运到南京上新河发卖，15 000斤的苏木卖了520两白银，310斤的象牙卖了124两白银，总共得到了644两白银，这是一笔不小的数目，商人出身的杜文斌并没有带着这些银两直接回暹罗，而是打算在南京采买各色绫缎，然后再运回去发卖，这样又可以大赚一笔。

　　当时南京的民间丝织业是这样的一种运作模式，客户首先要找到揽户（相当于现在的中介），与揽户订立合同，然后交代任务并付给一部分价银，揽户在领取价银之后，就前往各个机户家，按照客户的要求去收买缎匹，如果所定的织物一时没有成品，揽户便会与机户签订合同，并预付部分钱款，等交货时再一并结清。所以杜文斌便找到了石彦璋、周珍、唐廉、钱鹏、吴节、周璋、周实等七位揽户，陆续与他们签订合同，二家分别收执为照，揽户收取价银后，便去替杜文斌收买各种缎匹，双方约定十二月交货。

　　在这七位揽户中，我们所了解的只有石彦璋、周珍、周璋和周实这四位的情况，其他三位情况未明。周珍在八月二十日签订的合同内写明，织缎匹手巾银328.9两，当时使臣付了287.5两，随后周珍便找来机户陈赟、何通、张义、虞文瑞、陈荣、王宣等人，并与他们分别签订合同，收买了定制的各色织物。这些机户都是南京本地人，其中陈赟是上元县民人，承织大红闪绿纻丝8匹，收价银60两；何通为南京锦衣卫镇抚司余丁，承织青红绿各色织金纻丝女袄19件，收银37.5两；张义为南京留守右卫右所军匠，织造香草麒麟里外响板云手巾 34 条，收银 18 两；虞文瑞为锦衣卫镇抚司余丁，织造织金道纻丝 2 匹，槟榔袋 3 个，收银 60.2 两；陈荣为上元县民人，织造白闪红纻丝 10 匹、绿闪白纻丝 12 匹，收银 90 两；王宣亦为上元县民人，织造蓝红花各色纻丝 18 段，收银 19.8 两。通过这些人的身份不难发现，其构成不全都是民人，还有一些军匠和政府的余丁，可见机户的身份是较为复杂的。

揽户中的石彦璋有一个兄弟叫石聪，他们两兄弟都是江宁县的民匠，石彦璋于八月二十四日签订合同后，便和石聪一起按照使臣的要求去机户家收买、定制缎匹。揽户中的周璋和周实则是父子，他们与使臣签订合同，领取价银 531 两后，并没有去收买定制缎匹，而是企图骗取使臣银两，使臣得知这一情况后，便把这对父子告上了官府，由此引发了机户违禁私织番使缎匹案。而在这场纠纷期间，又发生了另一起相同的案件，那就是安南国行人裴准进贡，将船停泊在上新河后，并没有将象牙进贡，而是交给了南京金吾左卫的退役老军阮福，让他把象牙作价卖出换取银两后，再去找机户定织各色绫绸缎匹。

这两起案件中所反映的朝贡贸易问题暂且不说，我们可以透过案件的细节来看民间丝织业的发展状况。首先，南京民间织造业的规模相当庞大。这两起案件中暹罗和安南使臣一共定制了价值 2 000 余两的各色缎、纻丝、罗、绢、绫、绸以及女袄、手巾、槟榔袋，2 000 余两的任务是相当惊人的，而且花样繁多，更何况这只是两个小国使团的违禁任务量。在上文中周珍所找到的机户陈荣，其一人就织造了白闪红纻丝 10 匹、绿闪白纻丝 12 匹，收银 90 两。由此可见，明代南京的民间丝织业不仅总体规模庞大，而且单个机户的织造能力也很突出。

其次，南京民间丝织业的工艺水平很高。以机户陈昂为例，揽户周珍向他定制了大红闪绿纻丝、鸭头青绿素纻丝、青纻丝，揽户石彦璋向他定制了遍地织金纻丝、闪色纻丝、蓝小毬门纻丝、天青遍地金串枝宝相花纻丝、官绿遍地织金宝相花纻丝、白遍地双枝宝相花纻丝、青闪色双枝宝相花纻丝、青闪白纻丝、白闪蓝纻丝，还有未完成的柳黄小毬门纻丝、青织金六莲花纻丝与官绿闪红纻丝。一位民间的丝织工匠便可以织出如此工艺繁多、结构复杂、色彩品种多样的缎匹，可见南京民间丝织业的工艺水平之高。

最后，民间机户的身份复杂。在周珍找来的机户中有民人，有锦衣卫镇抚司的余丁，还有军匠，可见从事丝织业的机户没有身份籍别上的约束。还要提到的一点就是民间丝织业这种先签订合同，然后通过中间人外包的运作模式已经初步有了现代市场的经营理念，但是要发展到资本主义生产方式还取决于别的因素，这里暂且不作讨论。

(二) 印刷业

明代南京印刷业的发展水平仅次于丝织业，它与丝织业共同的一点就是也有官营和民间之分，不过在印刷上称为"官刻"和"私刻"，而且民间印刷业也是在官营的基础上后来居上。

1. 官府印刷

明朝官府刻本可以分为中央官刊本和地方政府官刊本两个系统。中央一级的机构主要有内府、经厂、国子监和各部院，而在南京的官府刻书机构主要以国子监为主。

国子监是明朝的最高学府，也是刻书的重要部门。明朝国子监分南、北二监，位于南京的是"南监"。国子监是朱元璋最初在南京设立的，后来朱棣发动"靖难之役"登上大位后，将首都迁到北京，又按照南京的政府机构模式在北京复制了一套新机构，北京也有了国子监，而南京的国子监最后也没有被废除。南京的刻书机构主要是南京国子监，因而其所刻书又称作"南监本"。南京国子监在永乐十八年时共有国内外学生九千余人，可以算作当时世界上最大的学校了，如此众多的学子，当然会产生对书籍有大量的需求，因此南监的刻书规模也相当大。南监拥有的版片非常之多，不光储集了元集庆路儒学旧藏的各路史书版，又接收了元代杭州西湖书院所刻版片。据《南雍志》记载，南京国子监有各类书籍版片 3 000 种，约 16 万片，而北京国子监版片堪印者 23 种，3 500 余片，不堪再印者 47 种，5 500 余片。[①]

南监刻书的品种主要以经史子集这些事关科举的内容为主，监内设有印刷作坊，长年雇佣一批刻印工匠，而部分监生则从事校对和写样，有的还曾参与刻版。除了刻印儒家著作、经史文学著作外，南监还刻印《农桑辑要》、《营造法式》等科学技术类著作，刊书达 271 种。北京国子监的刻书只有 85

---

① 缪咏禾：《明代出版史稿》，江苏人民出版社，2000 年。

种，其所刻的《十三经注疏》和《二十一史》规模较大，但校勘不精，错误较多。因此南监刻书的规模和水平都远远超过北监。

此外，司礼监经厂也是一个重要的刻书机构。永乐未迁都以前，南京作为明朝首都，朱元璋在这里设立了司礼监。司礼监经厂的规模很大，它和其他官营手工业机构一样，印刷工匠最初主要是一些轮班匠。司礼监作为皇家内府印书的主要部门，它具体承担的是皇帝组织编写和御批的书，比如洪武三年（1370）刻印的《元史》，洪武十八年（1385）刻印的《大诰》，随后又陆续刻印了《大诰续编》和《大诰三编》等。

明朝地方政府刻印书籍，主要是各地的布政使司、按擦司以及各府、州、县，最为常见的就是编印各地的方志。各地书院因为是地方政府管理，所以其出版的书籍也包括地方刻印系统之内。

2. 民间印刷

在洪武年间，明朝政府将书籍税废除，此举极大促进了民间印刷业的发展，这是政策上的优势；而随着经济的发展，市民阶层逐渐壮大，这一群体对阅读有着一定的需求，这便有了市场的优势，在政策和市场的共同推动下，民间印刷业更加繁荣发展。南京是当时民间印刷业的一个重要中心，有刻书坊93家之多，同时期的北京只有十几家。南京的刻书坊主要集中在三山街和太学前，以唐姓和周姓最为有名，其中唐姓书坊15家，周姓书坊14家。

唐姓书坊中以富春堂、世德堂、文林阁、广庆堂最为有名。富春堂的主人叫唐富春，他家刻印的内容以戏曲作品为主，例如《观世音修行香山记》《商辂三元记》《王昭君出塞和戎记》《关汉卿》《白蛇记》等。世德堂主人叫唐晟，他是由富春堂分离而来，其主要刊行戏曲和通俗小说，如《赵氏孤儿记》《双凤齐鸣记》《裴度香山还带记》等戏曲，通俗小说最有名的就是其刊刻的二十卷一百回的《新刻出像官版大字西游记》。文林阁主人叫唐锦池，所刻戏曲20余部，包括《胭脂记》《观音鱼篮记》《四美记》《包龙图公案袁文正还魂记》等，另刻有王锡爵的《王文肃公文集》。广庆堂的主人是唐振吾，其书坊刻有《新编全像点板窦禹钧全德记》《新编全像点板西湖记》《新刻出像音释点板东方朔偷桃记》《新刻出像点板八义双杯记》等。

周姓书坊以周曰校的万卷楼、周如山的大业堂和周近泉的大有堂这三家最为著名。前两家书坊都以刻印小说闻名，后一家主要刻印"律例"和"宝训"。周曰校万卷楼出品的小说主要有万历十九年（1591）《新刊校正古本大字音释三国志通俗演义》、万历三十四年《新镌全像海刚峰先生居官公案》、万历三十七年《新刊大宋中兴通俗演义》，不过最有名的还是在万历十五年刊刻的《国色天香》，这是目前所知我国最早的通俗类书。此书出版之后，大受欢迎，其他书坊纷纷效仿，由此推动了通俗类书的发展。周如山大业堂出品的小说有《三国志演义》《新镌出像补订参采史鉴唐书志传通俗演义题评》等。周近泉大有堂有万历十二年重梓《御制大明律例招折狱指南》、万历三十年《皇明宝训》。

明代南京的书坊除刊刻小说、戏剧和律例外，还大量刊刻一些医书、画谱、类书等应用类书籍，比如金陵槐荫草堂刊刻于万历三十五年（1607）的《三才图会》，这是由王圻、王思义父子二人编撰的巨型类书，该书上至天文，下至地理，包罗万象，是前所未见的。

3. 高超的印刷技术

明代的版画技术中心有南京、北京、苏州、杭州、建阳、湖州、徽州等地，而南京是这些城市中版画技术成就最高的。这主要是因为在南京出现了"饾版"和"拱花"这两项高水平的版画套印技术。"饾版"是采用分版套印的方法，首先将所要印制的彩图按照上面的每一种颜色分别刻成一块版式，然后再逐一加以套印，最后就可以完美地复制原图上绚丽的色彩。因为要事先雕成一块块分版，然后再堆砌拼合，类似于饾钉，因此在明朝时人们称这种印刷方式为"饾版"印刷。① 该项技术广泛运用在一些画谱的印刷上，饾版可以将原图中颜色的浓淡深浅完美地复制出来，很好地保留了中国画的艺术特色。

"拱花"就是无色压凸法，是表现形象的脉络及轮廓的技法，让画面呈现浅浮雕的效果。它把相同的图画线条分别刻成凹凸两块版，把纸置于两块版之间，加力之后，使两版相对应的凹凸部分相嵌合，从而使图画部分的纸面拱起，与现在印刷中的凹凸印法很相似。拱花工艺能增强画面的立体感，非常适应表现禽鸟羽毛和云水的光色，也适合画谱的印制。

南京的彩色套印技术在当时处于全国领先地位，江宁人（南京人）吴发

---

① 吴建军：《印刷媒体设计》，中国建筑工业出版社，2009年。

祥雕印的《萝轩变古笺谱》是现存最早的利用饾版和拱花技术印刷的彩图。而南京人胡正言的《十竹斋笺谱》更是对饾版印刷产生了巨大的影响。

胡正言，字曰从，原籍安徽休宁，后移居南京。因其书斋前植有青竹十余棵，故称自己的书斋为"十竹斋"，自己则号"十竹斋老人"。胡正言本人相当精通书法和绘画，加之自己又爱和雕印工匠打交道，和他们切磋技艺，潜心研究雕版印刷技术，终于掌握了饾版和拱花这两项复杂的彩色套印工艺，因此他所雕印的花草虫鱼和水光山色都十分的传神和逼真。胡正言采用饾版、拱花等套版技术分别在天启七年（1627）和崇祯十七年（1644）印造了《十竹斋画谱》和《十竹斋笺谱》。《十竹斋画谱》分为画册、竹谱、墨华册、石谱、翎毛谱、梅谱、兰谱、果谱，共八谱十六册，几乎囊括了中国画的各个门类，对于初学者有很重要的帮助，时至今日都是学习中国画的很好教材。①《十竹斋笺谱》分为博古、人物、花石等三十二类。这两部画册代表了套版彩印技术的最高水平，而这正是胡正言在南京所做的贡献。

（三）造船业

明初南京的造船业可以说是手工业门类中规模最大的了。提到造船业就不得不说中国航海史上的壮举"郑和七下西洋"。郑和船队的出发地就在南京，他所率领的船只绝大部分就是在南京建造的，南京当时主要有龙江船厂和宝船厂这两大造船厂。

龙江船厂早在洪武初年就已经设立，朱元璋当时设立龙江船厂的目的并不是军事上的考虑，而是便于交通往来和一些民用之便，《龙江船厂志·序》中就说道："定鼎金陵，环都皆江也。四方往来，省车挽之劳，而乐船运之便。洪武初年，即于龙江关设厂造船，以备公用，统于工部，而分司于都水。"② 龙江船厂隶属于工部都水司，《序》中所说的"都水"指的就是工部都水司，都水司的主管是都水郎中，另外有一名员外郎，不过在嘉靖三十七年都水员外郎的职位被革去，都水司的主事有二人。在主事和员外郎之下还设有龙江提举司提举1员，副提举2员，典史1员，后来副提举、典史先后裁撤。都水司郎中负责管理船只质量的监督把关，都水司郎中下面还有厢长、

① 吕凌峰、李亮：《明朝科技》，南京出版社，2015年。
② （明）欧阳衢：《龙江船厂志·序》，《龙江船厂志》，江苏古籍出版社，1999年。

作头、内官监匠,这些人具体负责龙江船厂新船的监造质量,在船只建造的过程中,随时查验在建船只各部分的质量。

龙江船厂的位置在现在秦淮河以北,大约定淮门一带。船厂的工匠都是从南直隶、浙江、江西、湖广、福建等地征调的,他们被集中到这一区域后,再分成四个坊,然后分别安排任务。龙江船厂的工种较多,在船木梭橹索匠、船木铁缆匠、艌匠、棕篷匠这4种工匠之下,又分为船木匠、装修、雕銮作、铁作、上铁作、索作、油漆作、旗作、铜作、染作等30余种。[①] 这些工匠从事的都是强制性徭役劳动,人身没有自由,而且管理他们的官吏也会借故克扣工银,因此处境比较艰难。龙江船厂的木材主要从江西、湖南等选购,而后浮江而下,运至南京作进一步的加工,最后制成船体。除了木材需要从外地调配外,造船所用的桐油、漆料、棕绳绝大部分则是本地生产的,如桐油就是由钟山南麓的桐园供给,这主要得益于朱元璋的一项政策。洪武二十四年(1391),朱元璋下令在南京朝阳门蒋山(今紫金山)南坡建立树木苗圃。史载:"种桐、棕、漆树于朝阳门外、钟山之麓,时以朝阳门外多隙地,故有是命。凡种桐、棕、漆树五十余万株。"[②] 此外明朝政府还在上新河一带建有"皇木场",来作为龙江等船厂高质量木料的储存地。

郑和下西洋所用船只达六十多艘,仅靠一个龙江船厂是不够的,所以后来又在紧靠长江边的地方专门建造一个船厂来营造宝船,这便是宝船厂的由来。很多人会把宝船厂和龙江船厂误解为一个"龙江宝船厂",但实际是承担不同船舶生产任务的两个造船厂。明代南京人顾起元在《客座赘语》中有"宝船厂"一条记载:"今城之西北有宝船厂。永乐三年三月,命太监郑和等行赏赐古里、满剌诸国,通计官校、旗军、勇士、士民、买办、书手共二万七千八百七十余员名。宝船共六十三号,大船长四十四丈四尺,阔一十八丈;中船长三十七丈,阔一十五丈。"[③] 根据这段记载,我们可知当时人们就称之为"宝船厂",而不是什么"龙江宝船厂"。在宝船厂中,建造了当时世界长最大的船只,它长四十四丈四尺,阔一十八丈,换算成现代的单位长150多

---

① (明)李昭祥撰,王亮功校点:《龙江船厂志》卷七《考夷志·稍食》,江苏古籍出版社,1999年。

② 《明太祖实录》卷二七。

③ (明)顾起元:《客座赘语》卷一《宝船厂》。

米，宽60多米，上面可以乘千人，载重达几千吨，可说是代表了中国古代造船业的最高水平。

随着明成祖的迁都和大规模下西洋活动的终止，南京的造船业也渐渐衰落，两个造船厂也随之没落。龙江船厂区到嘉靖年间"鞠为密草"，造船匠由400多户减至不足200多户，篷作坊、索作坊、缆作坊等均踪迹难寻。宝船厂也逐渐停造宝船，但是没有完全废弃，还继续建造其他各类海船。《明英宗实录》记载，景泰元年（1450）九月，"修造遮洋船，乞于宝船厂见卸木料支用"。可见，在停止下西洋的20多年后，南京仍然保留有宝船厂的建制，船厂中仍然储存有建造宝船的木料。景泰元年由于海漕的需要，还从宝船厂中支取木料造船。时至今日，在今天下关的宝船厂遗址范围内，还分布着船坞的3座遗址以及大大小小的水塘，这带现在还有"上四坞""下四坞""六作塘"和"文家大塘"等地名。而历年考古发掘，也出土了不少文物。1953年发现了十米长的方形无孔木件，1957年，在一个作塘中打捞出了一根长达11米、直径0.4米的巨型舵杆。1965年，又在文家大塘中捞出了长2.22米的"绞关木"。2003年8月至2004年7月，南京市博物院组成考古队对位于中保村附近的宝船厂遗址六号作塘进行了抢救性发掘，出土了各类文物2 000余件。透过这一件件的文物我们仿佛揭开了这座600多年船厂的神秘面纱，看到了它昔日的辉煌。2006年7月，在宝船厂遗址上建成了"宝船厂遗址公园"，并对大众开放。

最后要提到的是，其实南京不仅有海船的建造，同时还设厂建造其他船只，这些船只都不具有军事用途，但可以提供一些其他必要的服务，这些服务很多都是关乎国计民生的，比如专为皇家准备的黄船、用于漕粮运输的遮洋船和浅船、运输官府物资的马船和风快船等。所以，南京除了众所周知的龙江船厂和宝船厂外，其实还有马船厂、快船厂和黄船厂。

（四）其他行业

明代南京的手工业，除了丝织业和印刷业有着比较明显的官营与民营之分外，其他则没有，它们多是与百姓生活息息相关的民间手工业，比如制扇业、制酒业、琉璃烧造业、皮业、木器业等。

明初，南京是全国闻名的制扇中心，其生产的多是折扇，因为折扇便于文人作画写字，更符合文人的品位。南京扇又被称作"宁扇"，居苏扇、杭扇、川扇、岳扇等流派之首。南京折扇的扇骨形长脚方,雕刻字画,常用老棕竹、湘妃竹、樱桃木等制成,制扇骨最好的是李昭、李赞、蒋诚这三个人。扇面分"本面"和"苏面"两种,"本面"是指用杭连纸做的扇面,而"苏面"则是用京元纸做的扇面,做扇面最好的是张元庆。而画扇面最好的是姚二、王孟仁这两位,当时王孟仁的画与李昭的扇骨被誉为"二绝",正是因为这些杰出艺人的存在,南京的折扇才能名扬天下。南京的折扇在当时是一个非常时髦之物,每逢江南大比之期,来南京参加科举考试的士子们都会选购折扇作为自己收藏的纪念品或者馈赠亲友。利玛窦在南京逗留期间,就发现当时的南京人不分寒暑,手中都拿着一柄折扇,不以去暑,而为时髦,他自己也收到了李赞送给他的折扇,上面还题了诗。所以折扇已经从日常生活用品逐渐发展成为社交的道具和身份地位的象征。明代南京销售折扇的店铺主要集中在夫子庙和三山街一带,而制扇的地方主要在城市东南部通济门一带,至今通济门还有扇骨营这个地名。

　　明代南京的制酒也有一定的规模,关于南京制酒业的史料不多,只有在顾起元的《客座赘语》中有一些零星的记载。"市酤所有,惟老坛酒,色重味浓,如隔宿稠茶,稍以灰澄之使清,曰细酒,其味苦硬,不堪三嚼。又下则重阳后市店皆置帘开清酤之,曰黄酒,纯以芦灰署之,差比于压茅柴而已。士大夫所用惟金华酒,味甘而殢舌,多饮之,拖沓不可耐。后始有市苏之三白酒者,迄今宴会犹用之,味殊辣,而使人渴且眩。"① 根据这段记载得知,明代南京市场上能买到的酒虽然种类不少,有老坛酒、细酒、黄酒、金华酒、三白酒等,但是这些都是比较劣质的酒。不过到了隆庆和万历年间,情况则得到了很大的改变,酒的品种更多,品质也得到很大提升,比如齐伯修王孙之的芙蓉露,吴远庵太学的玉膏,赵鹿岩县尉的浸米,白心麓的石乳,马兰屿的瑶酥,武上舍的仙杏,潘钟阳之的上尊,胡养初的仓泉,周似凤的玉液,张云冶的玉华,黄瞻云的松醪,蒋我涵的琼珠,朱葵赤的兰英,陈拨柴的银光,陈印麓的金英,班嘉佑的蒲桃,仲仰泉的伯梁露,张一鹗的珍珠露,孟毓醇的郁金香,何丕显的玄酒,徐公子的翠涛,内府的八功泉,香铺营的玄璧,这些酒名前一般都冠有人名和产地。还有一些酒直接是以颜色和香味命

---

① (明)顾起元:《客座赘语》卷九《酒三则》。

名的，比如菊英、兰花、仙掌露、金盘露、蔷薇露、荷盘露、金茎露、竹叶青等。尤其值得一提的是甚至士大夫也来开局造酒，比如说王虚窗的真一酒、徐启东的凤泉酒、乌龙潭朱氏的荷花酒、王藩幕澄宇的露华清酒、施太学凤鸣的靠壁清酒，这些酒在当时都号称佳酿，这样士大夫就不再像以前那样去市场买酒了，所以顾起元评论说："于是市买所酤，仅以供间阎羹吹之用，而学士大夫，无复有索而酤之者矣！"①

明代的南京还能烧制大量的琉璃，产地都集中在城南的聚宝山一带，传说当时有七十二座专门烧造琉璃砖瓦的大窑，拥有技术工匠达一千七百名以上。② 中华人民共和国成立后，考古工作者在雨花台一带就发现了许多琉璃窑窑址和大批烧成的琉璃构件，包括龙纹或凤纹的瓦当、番莲纹的滴水、屋脊的构件等等。据研究，明故宫、明孝陵、报恩寺塔等大型建筑上所使用的琉璃构件，如霞瓦、滴水、瓷砖等，也都是在这里烧制的。③

根据《南都繁会图》，我们还可以了解到更多关于南京手工业的一些情况。在这长 3.5 米、宽 0.44 米的画面中，出现了 109 种店铺招牌和 1 000 多个人物，为我们生动地展现出当时南京工商业的繁荣景象。画面中城内和城外都出现了很多店铺的招牌，在城内的店铺招牌中有关手工业的有"铜锡老店""京式小刀""上细官窑""梳篦老铺""网巾发客""靴鞋老店""画脂杭粉名香宫皂"等，城外则有"义兴油坊"和"专染纱罗"的染坊。《客座赘语》中更是记录了众多手工业的集中点，比如铜铁器集中在铁作坊，皮市在笪桥南，鼓铺在三山街口，履鞋在轿夫营，簾箔在武定桥之东，伞铺在应天府街之西，弓箭则在弓箭坊，木器南则钞库街，北则木匠营。④ 这些地方往往都是手工业者的世代聚集地，而非临时处所，御史李饮虹与铁匠的故事就生动说明了此事。南京的铁作坊一直在饮虹桥北，御史李饮虹的家正好在桥南，他每次去衙门处理公务时都会路过铁匠铺。但他发现铁匠们见到他后，并没有像一般百姓民众那样起身行礼，而是继续做着自己手上的活。李饮虹感到不解，于是就把此事告诉中城御史，让他去处理。这位中城御史便去抓铁匠

---

① （明）顾起元：《客座赘语》卷九《酒三则》。
② 蒋赞初：《南京史话》。
③ 李遇春、陈良伟编著：《七大古都史话》，中国大百科全书出版社，2000 年。
④ （明）顾起元：《客座赘语》卷一《市井》。

诘问，此时众人就帮铁匠求情说："我们坐不起身的习惯已经相沿很久了，因为当年倪尚书住在这个坊里，曾亲自叮嘱我们以后见到他不用起身行礼，这样不会妨碍造作。我们不知道李大人会计较此事，是倪尚书误导了我们，现在我们知道了这个规定，以后再也不敢了。"御史了解这个情况后便对李饮虹说："听众人这样说，我都感到惭愧。"可见，南京的手工业一般都会有世代居住的聚集地。

三、存在的一些问题

首先，受到官府的影响太大。通过前面的分析我们可以看出，丝织业、印刷业、造船业基本上都是官府在起主导作用，而且各种管理机构非常庞杂，时间一长便容易滋生弊端，导致人浮于事，生产很难再继续扩大，甚至有时候政策的变化直接左右一个行业的命运，比如造船业，随着明朝政府航海政策的调整，整个龙江船厂和宝船厂逐渐没落下去。官营机构的存在给地方带来了沉重的负担，因为要不计成本地满足官方的需要。匠籍制度、铺户当行制度也一定程度上侵害了手工业工匠的权益，使他们不断遭到盘剥和压迫。

其次，南京手工业的发展与农村经济脱离，没有农村家庭手工业作为基础。正如有学者分析的那样："南京四周由于农副工生产的相对落后，不可能如苏松杭嘉湖农村那样提供所在城市源源不断的工业原料和副业产品。输入不多，自然反馈不大。前者没有推动后者强大的经济发展基本条件，后者也不可能起到经济中心的推动作用。"①

最后，南京的手工业还是经过自身的努力，不断突破制度性的约束，吸引大批外来的工匠，不断地进行自我创新，最终取得了辉煌的成就，这一点对如今的工商业发展也具有一定的启发意义。

第四节 商 业

自明太祖朱元璋底定九州，定都南京，及至成祖朱棣迁都，前后五十三年。其间作为都城的南京，享有绝对的政治地位，城市经济快速发展，商业繁荣。本章旨在论述作为明初都城南京的商业状态与经济活动。

---

① 范金民：《明代南京经济探析》，《国计民生——明清社会经济研究》。

一、发达的转运贸易与市集贸易

明朝初年，南京的城市商业贸易高速发展，体现为市集贸易和铺户贸易的兴盛和转运贸易的空前发达。关于转运贸易发达之盛况，明时江宁县的文人曾作长赋描述："京邑冠于八瀛。门通十二，列肆轰绗；直道长廊，通衢设楹；结角钩隅，周塘屯营……万艘云趋，千廪积粮；贡琛浮舫，既富且强……荆江之粟如云，吴浙之杭如雾。舳舻载之，蔽江而赴；舸舫输之，溯流而聚。鲜集潮汐，互市迷渡……宝藏东山之府，锦积姑苏之库。其贡献则铅铜水银，胶漆丹青，瑶琨砥砺，玛瑙水晶，琉璃赪沙，珊瑚荧荧，火齐之宝，辟寒之珍，贝石琅玕，素玉南金，鲛人织绡，渊客珠琛，包瓯青茅，尺龟献祯，流黄缥碧，隐赈充庭，羽毛齿革，升越篝藤，琥帽鹤顶，玫瑰珣璒，砗磲磊珂，琥珀空青。卞和顾之而骇，随侯敛其照乘。"①全国各地商人争相聚集都城，各色货物也汇集于此，各国使节均来朝贡，天下的奇珍异宝皆集于京。

南京因其都城的地位，全国各地的货物都在此交换，时人描绘当时聚集于南京的货品之多，转运贸易规模之大："斗门、淮清之桥，三山、大中之街，乌嬴白圭之俦，骈背项分交加。日中贸易，哄哄咤咤，云间之布，雅安之茶，吴会玉栅之灯，勾漏石床之砂，翠聚琼台之馆，麹连淮阴之车，万货各离其乡土，何聚会之纷挈，反兮如潮之汗漫，覆兮类汐之荣查……龙江之关，积薪如山。"②南京的斗门桥、淮清桥，三山街、大中街等水陆畅通之处，商贾物资云集，苏杭的丝绸、松江的棉布、川蜀之地的茶叶、苏州的工艺灯、淮安的酒麹以及珠宝、玉器种种，皆可在南京的各种市场中觅得。由此显见，明初的南京转运贸易呈一片欣欣向荣之态。

转运贸易，"转运"一词体现了在贸易活动中地理因素的重要性。形成如此繁荣的贸易景象，首要原因就是南京得天独厚的地理位置。南京与苏、杭居于长江中下游平原，呈三角鼎立之势，是南北交会之地，长江入海的咽喉。对于这一点，先人早有认识："金陵居东南之首，面京洛而揖嵩岱，纳江汉而

---

① （明）余光：《两京赋》，康熙《江宁县志》卷一四《艺文志下》，《稀见中国地方志汇刊》第10册，中国书店，1992年。

② （明）桑悦：《南都赋》，《明文海》卷一，中华书局，1997年。

控瓯粤。"① 认为南京处于南方龙脉的尽处，精华之气发露之所。南京士人顾起元也称之为"绾毂两畿，辐辏四海"②。从长江的主流干道上下，南京也十分便利，"南都则长江上下皆可以方舟而至，且北有銮江、瓜洲，东有京口，而五堰之利，或繇东坝以通苏、常，或繇西坝以通宣、歙，所谓取之左右逢其源者也。自古都会之得水利者，宜亡如金陵"③。南京北接江淮平原，东濒太湖流域，西与皖豫地区相连接，这些地区都是富庶之地，广布着物产丰富的各类商业城镇，物资转输极为便利，这些都为转运贸易创造了有利条件。

同时，作为京师，南京的首都效应也很明显。万历年间，杭州人张瀚说："沿大江而下为金陵，乃圣祖开基之地，北跨中原，瓜连数省，五方辐辏，万国灌输，三服之官，内给尚方衣履，天下南北商贾争赴。"④ 作为京师，也吸引着各国使节前来朝贡，交换商品，开展贸易。特别在永乐年间，郑和下西洋期间，各国使节咸来朝贡，"自永乐改元，遣使四出，招谕海番，贡献毕至。奇货重宝，前代所稀，充溢库市，贫民承令博买，或多致富，而国用亦羡裕矣"⑤。南京作为明朝的都城，各种珍奇因为朝贡的方式堆积在市集，供人选购，形成繁华的朝贡等各种贸易。

其次，南京转运贸易的发达得益于交通运输的发展和商路畅达。明朝初年，曾大规模开展水陆通道建设，十条以南京为轴心的交通通道，呈星状辐射至全国。有详细记载的是南京由山东东平州至北京路，南京至河南、山西二省路，南京至陕西、四川二省路，南京至江西、广东二省路水陆，南京由淮邳至山东布政司路，南京由淮安登莱三府至辽东水陆，南京至湖广云贵三省东路，南京至广西布政司水路，南京至浙江福建二省水路，南京至山海关。除此之外，南京至所属各地的还有各种大小通道。⑥ 顾起元的《客座赘语》中有《南京水陆诸路》一节，其中记述的从各个方向抵达南京的交通通路也有十余条之多。这些大小通道，极大地提高了交通运输的状况，增强了南京与

① （明）周亮工：《金陵览古·序》，《赖古堂集》卷一五，上海古籍出版社，1979 年。
② （明）顾起元：《客座赘语》卷二《南京水陆诸路》。
③ （明）顾起元：《客座赘语》卷二《水利》。
④ （明）张瀚：《松窗梦语》卷四《商贾纪》，上海古籍出版社，1986 年。
⑤ （明）严从简：《殊域周咨录》卷九《佛郎机》，中华书局，1993 年。
⑥ （明）黄汴：《天下水陆路程》卷二，山西人民出版社，1992 年。

周边地区乃至全国的物资流通能力，有利于商品贸易的顺利进行。这些水陆通道基本上分布在长江、运河这两大交通干线上，明朝初年进一步拓展，陆续建设。永乐九年（1411）动用军民数十万人，开凿了常年淤塞的会通河，贯通了运河全线。宋应星在《天工开物》的序言中描述到"适千里者如在户庭，之万里者如出邻家"①，当时交通畅达，显见一般。运河水路的畅通，不仅利于官方漕粮的运输，也极大地方便了民间的商品流通。

明初，在水陆通道上都设有驿站、递运所、急递铺，形成了一套完备的驿递系统。《大明会典》所载南京周边的驿站有十处，分别为会同馆、乌蛮驿（永乐三年并入南京会同馆）、龙江水马驿（属应天府）、江东马驿（属应天府）、大胜驿（属江宁县）、江宁马驿（属江宁县）、龙潭水马驿（属句容县）、云亭驿（属句容县）、江淮驿（属江浦县）、棠邑驿（属六合县）。《明会典》未有记载的驿站，据考证还有东阳马驿（属应天府）、太平驿（永乐十年并入龙潭水马驿）、中山驿（属应天府）、江浦驿（属应天府）、六合驿（属应天府）。这些交通设施设立的初衷是为官府提供运输工具，保障快捷运输。每有紧急军情、公文，通过驿站驿路，快速上通下达。偏生商人重利取巧，常常贿赂驿丞使客来运输货物，以节省开支，故驿路也变为商品流通的捷径。可以说这些依附在水陆交通网络里的驿站，不仅贯通了商业流通，同时也对其附近周边地区的经济发展起到了带动作用。例如龙江水马驿，位于金川门外大江边 7.5 千米，明初有接待外国使客之用途，此处也有龙江关，用于征竹木税。所以人流攒动，繁华异常，商贾船舶栉比，虽在南京城外，却系经济发达的要冲之地。这些水陆交通通道和驿递系统形成了一个环绕着南京的贸易网，一个以南京为中心的繁华的商业贸易网络。

商业路线的发展，带来的就是商品流通愈加频繁，商品流量愈发增大。明初国家趋于统一，尤其定都南京后，社会相对稳定，流离的百姓也回归家园，安心生产。再加上朝廷推行的一系列休养生息、发展生产的措施，营造了一个相对安定的社会环境。生产力的复苏和发展，导致的直接结果就是商品数量的增加；而商品数量的增加，使得贸易活动的体量增大，市场规模扩

---

① 王礼：《义冢记》，《麟原文集前集》卷六，《文渊阁四库全书》第 1220 册，台湾商务印书馆，1983 年。

大，反过来又进一步推动生产力的发展。如此良性的循环往复，促使生产活动变得愈加丰富，商品种类更加增多。此时进入流通渠道的粮食，不再是单一的官方所需的漕粮，而且扩展到民间食用的商品粮食，除此之外还有两淮的盐、东南的砂糖，各地的果蔬、水产、油类、山货等均进入了商品流通渠道。

与此同时，出现的一个较为明显的趋势就是商品生产出现区域化的特点，各地开始依循当地的商业优势进行社会生产，社会生产的区域性质初现端倪。比如棉花在元末明初最主要的种植区域是在河南、山东等地，但这两地仅限于棉花的种植，而对于棉布的纺织、加工却不发达。时人均认为最上乘的棉布是松江棉布，棉纺织技术最为人称道的便是苏州、松江等地，因此逐渐出现了地大物博的中原地区负责生产棉花，技术成熟的江南地区负责纺织生产的局面，棉布的生产被分割成两道工序，两地各有生产分工，而这种分工就需要物资在生产过程中的转运传输，也就推动了转运贸易的发展。另南京、苏州盛产丝绸，明初在南京还设有内织染局、工部织染所，专门制造皇室和官用的丝绸。但是南京只是加工，不生产丝绸的原料生丝，而生丝则是由湖州、嘉兴负责生产，转运而来。再如南京所在的江南地区素多能工巧匠，木制工艺品制造技艺精良，木工艺品上贡朝廷，下销海外，然而制作产品所需的木料需从江西等南方地区贸易而来。这种社会区域分工生产的状况，自明初初现端倪。各地区的社会生产分工，导致长距离的物资转输，形成一种大规模的、全国性的局面。而这种从明初开始出现的远距离的商品贸易，各地大宗物资的转运传输，也导致了各地生产的明细化，促进了专门的市场以及专业性的工商业市镇的兴建和兴盛。及至明代末期一大批已具规模的新型市镇林立于商业繁华、物资流转之处，这些市场、市镇凭借活跃的商品交换、繁忙的转运贸易，进一步发展壮大，最终形成全国性的市场体系。

转运贸易的发展，还受明初钞币制度的影响。元末钞币发行十分混乱，钞票发行过滥，导致钞价贬值，民间一度通过物货交换进行贸易。朱元璋称吴王后，曾在应天府设置宝源局，铸造名为"大中通宝钱"的钱币。明朝建立后，各省都设有宝泉局，掌管铸造钱币事宜，铸造发行"洪武通宝钱"。这种钱最初形制较大，被称为大钱，钱的背面特别铸注钱币制造的机构，设立在南京的宝源局就在钱币的背后铸刻一个京字。洪武四年（1371）改铸小钱，全国各地所铸洪武通宝小钱，重量皆不一，直至洪武二十二年（1389）方才做出统一规定，将小钱分五等，规定重量。永乐年间也曾铸钱。明初铸造的铜钱，大多质量优良，分量足够，因此购买力较高，币值也很稳定。铜钱的发行结束了元末混乱的商品交换状态，有利于商业的发展。随着对外贸易的发展，不少铜钱流向国外，而国内并不丰富的铜矿产量，使得一时间贸易中流通的货币不足，没法满足日益增长的商品交换的需求。而铜钱因其币值含量不高且分量十足，不利于携带转运，用于数额较大的商品贸易十分不便。随着明初转运贸易的兴盛发达，铜钱已经不能适应日益增长的贸易活动。

洪武七年（1374）设宝钞提举司，开始发行纸币，下设钞纸、印钞二局，宝钞、行用二库①。次年，发行"大明通行宝钞"。大明宝钞是历代以来尺寸规格最大的钞票，上有篆书"大明宝钞，天下通行"八字，面值有六种，分别是一、二、三、四、五百文以及一贯。洪武九年（1376）立倒钞法，在使用过程中毁坏残缺的宝钞，可在各地行用库纳工墨费，调换新钞②。工墨费就是工本费，一贯损烂的宝钞需缴纳三十文，五百文以下递减。洪武十六年（1383），在户部下设广源库和广惠库，"入则广源掌之，出则广惠掌之"③，以此分别掌管宝钞的出入。洪武二十二年（1389）加造小钞，"以便民用"④，面值从十文至五十文。至此，在形制上形成了较为完备的钞币体系。民间通常百文以上用宝钞，百文以下用铜钱，类似今之纸币与硬币的并行使用，便利了生活。为了推行宝钞，后来洪武年间的职官俸禄、商税纳缴，一律都用宝钞代给。永乐时，仍然印行宝钞。

宝钞的发行，符合当时社会经济活动的迫切需要，对便利转运贸易，恢复商业发展都起到了积极的作用。初时，宝钞体现的价值和实物能维持在一定合理的比例，但随着统治者重覆前朝旧辙，印行宝钞，不加节制，货币市场逐渐开始失控，宝钞开始贬值，通货膨胀严重。同时，宝钞的发行自洪武朝开始就是没有贵金属做储备金，这也增加了货币的不稳定性。为保障宝钞

---

① 《明史》卷七二《职官一》。
② 《明太祖实录》卷一〇七。
③ 《明史》卷八一《食货五》。
④ 《明太祖实录》卷一九六。

流通，朝廷曾禁止民间以金银货物进行商品交易，但这种强制性的做法不为民间认可。随着宝钞急剧贬值，民间开始私下进行以金银为交换媒介的商品贸易。洪武三十年（1397），"三月，杭州诸郡商贾，不论货物贵贱，一以金银定价"①，商人贸易不再愿意用宝钞交易，甚至开始不兑现宝钞。尔后，以贵金属白银为支付手段的交易方式逐渐盛行，白银的广泛使用为商业贸易创造了更为便利的条件。

具有优势的区位因素和京师效应，畅通的交通通道和商路的拓展，商品种类的丰富和生产技术的进步，钞币和贵金银的流通使用，共同造就了明代初期的南京成为物资流转之地。汇集之所，商品丰富，城镇繁荣，商贾云集，转运贸易极度发达。

同时，商业的快速发展，在南京城区则表现为市集贸易与铺户贸易的勃兴。当时城内的贸易繁荣兴盛之景况，大体为从大中桥往西，经由淮清桥，最后到达三山街、斗门桥的西边，再至三山门，北面从仓巷到冶城，转向东面一直到内桥、中正街为止，"京兆赤县之所弹压也，百货聚焉。其物力客多而主少，市魁驵侩，千百嘈咮其中"②。南京在元代称集庆，彼时就是江浙地区闻名的大城市，成为明代都城后，繁盛景况更胜于前。商贩汇集，货物堆积如山，城市内市集众多。上文描述的是一个类似于三角形的又不完全不规则的地形带，就是明初南京最为繁华的工商业区，其大体位置相当于今之夫子庙地区以及三山街地区。

明初，南京不仅仅是国家的经济中心，更重要的是作为京师，也是国家的政治和文化中心。南京的人口，虽不至于像元大都那样人口百万，但也有几十万之多。京师是帝王居所和国家行政机构的所在地，生活着众多皇室贵族、宗室国戚、文武百官、戍卫军士、国子监生，这些人大多不事生产，食禄为生。这个群体高度集中地生活在南京城内，经济力量雄厚，形成了一个极其庞大的消费群体。同时，京城内生活着应徭役制度来京师服役的轮班匠、应天府内的住坐匠这样一大批手工业者和众多坊厢百姓，这一群体既是市场的消费者，也是城市贸易的生产者。这一群体的消费需求或与上层阶层的奢

---

① 《明太祖实录》卷二五一。
② （明）顾起元：《客座赘语》卷一《风俗》。

侈消费需求不同，但两者共同组成了一个需求量巨大的消费市场，为城市内部的市集贸易的发展提供了前提和保障。

洪武年间，都城南京市集众多，大多坐落于人口流动的热闹之处，特别是出入城市的城门附近和水陆交通要道口。明朝初年礼部编写的《洪武京城图志》中记载，南京较大的市集有十三处。①

大市　　　　　在大市街。旧天界寺门外，物货所聚。

大中街市　　　在大中桥西。

三山街市　　　在三山门内，斗门桥左右，时果所聚。

新桥市　　　　在新桥南北，鱼菜所聚。

来宾街市　　　在聚宝门外，竹木柴薪等物所聚。

龙江市　　　　在金川门外，柴炭等物所聚。

江东市　　　　在江东门外，多聚客商船只、米麦货物。

北门桥市　　　在洪武门街口，多卖鸡鹅鱼菜等物。

长安市　　　　在大中桥东。

内桥市　　　　在旧内府西，聚卖羊只牲口。

六畜场　　　　在江东门外，买卖马牛驴骡猪羊鸡口等畜。

上中下塌房　　在清凉门外，屯卖缎匹布帛茶盐纸等货。

草鞋夹　　　　在仪凤门外江边，屯集筏木。

这些市集，大多在城门附近和城门内外，百姓进出频繁，人流量大，贸易兴盛。其中大市、大中街市、三山街市、长安市，这些位于城内的市集，是贸易活动更为活跃的大市场。其他市集又多位于水路畅通之处，大中街市、新桥市、长安市、内桥市都坐落在秦淮河边，水路通达，货运便捷；北门桥市附近有杨吴城壕，属于金川河水系，这些河道附近的市集，多售卖鱼类等水产海产，北门桥附近今仍存有地名"鱼市街"。所谓"大市"，就是"物货所聚处"，位于大市街，是上元、江宁两县交界之处，所以百货齐聚，皆有贩售。上中下塌房，虽是市场，但主要是储存商品货物的仓库。而龙江市，也是税收卡口的所在地。因此说，上述十三处市场大多以市集贸易为主。市场各有区肆，划分明确，受兵马指挥使司统一管理，为政府创造大笔税收。

———————

①　（明）《洪武京城图志·街市》，《洪武京城图志·金陵古今图考》。

政府为加强首都商业活动的掌控，在城市内实行铺户当行制。铺户即是在城市内开铺面，做买卖，因此铺户既有行商，也有坐贾，甚至还有一些小手工业者。"廊九市以开廛，经九轨以来□。建宾馆以周坊，布间阎而近坊。会日中以化居，贸刀布而剂平"①。城内铺户集中之处，大多修建官廊，以修整的石板铺设地面，顶部还覆有瓦片，以便于各种天气的交易商品。这些廊虽名为官廊，却并不完全是朝廷出面主持修建，一部分是由富贾捐修的。近代有人记述："自承恩寺街起，至果子行止，明时辇道所经，左右各为廊房，如书铺廊、绸缎廊、黑廊之属，上皆覆以瓦甍，行人由之，并可以避暑雨，最为便利。"② 嘉靖年间的《南畿志》记载，自明初逐渐形成的、在南京城内惯常铺户集中之地大约有十二处，种类涉及花铺、鼓铺、扇铺、床铺、麻铺、表背、手帕、包头、香蜡、生药、纸铺、故衣。③ 这些铺户集中之地都是城市的小商业点和手工业集中制造区，是当年的人流汇集之所。很多地名及至今日仍有沿用，例如现代南京城中心仍然保留着地名的估衣廊，大抵是前文所述铺户中的故衣一处，专卖二手旧衣服的小商业点；另存有地名明瓦廊，即生产制造、销售明瓦（镶嵌在窗户上的玻璃替代品，主材料多为贝壳、羊角以及透明的云母片）的手工业铺户所在地，这两处至今仍是人流、贸易繁杂的中心。

"官司有都税，有宣课，有司，有局，有分司，有抽分场局，有河泊所。所收税课，有本色，有折色。"④ 明代有都税科局、宣课税司，在京城、各布政司的府州县市镇要冲之地都设有税课司局，南京应天府的聚宝、朝阳、太平诸门等处都设有税课司局。"税课司局，京城诸门及各府州县市集多有之，凡四百余所，其后以次裁并十之七。"⑤ 明初，全国有税课司局四百多处，司局长官为大使、副使，下有攒典、巡拦。各局所收商税，由布政司汇总解交京师贮存。各处税课司局上交的商税是定额，征收不及额，就需巡拦和百姓

---

① （明）余光：《两京赋》，康熙《江宁县志》卷一四《艺文志下》。
② 陈诒绂：《钟南淮北区域志》，南京出版社，2008 年。
③ 嘉靖《南畿志》卷四《郡县志一》，《北京图书馆古籍珍本丛刊》第 24 册，书目文献出版社，1998 年。
④ 《明史》卷八一《食货五》。
⑤ 《明史》卷八一《食货五》。

赔纳，民间为此怨言颇多。洪武十三年（1380），裁去征收不及定额商税的税课司局三百六十四处。

转运贸易和市集贸易给政府带来了大量税收，明初南京各税课司年税总额 378 万余贯，比经济全盛时期万历年间的 290 万余贯还多。[①] 税收被称为行赍居鬻，"行者赍货，谓之过税，每千钱算二十；居者市鬻，谓之住税，每千钱算三十。"[②] 商人携带商品过关售卖，政府对其征收一定的商业税。宋元时税种税制甚是繁琐，明初却很简约。明代有商税则例的文书，记载课税品目、单位、税率。如"买卖田宅头匹必投税，契本别纳纸价"[③]，在缴纳正额的税金之外，还需缴纳买卖契约文书的纸价费四十文，类似于今之工本费。

"凡商税，三十而取一，过者以违令论。洪武初，命在京兵马指挥领市司，每三日一校勘街市度量权衡，稽牙侩物价；在外，城门兵马亦令兼领市司。"[④] 明初在那就设置兵马指挥使司，维持京师治安，查禁犯罪，整备街道，同时还监管市场，类似于今之城管的职能。前文所言市集贸易的税收都交予兵马指挥使司。

洪武二十六年，在南京的龙江和大胜港设税课司局，"抽分在南京者，曰龙江、大胜港；……又令军卫自设场分，收贮柴薪"。[⑤] 南京城的北郊龙江，城西南的大胜港，是长江流经南京的两个咽喉之地，一南一北，官方均设竹木抽分局，征收竹木税，龙江等地堆积着来自长江上中游的竹木柴薪。考虑到平民百姓的日常生活，并不是所有的日用品都收税，规定："自今如军民嫁聚丧祭之物，舟车、丝布之类，皆勿税。"[⑥] 虽然有些项目免税，但是征税的名目却增长得更快，对繁荣的商业的税收，极大程度上充盈了政府财政。

南京是都城，发达的转运贸易和市集贸易，实际上是在封建官府的高压监控下发展起来的，对经济的发展和贸易的进行都有着极强的干预能力。因此，转运贸易带有一定官方化的色彩，而市集贸易和铺户贸易更是得益于首

---

① 范金民：《国计民生——明清社会经济研究》。
② 马端临：《文献通考》卷一四《征榷考一》，《四库提要著录丛书》，史部第 122 册。
③ 《明史》卷八一《食货五》。
④ 《明史》卷八一《食货五》。
⑤ 《明史》卷八一《食货五》。
⑥ 《明史》卷八一《食货五》。

都的特殊人口构成和徭役制度而蓬勃发展的。转运贸易、市集贸易等贸易活动的丰厚获利，最终都在政府的控制下转化为官府财政收入的重要来源。

二、牙人中介贸易——塌房的兴建

如前所说，明初南京地区形成了极为发达的转运贸易，南北商贾带着大批物资、商品争相前来。南京作为都城，人烟稠密，机构众多，"连廊栉比，无复隙地"，房屋鳞次栉比，所以当"商货至，或止于舟，或贮城外"。商人前来进行转运或者贩售时，商品无处搁置，只能放在货船上，或是储存在远离贸易点的地方，贸易很是不便。同时，外地行商在南京活动，并不熟悉商业行情和商品信息，需要提供中介服务，因此牙人经纪这个行业，就在商业贸易中扮演起了不可或缺的重要的角色。

牙人，这个行业汉代已有，隋唐时称之为牙郎，《资治通鉴》中有言："牙郎，驵侩也，南北物价定于其口，而后相与贸易。"[①] 驵侩，本指牲畜交易的经纪人，后泛指市场经纪人，旧时市集贸易中以介绍买卖而牟刊的人，又被称为"牙侩""牙行"。

明代涉及牙人生意的，分为官牙与私牙两种。官牙是有朝廷文书许可的，从事贸易中介生意的牙人，也协助官府调停市场。私牙即指没有官方许可文书的牙人。牙人的主营项目是牲畜、农产品以及丝织品，也有包揽水运、雇船等事务的经纪，被称为埠头。

牙人最基本的功能是为买卖双方提供商品交易的中介服务，介绍买卖双方买进卖出，以此来赚取佣金，佣金也被称为"牙用"。在买卖过程中，牙人帮助商人尽可能地将商品卖出高价，借此来获得一部分的差价。同时还帮助辨识伪币，甄别银色优劣，校勘度量衡的功能。因此，富商巨贾来京贩卖，多依仗牙人从中调停。而有的客商把货物运抵至京后，无法及时出手，或因商品滞销需候时善价，或需要时间转运，为便利客商，牙人会提供货栈仓库供其储存，这些仓库被称为塌房。有些牙人，除了代为居停物货，兼营塌房，还为有需要的客商提供食宿，供其安歇。一些牙人则专营贩运装卸，在埠口、码头为客商雇请可靠的车船骡马以及人力来装卸运输货物，这种牙人专靠佣金谋生。

---

① （宋）司马光：《资治通鉴》卷二一四，唐玄宗开元二十四年，中华书局，1956年。

有些牙人还开有店铺，直接收购富商巨贾长距离贩运而来的大宗货品，为其分销。同时，还有牙人为买卖双方牵线说合，为了便利一些小生产者，牙人会领客商上门收买，这样客商可以买到合适的商品，小生产者也只要负责生产，不用担心产品的销售。可见牙人的存在，在明初，不论对富商巨贾，还是小生产者，都有一定的便利作用，促进了商品交换的贸易活动的进行。

牙人的存在并不对商品流通完全有利，也有一些负面作用。有些牙人为了多赚取牙用，截住客商货物，强买强卖，甚至从贸易中抽取高比例的报酬。有些牙人在交易过程中改变度量衡单位，金银币以次充好，利用自身对行情的了解，操控市场贸易，从中获取暴利。

明初，朱元璋对城市商业的管理密切关注。行市使用工部统一标准的度量衡，"凡度量衡，（工部）谨其校勘而领之，悬式于市，而罪其不中度者"①。哄抬物价，私造不中度的度量衡，是要治罪的，但牙人不惧于此，常有人违法私造。

洪武初年，由五城兵马司监管市场，每三天校勘一次街市的斛、斗、秤、尺等度量衡的情况，稽考牙人姓名，关注物价变化。兵马司根据律令确定物价，并向民间公布，平抑市场价格的起伏。后因三日一核定过于频繁，洪武四年颁布《宪纲》，每月按时估取物价，"仰府州县行属，务要每月初旬取勘诸物时估，逐一覆实，依期开报，毋致高抬少估，亏官损民"。②

客商将货品运至南京城时，"驵侩上下其价，商人病之"③，牙人漫天要价，商人苦不堪言，政府遂采取一切措施杜绝牙人这种扰乱市场的行为。洪武初年，京城开始革罢官私牙行。洪武三十年，朝廷又"命户部申明牙侩朘剥商贾私成交易之禁"④。《大明会典》中有记载："天下府州县镇店去处不许有官牙、私牙，一切客商应有货物照例投税，之后听从发卖。敢有称系官牙、私牙许邻里坊厢拏获赴京，以凭迁徙化外，若系官牙，其该吏全家迁徙。敢有为官牙、私牙两邻不首罪同。巡拦敢有刁蹬多取客货者，许客商拏赴

①《明史》卷七二《职官一》。
②《大明会典》卷三七《户部二十四·时估》。
③《明史》卷八一《食货五》。
④《明太祖实录》卷二五一。

京来。"①

取缔后为了方便商人贮存买卖用的商品货品,朝廷命人在南京城西三山等门外,"濒水为屋,名塌房,以贮商货",供商人储存货物及牲畜。三山、江东门等西侧城门,皆处在秦淮河与长江汇流处,塌房就濒临而建。"商人至者,俾悉贮货其中,既纳税从其自相贸易。驵侩无所与,商旅称便,至是所司于贫民负贩者,亦驱使投税"②。凡运抵南京的货物都贮藏在塌房中,买卖交易也一并在此进行,严禁牙人出入。

这样的塌房属于官办性质,与前朝所谓的私人塌房性质完全不同。明时塌房不仅是储存货物的场所,还是商品交易之所,也是代征税费之处,兼具了仓库、商场、课税局的角色,实际上变成了官办的税栈合一的机构。

官办塌房的出现,为政府收税提供了方便,政府直接按贮存货物的多寡进行抽税。"其货物以三十分为率,内除一分,官收税钱,再出免牙钱一分,房钱一分,与看守者收用。货物听客商自卖,其小民鬻贩者不入塌房投税。"③洪武二十四年(1391),政府按三十比一的税率对塌房储存的货物进行征税,即是"塌房税"。另有免征牙钱一分,房钱一分,作为给塌房看守者的报酬。贮存货物的客商可自行买卖,小民鬻贩不需要入塌房来纳税。朝廷还曾特地诏谕:"诏京师小民鬻贩者,毋入塌房。"④ 只有大宗商品屯卖才需进场纳塌房税,不入塌房的、在民间房舍屯货的小商贩们都是可以不纳税的。及至后来,征税范围不断扩大,先是"贫民负贩者,亦驱使投税"⑤,甚至强令小商贩的少量货物也必须进塌房存储纳税。

永乐年间,又效仿南京塌房的先例,在北京兴建塌房。"永乐初,定制,嫁娶丧祭时节礼物、自织布帛、农器、食品及买既税之物、车船运已货物、鱼蔬杂果非市贩者,俱免税。准南京例,置京城官店塌房。"⑥

朝廷出面建造塌房,原是为了便利商人存放物资,使其不再受牙人肆意

① 《大明会典》卷三五《户部二十二·商税》。
② 《明太祖实录》卷二一〇。
③ 《大明会典》卷四十二《户部二十九·内库课钞》。
④ 《明太祖实录》卷二一一。
⑤ 《明太祖实录》卷二一一。
⑥ 《明史》卷八一《食货五》。

抬价之苦，为大规模水陆转运贸易创造了更好的条件，对地区间的物资交流起到了一定的促进作用。但其本质不是为了与商人提供便利，甚至其初衷都算不上是一个惠商的举措，朝廷对牙人进行控制是因其扰乱市场，而非其欺压商贩；朝廷自己兴建塌房，也是为了方便官府抽税。塌房的存在，是为了加强官府对商业的管理和市场的掌控，从牙人与私人塌房手中夺取利益，与民争利。塌房带有明显的封建政权强行干预私人贸易的性质，是行政力量在商业贸易领域中的渗透，可以说明初南京的商业贸易就是政治力量监视下的商贸活动。"洪武二十四年，令三山门外塌房，许停积各处客商货物，分定各坊厢长看守。"[①] 将塌房交予坊长、厢长看守，又使得塌房充满了徭役的色彩。

朱元璋对商业的态度，继承了历代以来的"重农抑商"的想法，认为农民不事耕种转去经商，就可被认定为流民。所以，朝廷主观上基本不存在推动商业发展的政策，商人可以互通有无，其在社会中扮演的作用即服务于官府，故不给予商人相应的社会地位。因此，政府一贯的抑商措施就是，控制商人活动，限制商业发展，塌房也是其中一例，看似利于商人，实际在阻碍商业活动，将商业所得以养官府。

三、明初的官营房地产——官房的兴盛

明初，南京进行都城建设，官府对于城市空间的规划和人口的配比都有着不可思议的计划，将都城分为中城、东城、北城、西城、南城，交予五城兵马司进行统一管理；还划定官员、平民、工商业者生活的区域，"南有坊以居民，北有营以设行伍，卫各有仓，什九在城西北"，城市南部是主要的居民区，东部是行政区，北部是国子监、卫所驻军地。此外，官府还大规模地进行官有住宅的营建工作，承造住宅，安置五城之中的王公百官、坊厢居民、卫所军士、国子监太学生、手工业者。而营建出的廊房、廨舍、营房多被称为官房，这种工程浩大的房地产事业，是明初政府都城建设的又一特色，并形成了南京独特的官房制度。

明初，首都经过精心的规划、修建，都城建筑井然有序，经纬分明，有文人记述京师的景象为："紫微临金阙煌煌，黄道分玉街坦坦，城郭延袤，市

---

① 《大明会典》卷四二《户部二十九·内库课钞》。

衢有条。"① 宏伟的城市城墙，拓展了城市的范围，而城市内的规划建设，体现在规整的城市道路、布局合理的街坊与房屋建设上。明初，文人高启抱怨，想在南京居住不大容易，"京师四方之所走集，居人栉比而庐，不隙尺地，求遐旷之适无有也"②，城市之内很难买到合适的居所。《明史》中曾记载："初，京师辐辏，军民居室皆官所给，连廊栉比，无复隙地。"③ 连廊鳞次栉比，大多是官方营建，这些建筑并非一日之功，从文献上看，首都的房舍建设是持续了一段时间的。

洪武十年（1377）十月前后，随着都城内大型建筑，诸如城墙、宫殿、祭祀用庙宇之类大体完工，建设重心转移到城市基础设施工程上。据《明太祖实录》记载，洪武十四年（1381）五月，朱元璋"命京卫营建军伍庐舍及官员居室"④。又载，洪武十八年（1385）三月，由于京师官员"岁有与民杂处者"，命工部增造京官居舍"凡几百余所"⑤。洪武二十三年（1390）二月，"诏创置龙江仪凤门、钟阜门民房，民能自造者，官给市木钞每间二十锭"⑥。洪武二十五年（1392）三月，"赐府军、虎贲、羽林各卫造廊房军士钞万二千六百余锭"⑦。由此可见，关于官房的建设前后时间长达十余年，所造数量繁多，且兴建对象、初衷有所变化。

根据官房的居住对象的不同，房屋类型上大体可分为廊房、廥舍、营房几个大类。其中廊房较为复杂，是明代南京的独有特色，为百姓或官员兴建的住房都可称之为"廊房"，或者是"官廊房"。官廊房的"官"字，是点明廊房的官造属性，强调建筑的官方性质，在造词法上类似于今日公租房的"公"字。故官廊房并非官住廊房之意，若其使用对象是平民，则可全称为民住官廊房。洪武年间在城西北建龙江船厂，其厂志中就有记载，船厂的西北处于"仪凤门第一厢民住官廊房基地"⑧。

① （明）《洪武京城图志·序》，《洪武京城图志·金陵古今图考》。
② （明）高启：《水云居记》，《凫藻集》卷一，《文渊阁四库全书》第 1230 册。
③ 《明史》卷八一《食货五》。
④ 《明太祖实录》卷一三七。
⑤ 《明太祖实录》卷一七二。
⑥ 《明太祖实录》卷二〇〇。
⑦ 《明太祖实录》卷二一七。
⑧ （明）李昭祥：《龙江船厂志》卷四《建置志》，《续修四库全书》第 878 册。

由于身份地位有别，为官员建筑的廊房与平民居住的是不同的，官员居住的廊房一般会被称为官廨，也有称公廨、私署的。出于官民不能杂居的考虑，明初在南京城内修建官廨，意图是将官员与平民分割开来，《大明律》中有严令："凡有司官吏不住公廨内官房而住街市民房者，杖八十。"① 由于行政区域在东城，因此南京大多官廨也就修建在东城，大致有两处，一处在皇城以北的太平门内，约是今之后宰门地区，其中最为著名的就是修建最早、高大宽敞、有"样房"之称的三法司官舍；另一处是皇城以南长安街一带，约今尚书巷附近，形制不如前者崇广有制。其实南京官员廨舍的形制大多如后者，约是"皆止两层，大门之内为仪门，仪门之内为正厅。正厅或七间，或五间，有夹室以燕息，有川堂以退居，有垣以隔绝，内外声不相闻。后寝制如前堂，前后俱有厢房、井灶、厕溷，隙地种蔬各得其所，居者虽家口众多，不闻其不能容也"。② 此段描述形象具体地展现了官廊房的形制构造。

洪武三十一年（1398），礼部官员上疏，针对"在京官员房屋于附近衙门起盖，便于办事，今照各官房屋混杂居住，多有不便"，建议进行统一的管理，"工部取勘各衙门官若干，该住房屋若干，编成字号，如或事故，新代替官员就住，仍将本房原有什物置立牌面刊写，相沿交割，如有损缺，就令赔偿，便益前件"。后议定"将官员见住房屋各照原编字号造定文册，内府收照，官有事故，锦衣卫、兵马司同本衙门官眼同封记，候除官拨住，不许别衙门官员掺占，居住搅扰"③。由工部负责官廨的登记、分配与维修，并记载房屋坐落、编有字号，精微簿册留存在内府。

修建给军士的官房被称为营房。明初，京师及京畿附近驻扎了庞大的军人行伍，为了解决军士们的住房问题，起初是将城中的没官住宅与之居住，在洪武二十七年（1394）重申，"令各处城市没官房屋，但系军官军人住者不许取赁钱"④，为军士提供的是免费的保障性住房。但同时，仅凭没官住宅，并不能满足庞大的军队士兵的住宅需求，因此，在京师坊厢，各个卫所建有

---

① 《大明律释义》卷二九《工律》，《续修四库全书》第863册。
② （明）王樵：《南都官舍》，《方麓集》卷一一，《文渊阁四库全书》第1285册。
③ （明）施沛：《附工部编号咨（洪武三十一年）》，《南京都察院志》卷三五《公移》，《四库全书存目丛书补编》第74册。
④ （明）谢彬：《南京户部志》卷一二《库藏志一》，日本内阁文库藏明嘉靖刊本。

营房，洪武十五年（1382）四月，"命羽林等卫造军士庐舍二千间，每十间为连，间广一丈二尺，纵一丈五尺"。① 及至洪武二十五年（1392）仍有让卫所兴建营房的诏谕。卫所兴建的营房由兵部统一管理，多分布在五城中的北城和东城，北城是戍卫的所在地，东城则是出于拱卫皇城的考虑。

官方修建的廊房还被提供给来京师附籍的工匠。洪武七年（1374），"奉例起取浙江等布政司人民九百六十九名前来附籍，充当钞纸匠役，制造宝钞"。② 为了解决工匠的住房，政府在西水关设二百余所钞库房，由户部掌管，并以钞库廊命名。

国子监亦有官房。南京国子监位于城北的鸡鸣山下，建成于洪武十五年（1382），在南京作为都城的繁华时期，有老师几十人，学生数千人，"咸有廨舍以居"③。无论老师还是学生，都有官方宿舍居住。

官方修建的廊房还赏赐给寺庙。洪武年间，拨赐报恩寺官廊房 42 间，准其出租。④ 也有单赏赐给个人的。中亚撒马尔罕人伍儒，洪武初年被授钦天监的刻漏科博士，掌管钦天监事务，"赐官房一所"⑤，让他生活在南京。

上述官廊房的居住对象，从百官、军士到国子监师生、工匠，十分广泛。他们所住的有一共同之处就是，这些官廊房都是福利性质的保障住房，政府提供免费居住，不用缴纳房钞，颇似后世工作单位的福利分房。而明代官廊房中还有一种分配给城中百姓居住的房屋，需要交纳房屋租金，类似于今天的廉租房。

洪武年间，朝廷大规模迁徙江南富户填徙京师，起取"苏浙等处上户四万五千余家填实京师，壮丁发各监局充匠，余为编户，置都城之内外，名曰坊厢"⑥。这些落籍在南京的坊厢居民，被安置在城南一带，住着官府兴建的房屋，需要缴纳廊房钞作为租金。与此同时，官府还在龙江、仪凤、钟阜三门一带大量兴建民房，主要安置平民。同时城市居民有能力自造住房的，可

---

① 《明太祖实录》卷一四四。
② （明）谢彬：《南京户部志》卷一三《库藏志二》。
③ （明）黄佐：《南雍志》卷八《规制考·下篇》，伟文图书出版，1976 年。
④ （明）葛寅亮：《金陵梵刹志》卷二《钦录集》，天津人民出版社，2007 年。
⑤ （清）伍长龄：《行状》，《补园诗集》，南京图书馆藏道光二十四年（1844）刻本。
⑥ （明）顾起元：《客座赘语》卷二《坊厢始末》。

以领到官府发放的木材费，每间二十锭市木钞。

《南京都察院志》中有载："祖制额设征进京官用本钞，系民住房屋上纳，每民房一间，置牌一面，公匣收贮内库"，每月十六日，由各城兵马司"轮流同经收该吏赴内府掌房科并户科衙门注销，前项钞钱，四季征收，令各总甲催纳，每季终填簿，该吏亲赍赴户部江西司查比，其钞银四季解交，本部银库并无留存"①。洪武初年，规定缴纳廊房税需要用宝钞，由五城兵马司负责催缴收纳。房钞既由五城兵马司征收，可见民住廊房在五城之内皆有分布。洪武年间，五城兵马司房钞原额每年收入 173 万余贯②，前述洪武初南京各税课司收税总额不过 379 万余贯，占去近一半比例，可见当时房钞税收数额之大。官廊房以外，铺面、塌房、门摊、房舍、披厦等民间建筑都需缴税。《南京都察院志》中记载，门摊是针对开张的店铺之家征收的税种，即征收的营业税。开张铺面，征银每户 3 分 3 厘，由五城兵马司征收，呈报督税分司，交纳给户部银库。明初，南京城内开张的铺面人户共 3 121 户，岁缴门摊银103 两。③ 门摊有时候也被看成是一种变相的房屋税，虽然其有商税的性质。披厦，则是针对"房不成间者"④ 收取的税银。居民有的搭盖披厦，披厦并不能算严格意义上的房屋，但仍需要向朝廷上缴税金。居民需要自己拟材料去工部街道分司报备，缴纳租金，这部分税款由工部负责收纳。可见，明时房产税种涵盖的范围之广，几乎每种民间建筑都需投纳相应的税款，由不同的部门负责征收。

朝廷给坊厢居民提供住宅居住，初衷是让都城的城市结构、建筑得到合理规划，是明朝初年高度集权的一个表现。为了让徙实至京师的居民居有定所，官方出面修建住宅，初衷是为了便利居民的生活，让百姓生活在官方为之设计好的生活区域里。这是统治者政治理想的一种体现，认为都城就应该人口繁茂、街坊泾渭分明，就像盛唐的都城长安一样，街市井然，万国来朝。而严格地划分区域，客观上是应对南京城作为首都的政治需要，是出于包含

---

① （明）施沛：《南京都察院志》卷二二《职掌十五·西城职掌》。
② 范金民：《国计民生——明清社会经济研究》。
③ （明）施沛：《南京都察院志》卷二一《职掌十四》、卷二二《职掌十五》。
④ 同治《上江两县志》卷七《食货》，《中国地方志集成·江苏府县志辑 04》，江苏古籍出版社，1991 年。

着一种天真的政治愿景，与儒家所推崇的天下大同、各安其所的美好设想相一致。

这种兴建官方性质的建筑的行为，实际上是专制王朝对平民生活的一种极度高压的控制。皇权完全凌驾在平民身上，对于百姓住哪里、住什么房子、去哪里购物都按事先的规划，严格控制，将专制主义渗透到普通百姓生活的每个细节上。明初，都城中的百姓日日栖居的住宅是官方房地产的一部分，居民没有所住房子的所有权，借住在其中。无论是政府分配的房屋，还是自行修建的房屋，居民每年都要缴纳租金税款。因此，可以说是连民居都打上了"官有化"的烙印。

官有化的民居，其实质是对官有经济的一种补充，征收各种名目繁多的税种，目的在于增加政府的财政收入，增强封建王朝的财力。南京的官房众多，却仅对民用官房征收税款，庞大的房地产税金支撑了南京的城市建设、朝廷的收入，一切都是为都城服务的。

南京作为明初都城的五十三年里，经济得到较为快速的发展，商业繁荣勃兴，转运贸易和市集、铺户贸易发达，税收可观，房地产业也很兴盛。这种繁盛景象，实际是城市的商业发展为政治力量所控制，为帝王意志所左右。

国家倾尽全国的人力物力进行大量的投入性建设，才有南京都城的繁华。勃兴的商业，得力于便利的交通，是官府主持修建的，目的是使都城能辐射全国；得力于庞大的人口，是官府改变设计了城市的人口，目的是给予都城优势的人口构成；得力于优良的区位因素，正是因为是都城，才会有各方咸来的无限魅力；更不用说市集贸易和铺户贸易，这些完全依赖于都城规划的商品交换活动。南京城市商业发展的一切优势条件都是政治因素给予的，或者说本身商业也是统治者规划的，属于都城建设规划的一部分。因此，塌房制度、官房制度，都体现了明显的徭役化和官有化的色彩，是被政治干涉控制，高度集权化的表现，缺乏自由、个性，是被限制的商业状态，表现为政治的绝对力量对商业的榨取和碾压。在这种状态下发展起来的城市商业，是城市消费、城市服务为主的商品经济，而不是那种能冲击传统经济、改变生产关系的商品经济。

故永乐迁都后，南京作为留都，农业、手工业都不发达，转运贸易却依旧兴盛，经济生产的基础又比较薄弱，只能在贸易活动中扮演着转运的角色，时人称"天下财富出于东南，而金陵为其会"① 便是其意。

第五节　服务业

服务业是从国外引进的概念。在中国传统社会中，多是以"士农工商"划分从事不同职业的类型，在元代有"一官二吏、三僧四道、五工六农、七医八娼、九儒十丐"的说法，也有"三百六十行，行行出状元"的俗语，但是职业一直没有严格的分类，更没有"服务业（Service Industry）"的类似提法。

现在中国服务业的具体范围尚存在诸多争议，一般认为包括法律服务业，医疗服务业，会计服务业，建筑服务业，广告服务业，租赁服务业，成品油服务业，商业特许经营服务业，房地产服务业，道路运输服务业，商业服务业，教育服务业，保险服务业，金融服务业，电信服务业，民用航空服务业，海运服务业，铁路运输服务业，会展服务业，管理咨询服务业，电影服务业，进出口商品检验、鉴定、认证服务业，直销服务业，饭店服务业，旅行社，出版社，印刷业，等等，覆盖面非常之广，几乎等同于第三产业。②

而上述范围并不适用于中国传统社会，在中国传统社会中许多职业没有集成一定规模，更没用形成一定的产业。对待同一种职业，传统社会与现代社会也会有不同的态度，最为鲜明的是对待娼妓行业：在传统社会中娼妓业是合法行业，而在当今社会是非法行业。具体到明初南京而言，"服务业"的覆盖面则要小得多。当今诸多产业在当时并没有出现，即便出现也并没有完全成型。传统社会中的行业，诸如房屋租赁、车马交通、印刷出版等，也不能划归于服务业。限于定义的模糊和资料的不足，本文的叙述范围仅仅局限于明初南京官营酒楼和娼妓业。

一、官营酒楼与官店

明初，朱元璋为了体现与民同乐，在南京江东门、三山门、聚宝门等地营建了十六座酒楼。这些酒楼的建制非常豪华。"国初，市之楼有十六，所以

---

① （明）丘濬：《大学衍义补》卷八五《都邑之建》，京华出版社，1999年。
② 参见胡景岩编著：《进入中国服务业》，高等教育出版社，2008年。

处官妓也。"① 这些楼除了与民同乐接待四方游客,也是官妓的住处,大约是为了招徕商旅而由官方提供的一种生活服务设施。

《明太祖实录》中也有相关的记载:"(洪武二十七年)八月庚寅,新建京都酒楼成,先是上以海内太平,思欲与民偕乐,乃命工部作十楼于江东诸门之外,令民设酒肆其间,以接四方宾旅,其楼有鹤鸣、醉仙、讴歌、鼓腹、来宾、重译等名。既而又增作五楼,至是皆成。诏赐文武百官钞命宴于醉仙楼。"② 十六楼的建造在当时可谓盛事。直到明末,士大夫和名妓文化繁盛之时,论及秦楼楚馆的繁华依然会追溯到明初明太祖修建的十六楼。例如明末清初余怀在《板桥杂记》序言中载:"洪武初年,建十六楼以处官妓,淡烟、轻粉、重译、来宾,从称一时之盛事。"③ 十六楼中每一座楼都有不同的名字,清初朱彝尊有详细的记载。"明初建妓楼十六:曰南市,曰北市,在城西内;曰来宾,曰重译,在南门外;曰集贤,曰乐民,在南门瓦屑坝;曰轻烟,曰淡粉,在西关东街;曰醉仙,在西关南街;曰柳翠,曰梅轩,曰鹤鸣,在西关北街;曰石城,曰讴歌,在石头门外;曰清江,曰鼓腹,在清江门外,为游人憩息之所,并以处官妓焉。"④ 从这些楼阁如"来宾""鼓腹""讴歌"等的命名,可以看出十六楼中的歌舞演出是十分常见的。

除了十六楼以外,明初还开办了不少官营客店。据万历《上元县志》中载,大通街东"洪武中置官店于此,榜曰环申,客旅于此安居"。⑤

二、富乐院与娼妓业的初步发展

妓女作为社会中特殊的群体,其历史由来已久。早在春秋时期,管仲就在齐国设置了具有官办妓馆性质的"女闾",至于私娼的出现年代则很难界定。唐代始设教坊,主要职务是管理宫廷中演出的歌舞及戏剧,也管理在京的歌楼妓馆。教坊中的女艺人,也被称为官伎,是广义上妓女中的一种。唐代诗人白居易《琵琶行》中的"十三学得琵琶成,名属教坊第一部""五陵年

---

① (明)顾起元:《客座赘语》卷六《十四楼》。
② 《明太祖实录》卷二三四。
③ (清)余怀:《板桥杂记》,《板桥杂记·续板桥杂记·板桥杂记补》,南京出版社,2006年。
④ (清)朱彝尊著,黄君坦校点:《静志居诗话》,人民文学出版社,1998年。
⑤ 万历《上元县志》卷四《镇市》。

少争缠头,一曲红绡不知数",表明至少在唐代中期教坊有着官营妓馆的实质性质。到宋元时期,民间拥有擅长歌舞的妓女的妓院也时常被称作教坊。辽金元各朝也仿汉制设立教坊,以供演出歌舞之用,特别是在元代设置教坊司,掌管乐舞艺人,还负责训练艺人从事歌舞戏剧等的才能。

明代初期依元旧制,设教坊司,隶属于礼部。"教坊司,奉銮一人,正九品,左、右韶舞各一人,左、右司乐各一人,并从九品。掌乐舞承应。以乐户充之。隶礼部。嘉靖中,又设显陵供祀教坊司,设左右司乐各一人。"① 一般情况下,教坊司负责外朝宴会的庆典用乐,而隶属于司礼监的钟鼓司负责内廷音乐。但有时候两者也有交融的情况。明代的妓女也有官妓和私妓之分,私妓的状况相对容易理解,而官妓则要受到乐籍和乐户鸨母的双重压制。

与前朝相比,明朝初年的教坊司职能有明显不同,其中最为显著的是管理官妓的职权被分割出来。明太祖朱元璋专门设置管理官妓的场所——富乐院。生活在明代初期的刘辰在《国初事迹》记载:"太祖立富乐院于乾道桥。……令礼房王迪管领。此人熟知音律,能作乐府。禁文武官员及舍人不许入院,止容商贾出入院内。"② 可见,官妓不属于教坊司管理,而是派礼部署官专门管理,而且明文禁止文武官吏狎妓,但不限制商贾往来其间。后来富乐院因火灾被焚毁,才在武定门等地建十六楼来安置官妓。

明成祖朱棣迁都北京之后,仿照南京建制,在北京城东黄华坊设教坊司。"原京师黄华坊,有东院,有本司胡同。本司者,教坊司也。又有勾栏胡同、演乐胡同相近,复有马姑娘胡同、宋姑娘胡同、粉子胡同。出城则有南院,皆旧日之北里也。"③ 许多建文旧臣的家属都被发在教坊司,如齐泰"姊及甥媳俱发教坊司",黄子澄"妻妹发教坊司"。曾经在济南坚决抵抗燕军的铁铉"二女发教坊司",还有"御北兵数有功"的将领牛景先在自己死后也没能够逃掉"妻刘发教坊司"的惩罚。④ 据记载,"永乐十一年正月十一日,教坊司等官于右顺门口奏:有奸恶齐泰的姐并两个外甥媳妇,又有黄子澄妹,四个妇

① 《明史》卷七四《职官三》。
② (明)刘辰:《国初事迹》,邓士龙辑,许大龄、王天有校点《国朝典故》卷四。
③ (清)周篔:《析津日记》;王敏中等编纂:《日下旧闻考》,北京古籍出版社,1983年。
④ (明)朱鹭:《建文书法拟》,北京图书馆古籍珍本丛刊11。

人每一日一夜二十余条汉子看守着。年小的都怀身孕，除生子令做小龟子，又有三岁小的女儿。奉钦依：由他。不的长到大便是个淫贱材儿。"① 罪臣女眷被没入教坊司，而此处讲到的教坊司不是外廷宴饮礼仪表演的机构，而是教坊司管辖下的官妓场所。可见，在当时官妓又重新归属于教坊司管辖。《警世通言》的名篇《杜十娘怒沉百宝箱》中的杜十娘就名列北京教坊司。李甲"捐监北雍""因在京坐监，与同乡柳遇春监生同游教坊司院内，与一名名妓相遇。"② 李甲是在游览北京教坊司时遇到了杜十娘。

明初，对于教坊司乐户有各种各样的限制。在《大明律》中有许多明文的规定。其一不准官吏及其子弟宿娼。"凡官吏宿娼者，杖六十。媒合人减一等。若官员子孙宿娼者，罪亦如之。附过候袭之日降一等，于边远叙用。"③ 其二严禁官员及其家属迎娶娼妓为妻妾。"凡官吏娶乐人为妻妾者，杖六十，并离异。若官员子孙娶者，罪亦如之。附过候荫袭之日降一等，于边远叙用。其在洪武元年已前娶者勿论。"④ 其三是对乐人的行为有严格的限制。不准买良为娼，"凡娼优乐人买良人子女为娼优及娶为妻妾或乞养为子女者，杖一百。知情嫁卖者同罪，媒合人减一等，财礼入官，子女归宗"。《大明会典》中，有对教坊司服饰的严格规定，诸如"令教坊司伶人常服绿色巾，以别士庶之服""令乐人戴鼓吹冠，不用锦绦，惟用红褡□，服色不拘红绿""令教坊司妇人不许戴冠、穿褙子""乐工当承应，许穿靴，出外不许"⑤，等等。

在整个明代社会对狎妓的态度也不是一成不变的。明初的严格戒律到中后期成为一纸空文，社会风气大变，妓馆成为文人雅士的聚居之地。狎妓不再是堕落的行为，而是风流倜傥的标志，成为时代风尚。官员频频出入教坊，而且这时期的教坊妓女多不是罪官女眷，而是乐户买贫贱幼女蓄养为娼。生活于明代嘉靖年间的霍韬在其《渭崖文集》中有关于清查娼籍的论述中讲到，

---

① （明）宋端仪：《立斋闲录》，邓士龙辑，许大龄、王天有校点《国朝典故》卷四〇。

② （明）冯梦龙编，严敦易校注：《杜十娘怒沉百宝箱》，《警世通言》卷三二，人民文学出版社，1956年。

③ （明）刘惟谦：《大明律》卷二五，享保八年刊行（1723），日本早稻田大学藏本PDF电子版。

④ （明）刘惟谦：《大明律》卷六。

⑤ 《大明会典》卷六一《礼部十九·教坊司冠巾服》。

当时"乐院多暗买良家幼女养逼为娼"①。官员士大夫也多无视规章，例如生活于明代嘉靖年间的何良俊（字元朗）用乐教坊，"元朗早岁入南都，随顾东桥游宴，每宴集，辄用教坊乐，以筝琶侑觞"。②"访得南京士夫举人监生生员有不崇行检、宿娼饮酒，大坏名教。"③

朝廷关于教坊或妓馆的限制和规定也如同虚设。"乐工多僭侈服用，居室器皿上拟公卿。"④ 妓女们的服饰也早已无视朝廷的规定。《大明会典》中"令教坊司妇人不许戴冠、穿褙子"，而晚明名妓柳如是曾着士人装前往半野堂拜见文坛领袖钱谦益，并传为一时美谈。妓女的服装五彩缤纷，颜色和样式都冲破重重局限，甚至引领当时的审美风尚。这一点在《板桥杂记》中有详细的记载："南曲衣裳妆束，四方取以为式，大约以淡雅朴素为主，不以鲜华绮丽为工也……衫之短长，袖之大小，随时变易，见者谓是时世妆也。"⑤ 另外，出入妓馆也成为文人雅士的风流韵事，一些文武官员及其子弟争相迎娶名妓入门，如冒襄娶董小宛为妾、龚鼎孳娶顾媚为妾、保国公朱时弼娶寇白门为妾等等。钱谦益甚至无视正妻尚在的礼法，以"匹嫡之礼"迎娶名妓柳如是。原来以歌舞表演为主要职能的教坊司，虽然依旧有技艺的传承，但是已经不再作为吸引客人的重要手段。妓女们大多擅长歌舞，但是"然名妓仙娃，深以登场演剧为耻，若知音密席，推奖再三，强而后可"。⑥

在明初南京，不论是官营客店，还是官办娱乐场所，都具有明代初期政治的典型体征，即官有化色彩明显，政府的干预程度非常高。从明初罪臣的妻女被发配到教坊司充任官妓，可以看出明初的服务业并非是完全意义上的服务业，其目的不是为市民提供某些服务或某些便利，更多的是出于朝廷统治的需要。这一点非常符合明初整体的社会状态，即社会各个方面的运行深受政治因素的影响。

---

① （明）霍韬：《渭崖文集》卷九，《四库全书存目丛书》，集部第69册。
② （清）金嗣芬：《板桥杂记补》，《板桥杂记·续板桥杂记·板桥杂记补》。
③ （明）霍韬：《渭崖文集》卷九。
④ （明）霍韬：《渭崖文集》卷九。
⑤ （清）余怀：《板桥杂记》，《板桥杂记·续板桥杂记·板桥杂记补》。
⑥ （清）余怀：《板桥杂记》，《板桥杂记·续板桥杂记·板桥杂记补》。

第六节 从首都到留都——明代南京经济的变迁①

永乐迁都后，南京的政治地位一落千丈，诸多方面也受到严重波及，尤其是在经济方面。成为留都后，南京经济经历了两个不同的发展阶段：其一是自宣德到隆庆，经济开始摆脱政治包袱，逐渐进入稳定发展阶段；二是从万历到明末，南京的留都机构形同虚设，政治威慑束缚力日趋降低，经济呈现繁荣发展阶段。整体而言，南京经济出现了以下四种变化。

其一，南京人口日益激增。洪武初年，大批军户、富户等充实京师。到永乐十九年（1421），明成祖正式将都城迁到北京，带走了大批的官僚，同时随着而去的有以各类工匠为主的 27 000 多户的南京居民。南京户口一时间大为减少。到明中后期，南京的人口规模又大增。嘉靖末年不得不新设城区的巡逻兵来加强治安，反映出人口增加带来的南京社会秩序的混乱。据统计，在洪武末年南京人口约在 70 万，到万历后期激增到 100 万左右。另外，学者还通过对南京茶社的考察，从侧面反映明末南京人口的增加。"茶社是人口增多和工商业发达的必然产物，它的大量出现，是明末工商活动活跃、信息交流频仍的一个信号，表明这时南京城市经济又有了新的发展。"从明初到明中后期，南京人口不仅有数量上的变化，其结构也发生了转变。原先的都城驻有重军，洪武年间军士有 20 余万，即便在迁都后尚余 10 万左右。到了万历年间，军士不足 3 万，而且大多羸弱不堪。南京作为全国军事中心的地位基本丧失，这也是南明政权并不能依靠长江天堑与清军对峙一段时期的原因之一。与军士人口数量相反的是，其他人口因素则有较大的增加，尤其是从事手工业、商业的工商业者。在明中后期，南京经济繁荣，大批工商业者迁至南京谋生。

其二，坊厢制和铺户制的革除。永乐迁都以后，南京尽管作为留都保留了整套的行政体系，但是大批官吏北迁，相对于以前层层官府对役夫的需求

---

① 本节为本章前五节的扩延。前五节讲述了明初南京五十三年间经济的发展状况，本节重点在于概述永乐迁都之后南京经济的发展情况。主要参考范金民：《明代南京经济探析》，《国计民生——明清社会经济研究》（441～463 页）。

大为降低。因此原来承担繁重徭役的坊厢变得清闲起来。地方官出于均役的考虑，开始减少上元、江宁两县的坊厢。后因官吏层层盘剥，坊夫的负担日益繁重，地方不断呼求，最终催生在万历三年应天知府定征役夫之银，在征银之外不再科派。铺户制亦是如此。严格来讲，在明初铺户制度的行使较有节制。迁都之后，铺户制开始成为南京手工业者的巨大压力。南京作为留都，保留了层层政府机构，朝廷的控制又往往达不到，导致承担铺户的工商业者的压力非常大。一些铺户开始逃亡，这更加加重了留下的铺户的负担。明中后期，白银开始作为市场流通的等价物，一律征银废除铺户制成为大趋势。到万历四十三年，乙卯科乡试的考场布置没有采用以往由铺户承担物品的方式，成为革除铺户的标志。

其三，官营手工业的衰退与民间手工业的抬头。明初，南京作为都城，尤其是在营建都城之时需要大批手工业的供给。这些手工业部门多是官府经营，不计成本，征用轮班工匠，产品由官府征调使用。自永乐打算迁都起，南京不少从事官营手工业的工匠开始流向北京。迁都之后，又随之带走了大批工匠，官营手工业自然走向衰退。另外，还有一些官营手工业部门是受到政策的影响，最为典型的是龙江船厂。在永乐至宣德年间，随着郑和下西洋的多次开展，龙江船厂承担着宝船、黄船等大型船只的生产。到嘉靖年间，不少船只停造，生产宝船的厂库开始荒芜。而民间手工业大为发展，丝织业、印刷业、制扇业等多个手工行业扬名全国。

其四，集市贸易和转运贸易更为发达，高利贷资本十分活跃。成祖迁都之后，南京尽管不再是都城，依然有数十万之众的人口，城市市集贸易由于铺户当行制的变化更为兴旺。嘉靖时，仇英的《南都繁会图》为我们保留下来当时南京的繁荣景象。另外，南京特殊的水陆环境使得徽州、山陕等各地商人纷纷选择南京为据点转运商品，追求最大的利润值。

在明初，南京经济的发展与其都城地位密不可分，经济各个方面的发展多是服务于营建新都的需要。永乐迁都之后，南京作为留都，依然保留了众多的衙门官署，一些在北京不如意的官员往往被派到南京做闲职官员。总之，终明一代，南京的经济发展深受政治因素的影响，南京更多是充当消费圣地的角色，其经济始终没有走上独立发展的道路。

第三章　城市与建筑

　　南京在中国历史上从来都有着不容忽视的地位，"江南佳丽地，金陵帝王州"，这里的山川形势、地理位置，历来赢得了无数政治家的青睐。在众多关于南京自然形势的描述和解读中，影响最大、流传最广的一种说法是："刘备曾使诸葛亮至京，因睹秣陵山阜，叹曰：'钟山龙蟠，石头虎踞，此乃帝王之宅'。"钟山，即今紫金山；石头，指的是清凉山。两座山体为主体构成的地理环境形成了南京特有的形势特征。明代江宁人顾起元对南京这一地理形势从微观上进一步辨析："钟山自青龙山至坟头一断复起，侧行而向西南，而长江自西南流向东北，所谓山逆水，水逆山，真天地自然交会之应也。"明末清初，历史地理学家顾祖禹在《读史方舆纪要》中分析了南京在此基础上形成的经济优势："以东南之形势，而能与天下相权衡者，江南而已。"太祖定都南京，是"自古及今，要会之处也。圣人举动，一日而周百世之防，一方而通天下之势，其以此矣。至于江淮之间，五方之所聚也，百货之所集也，田畴沃衍之利，山川薮泽之富，远近不能及也……太史公曰：夫吴东有海盐之饶、章山之铜、三江五湖之利，江东一都会也。"① 虽然如此，在明代之前，南京在中国历史上往往代表的却是偏安一隅、孱弱王朝的形象。这种形象如此深入人心，以至于文学史上充满了对这座城市上那些短命王朝同情感慨的作品。

　　南京建城之始，为公元前 472 年范蠡于长干里筑越城；有政区建置，则始于公元前 333 年楚国设金陵邑于石头山。但无论是越城，还是金陵邑，都是诸侯征伐中建于新占领地区的军事城堡。因此，史学界多认为南京城应从公元 229 年孙吴以建业为都城为新起点，而六朝都城建康，则是南京城市发展史上第一个高峰时期。孙吴草创，至东晋"规模始备"，南朝时期"更作益勤"，而造成了史称"六代豪华"的建康都城。

　　隋唐时期，建康城被"荡平"，行政建制只是规模极小的县城、州城。直

---

① （清）顾祖禹：《读史方舆纪要·南直方舆纪要序》，中华书局，2005 年。

117

到南唐立国于金陵，带来了南京城市发展史上的第二个高峰。宋元两代，沿用南唐都城为府、州、路城，未作根本上的变更。直到明初，朱元璋以南京为根据地，逐鹿天下，最终在这里建立统一的全国性政权，才又使这座城市的历史底色有了更多雄壮的味道。

元至正十六年（1356），朱元璋攻下集庆，将集庆路改名为应天府，取"应上天之意"，并自称"吴国公"。元至正二十四年（1364），朱元璋自称吴王，以原江南行中书省为吴王府。元至正二十六年八月，朱元璋"命刘基等卜地，定作新宫于钟山之阳"，拓建应天城。在朱元璋野心和能力的驱动下，应天城内开始了大规模的都城建设，一系列建设确立了南京的政治地位，而几乎贯穿了整个洪武一朝的建设，最终使得南京第一次以全国统一王朝都城的形象出现在中国历史上。这座由宫城、皇城、京城和外郭城共四重城垣组成的大都市，成为明初最为令人瞩目的工程与建筑成就。

毫无疑问，明初南京城的规划与建设都带有强烈的政治色彩。新的南京城对南唐至宋元以来的旧城并未完全摒弃，几百年来形成的繁华商业区与居民区都得以完好地保存与沿用。只是，在旧有城区之外，新建了更为壮观的宫城、皇城区，范围更大的军事区，规模更广的官署和国家祠庙区，等等，而所有这些都被包围进了一道绵长雄壮的京师城墙之内。京师城墙在文献中号称九十六里，实测 33.676 千米，[①] 并在具有重要战略意义的显要位置开城门十三座，有别于北方平原地区都城的传统规制，在平面上呈南北狭长、东西窄短的不规则状。这道城墙对南京城市范围的界定，不乏对南唐金陵城的继承，更多的则是新的全国性统一王朝由于在军事防御、国家政治功能等方面更高的需求，带来的规模扩大化和功能复杂化。这一界定的影响如此深远，以至于明清数百年、民国直至新中国成立初期，城市核心区域的发展始终都未超出城墙的范围。而直到现代化进程冲击到这座城市，界限才逐渐被打破。

仰望这座城池，曾使古往今来不计其数的中外人士涌起一种敬畏之情，直到今天，它依然保持着自己的威严。即使多处城垣与城门已被拆毁，其所

---

① 明初南京京师城墙的长度，洪武六年为 59 里，但在正德十一年（1516）陈沂所撰的《金陵古今图考》中，周长为 96 里，此数据亦为万历年间《大明会典》沿用。1929 年《首都计划》中南京城墙长 33.5 千米。1958 年南京市城市建设局《南京城墙现估表》中，南京明京师城墙，合计周长 33.676 千米（现存完整、半损坏总长 28.683 千米）。

象征的冷兵器时代的防御功能也早已成为历史，现代的钢筋混凝土大楼正迫不及待在其周边竞相比高，也依然无法掩盖其雄姿与魅力。

第一节　南京城的营建过程

一、建城之始——拓旧城、筑新宫、增新城

明代南京城墙，并不是从明代才开始建造的。在元末逐鹿天下的战争中，朱元璋于 1356 年攻下南京，把这座城市当时用的名字"集庆"改为"应天"，也就是天命所归之意，充分说明了他对此处的重视。此后，他以应天为根据地，先后打败了陈友谅和张士诚这两个劲敌，称帝的野心也逐渐明显。1366年，在原来应天府城池的基础上，朱元璋重新设计规划，开始大规模建造一座都城。关于建城的始由，《明太祖实录》提供了重要史料：

> 丙午（即 1366 年）八月庚戌朔，拓建康城。初，建康旧城西北控大江，东进白下门外。距钟山既阔远，而旧内在城中，因元南台为宫稍庳隘，上乃命刘基等卜地，定作新宫于钟山之阳，在旧城东白下门之外二里许。故增筑新城，东北尽钟山之趾，延亘周回凡五十余里，规制雄壮，尽据山川之胜焉。①

根据这段史料，我们可以知道以下一些信息：

其一，在修建南京城的目的这一问题上，朱元璋并没有点明他对应天政权性质定位这一敏感问题，将扩建城池的理由说成"因元南台为宫稍庳隘"，意指旧元御史台（即"元南台"）低矮狭小，不够官员们办公与居住，需要异地重新建造新宫。

其二，由于刘基等人所卜的新宫位于钟山之南，距旧城有二里之遥，所以要根据新宫位置重新规划建造一座城池，这座新城长度为 50 余里，东北直至钟山，把建在钟山之阳的新宫包括了在内。朱元璋的这个造城令，与后来建成的明南京城宫城、皇城、京城、外郭城四重城垣相比尚属于雏形阶段。

---

① 《明太祖实录》卷二一。

规划上仅仅设计了宫城和京城，皇城和外郭城在这时还未考虑在内。

拓建应天府旧城的工程，于 1366 年 8 月动工，于 1367 年 2 月，"拓都城讫工，命赏筑城将士"，前后仅七个月的时间。

在拓建都城工程将要完工之时，元至正二十六年十二月（1367 年 1 月），"是时群臣皆上言，一代之兴必有一代之制作，今新城既建，宫阙制度亦宜早定。上以国之所重莫先庙社，遂定议以明年为吴元年，命有司营造庙社，立宫室。甲子，上亲祀山川之神，祝册曰：'维神开辟以来，钟毓灵秀，盘礴江东。然而气运凝会之处，人莫能知。予自乙未渡江，丙申驻师金陵，抚安黎庶，于今十有二年，拓土广疆，神人翼赞。兹欲立郊社，建宫宇于旧城之东、钟山之阳。国祚绵长，惟山川气运是从。谨于是日肇厎工事，敢告'。"① 由此可知，宫城坛庙的建设是在新城建造之后进行的。

在宫城建设上，朱元璋有着自己的理念，"己巳，典营缮者以宫室图来进，上见其右雕琢奇丽者即去之，谓中书省臣曰，宫室但取其完固而已，何必过为雕斫。昔尧之时，茅茨土阶，采椽不斫，可谓极陋矣，然千古之上称盛德者必以尧为首。后世竞为奢侈，极宫室苑囿之娱，穷舆马珠玉之玩，欲心一纵，卒不可遏，乱由是起。夫上能崇节俭，则下无奢靡，吾尝谓珠玉非宝，节俭是宝，有所缔构一以朴素，何必极雕巧以殚天下之力也。"② 从这一时期战争仍在进行、元朝未灭、政权尚未稳固的历史背景来看，朱元璋这番话应是发自肺腑。在此阶段的宫室建设风格应朴实无华，并无过分雕琢奇丽，这一点从建于这一时期并保存至今的午门亦可以窥出一二。

第二年，即吴元年八月癸丑，"圜丘方丘及社稷坛成，圜丘在京城东南正阳门外钟山之阳……方丘在太平门外钟山之北……社稷坛在宫城之西南"；吴元年九月甲戌，"太庙成……庙在宫城东南"；吴元年，"癸卯，新内成。正殿曰奉天殿，前为奉天门，殿之后曰华盖殿，之后曰谨身殿，皆翼以廊庑。奉天殿之左右各建楼，左曰文楼，右曰武楼。谨身殿之后为宫，前曰乾清宫，后曰坤宁宫，六宫以此序列焉。周以皇城，城之门南曰午门，东曰东华，西曰西华，北曰玄武，制皆朴素不为雕饰。"也许是因为对细节的不过分追求，

---

① 《明太祖实录》卷二一。
② 《明太祖实录》卷二一。

宫城建设进度很快。但是考虑到宫城所在一带原为燕雀湖，无论是填湖还是建造地基，其工程量都不容小视，需要大量的人力物力，那么这种进度就显得相当惊人了。

这是朱元璋定都应天的第一个阶段大规模规划建设，时间从元至正二十六年至明洪武二年（1366—1369），营建重点是作为国家政治和礼制象征的宫城、坛庙。这一阶段的特点是工程浩大、突击性强，基本完成了宫城建设，初步建立了明代宫城制度的雏形。而都城（京城）的更早完工，应有出于军事防御的现实考虑，点明了这一时期的城市建设在政治功能之外，另外也有出于战争形势考虑的军事功能。这两点也奠定了今后南京城在整个洪武时期建设的基调。

增筑新城的工程，也包括了疏浚护城河，由于工程量大，建材统筹调配的困难，再加上战争仍在进行，参建人员有限，开挖护城河等因素的影响，完工相对较晚。作为城池最重要组成部分的护城河，于洪武元年（1368）冬天在河床干枯、地下水位有所下降的季节，开始逐段疏浚，一直延续到洪武五年十二月才完工。这座原先规划增筑 50 余里但并未明确的新城长度，最终实际周长为 59 里。

这段时期建造的"新城"，并不是我们今天肉眼可见的南京明城墙，但它的建成框定了南京城的基本轮廓。初建的新城，高约 10 米，厚约 5 米（有些地段更窄），大概与原来应天府旧城城墙"高三丈"的尺度比较接近。比之后经过多次加筑、改造的南京城墙，规格相差甚远。

20 世纪 50 年代以来，在明南京城北段和东段城墙中，先后发现其中隐藏有小墙，即专家所称的"墙中墙"现象。1998 年在东城墙前湖段（今中山门北侧）城墙内发现明城墙中"墙中墙"（在"墙中墙"距地表 1 米左右墙体上，发现临江府新淦县洪武四年均工夫砖），2000 年在"月牙湖"南侧城墙内发现石砌"墙中墙"，太平门东侧城墙断面附近也有块石"墙中墙"。此外，在北城墙一带，1952 年新开解放门工程中发现用六朝砖砌城墙；1958 年在钟阜门西自城墙顶部向下 4.1 米处发现用六朝至隋唐砖筑一段高 6 米的城墙；后来，在自狮子山起至金川门西止约 1.5 千米内，发现了砌砖情况复杂的"墙中墙"，其中以六朝砖居多，也有印刻"靖安塘湾水军""池司前军"的宋砖，以及印有"官录""北闱"的唐砖。这些墙都不太高，残缺不齐，高

1.5～1.9 米左右，外部和上面砌筑有明代的城砖。

对以上现象，主要有两种解释：

其一，认为"墙中墙"是 1366 年开始建造的新城，即《明太祖实录》中记载的"增筑新城"，此后分阶段对南京城墙的修筑，主要是对 1366 年开始"增筑新城"的加高、增厚，故形成了"墙中墙"现象。

其二，认为不论是琵琶湖南岸的墙中墙，或者是金川门至狮子山一带的墙中墙，是为了 1366 年"筑新宫"和"增筑新城"而特别砌的防洪墙。钟山之水是清溪经半山园流入燕雀湖和杨吴城壕的源头，如果没有这道不高的砖墙，不但出入城内外的地下水道无法埋设，建筑新宫的工程也难以施展。而狮子山至金川门原来为后湖，金川河入江故道，地势低洼，为预防江潮倒灌和湖水浸袭，先行修一道防洪墙是十分必要的。在近几十年对明城墙的考古发掘和调查中，发现光华门至通济门、中华门至集庆门之所以不见墙中墙，是因为前者地处岗垄之脊，后者位于南唐金陵城羊马城（又名阳马墙，至少在唐代已经出现。它是在城外壕内修筑的一周矮墙，平时里面可以放养羊、马、牛等家畜，以免动物入城；战时还可与主城互相呼应，利用它作为一道简易的防线，以加强主城墙的守御能力）之内，无需防水防洪。凡是出现墙中墙或墙下墙的地方皆为近水地带。

值得一提的是，在 1366 年 8 月开始扩建新城的同时，朱元璋派兵两路，进取湖州、杭州，陆续完成了对长江下游重要势力张士诚所在的平江（今苏州）南、北、西三面的包围态势。军事行动与建造新城的同步进行，不难看出朱元璋急于政治扩张，继而取代元朝、统一全国的欲望，这座虽然朴素的应天府新城，其政治寓意也变得不难猜测。

二、徘徊往复——中都与应天之间的选择

中国古代历次王朝建都的选择，从政治地理的角度来看，适宜的地点一般有几个层次的考虑，其中有两个层次最为关键：一是在全国领土范围内的地理区位，二是建都地点本身的地理环境，包括自然条件与人文基础。在第一层次中的考虑又分为两方面，一是选择全国的地理中心或是有利的控内御外的位置，二是与统治集团崛起的发源地是否相近的原则。

当然从最简单、最理想的思路而言，作为一国的政治中心应当位于国家的地理中心位置上，以便于对全国进行行政管理。如战国末年成书的《吕氏

春秋·慎势》就说："古之王者，择天下之中而立国。"这里的国就是都城的意思。这是天下一统之前人们关于首都定位的基本思路。《荀子·大略》中也说："欲近四旁，莫如中央，故王者必居天下之中，礼也。"这是从礼制出发来说明天下之中的重要性。以天下之中为首都可以说是古代人们最朴素、最原始的思路，并无玄虚，亦无须拔高。

只是现实往往要比理想中复杂得多，以天下之中为都这种理想，事实上往往要让位于政治、军事和经济条件的考量。为了王朝的长治久安，一方面要控制内部的反对势力，一方面还要抵御外部的侵扰，这时候，首都就可能要设在有所偏向的位置而不是地理中心。

另一个与地理中心有矛盾的因素是政治根据地——即古代政权往往所说的龙兴之地。中国古代的历史是王朝更替的历史，每一个王朝的兴起都与其政治根据地有着密切关系，这是王朝赖以存在的政治基础，因此一般情况下，首都定位会尽量与此基础相近，或离得不远。这是中国传统文化的一个重要特色。这个因素十分重要，周秦隋唐如此，辽金元清亦无不如此。甚至割据江东的孙吴政权也有"宁饮建业水，不食武昌鱼"的说法。

在以上因素之外，首都所在地的经济地理条件也有一定的重要性，虽然首都地区的粮食与其他用品可以从全国调配，但粮食供应却要有最基本的保证，于是都城所在地要求有一块能生产粮食的平原。在中国历史长河中最多被作为都城的西安、洛阳、北京、南京与开封皆具有这一优势。与经济地理紧密相关的是交通条件，首都必须位于交通枢纽处，这样既有利于对全国的政治控制，同时又保证对首都的经济供应。

以上这些条件既互相补充，又互相制约，于是中国的都城，尤其是统一王朝时期，就会出现这样的情况，很难有一个地方完全满足以上这些条件，既然如此，就会产生某一时期在两个地方徘徊的情况。正因为都城选址问题的复杂性，在明初洪武时期，一向处事决断的朱元璋才在这一问题上也表现出了罕有的摇摆与犹豫。

洪武元年（1368）正月初四，"上祀天地于南郊，即皇帝位，定有天下之号曰大明，建元洪武"。[①] 册立马氏为皇后、皇长子朱标为太子，任李善长为

---

① 《明太祖实录》卷二九。

丞相，追封皇考。然而，唯独没有宣布新王朝的京师建在何处，这充分说明了朱元璋意欲在南京之外另择佳地建都的心迹。

发生在 1368 年的战争形势的变化是朱元璋想要在南京之外另择都城的重要原因。1367 年 11 月，朱元璋任命徐达为征虏大将军，常遇春为副将军，率师 25 万北征。这样，改变了以往对陈友谅、张士诚作战时由朱元璋亲自指挥诸将的局面。原来对陈友谅、张士诚的战争多在南京及周边地区进行，而这次远征，战场远离政治中心南京，使得朱元璋无暇亲自指挥前方统兵诸将。朱元璋深知，对北方元军的胜败决定着他的政治命运。因此，如何将作为政治中心的首都和指挥北方对元战争结合起来，便是朱元璋首先考虑的重大问题。在这一形势下，朱元璋开始考虑选择北方适中之地为都城。1368 年 4 月，徐达等攻下汴梁（今开封），这就为朱元璋在北方建立政治、军事中心创造了条件。同年 5 月，朱元璋从南京前往汴梁，"时言者皆谓天下者宜居中土，汴梁乃宋故都，劝上定都，故上往视之；且会大将军徐达等谋取元都"。[①] 此次北上，一是踏勘历经金元数百年的汴梁是否还具备建都的条件；二是给徐达等北征将领部署夺取元大都的作战计划。此行之后，朱元璋于洪武元年八月己巳，诏以金陵为南京，开封为北京。"朕观中原土壤，四方朝贡，道里适均。父老之言，乃合朕志。然立国之规模固重，而兴王之根本不轻，其以金陵为南京，大梁为北京。朕于春秋往来巡守，播告尔民，使知朕意。"[②] 此时的南京与北京，在名义上是平等的，"南京"是朱元璋为金陵城起的新名字，这也是金陵在历史上被称为"南京"的开始。

之后，朱元璋于洪武元年八月再次北上开封，这一次他停留了 43 天，然后返回南京。直到洪武十一年"京罢"，朱元璋再也没有到过开封，也不提北京之事。由此观之，以开封为北京，更像是为北方对元作战而临时设立的指挥中心和补给基地。随着北方战争形势的变化，北京的设置便名存实亡了。

洪武元年，徐达攻克元大都后，为了守御的方便，将都城北墙向南移了五里，后又将都城南墙向南移了一里，这一变动形成了今日北京城的位置与格局。根据记载，徐达先是"令指挥叶国珍计度北平南城周围凡五千三百二

---

① 《明太祖实录》卷三一。
② 《明太祖实录》卷三四。

十六丈"，接着"大将军徐达遣指挥使张焕计度故元皇城，周围一千二十六丈"。这种对故元大都城市尺寸的密切关注，似乎也与明太祖拟建全国性都城的计划密切相关。只是这座全国性都城究竟应该建在哪里，尚未有最终定论。

经历了以开封为北京之后，在凤阳建立中都也是朱元璋在建都事宜上的又一次摇摆。洪武二年八月，陕西被平定，北方尽入明朝版图，形势大改。当年九月，朱元璋诏问群臣建都之地，群臣"或言关中险固，金城天府之国；或言洛阳天地之中，四方朝贡，道里适均；汴梁亦宋之旧京；又或言北平元之宫室完备，就之可省民力者"。[①]朱元璋则认为这些建议都不全面，不适应建都的要求，他说："所言皆善，惟时有不同耳。长安、洛阳、汴京实周、秦、汉、魏、唐、宋所建国，但平定之初，民未甦息，朕若建都于彼，供给力役，悉资江南，重劳其民。若就北平，要之宫室，不能无更作，亦未易也。今建业长江天堑，龙盘虎踞，江南形胜之地，真足以立国。临濠则前江后淮，以险可恃，以水可漕，朕欲以为中都何如?"[②]朱元璋的理由是临濠府前面是长江，后面是淮河，地势险峻，可以用做天然的屏障护卫临濠，而且水路畅通，可以用于漕运，无经济之忧。于是，洪武二年九月"命有司建置城池宫阙如京师之制焉"。这一决定从一开始就遭到了部分大臣的反对，只是慑于皇帝的威严，不敢公开表示出来。刘基也是坚决反对兴修中都的一员，正当朱元璋锐意营建中都之时，刘基上疏告诫朱元璋说："凤阳虽帝乡，然非天子所都之地。虽已置中都，不宜居，扩廓帖木儿虽可取，然未可轻，愿圣明留意。"[③]

只是所有的反对之声都无法阻挡帝王之心的力量，为了能在龙兴之地建造一座高大壮丽、气象一新的都城，体现新王朝的威武气势，朱元璋自全国征集能工巧匠，大兴土木。建筑社稷坛时，要求使用的青、赤、黄、白、黑五色之土，也采自全国 10 余个省份。宫殿建筑极尽奢华，饰以彩绘，石构木构建筑要求"雕饰奇巧"。朱元璋对中都的营建极为重视，为了监督工程进度，还亲自前往视察。然而洪武八年（1375）四月，朱元璋"亲至中都验功

---

① 《明太祖实录》卷四五。
② 《明太祖实录》卷四五。
③ 《明太祖实录》卷九九。

赏劳"；回到南京后，却下令把初露城池雏形的明中都营建工程停下来，决定以南京为都城。这时，已经六年过去了。

中都建设因朱元璋的一道诏令而匆匆收场。究其缘由，史料中的描写非常隐晦，如《明太祖实录》中记载是因为觉得太过于劳民伤财，"诏罢中都役作。初上欲如周、汉之制营建两京，至是以劳费罢之"。《凤阳县志》则提供了另一种版本的说法，罢建的原因是因为刘基的反对奏折①。考虑到当时的形势，北方战事未歇，大批北征的南方将士不习北地苦寒，急需御寒的衣物，后方民众除了制作御寒衣物，还要从事农业劳作。再加上经过元末十余年的战乱，物力维艰，民众颇有怨怼，朱元璋不得不考虑这些综合因素。

设立中都耗费了大量的人力物力，使南京城的营建陷入极为缓慢的进度。见诸文献记载的，有洪武六年六月辛未朔，始建皇城城垣，由留守卫都指挥使司负责修筑。洪武十年十二月戊申，建成皇城各项主体工程，并正式置皇城各城门门官。

三、大规模营建——国家政治中心的完备

洪武八年罢建中都后，朱元璋决心重点经营南京。同年七月改作太庙，九月"诏改建大内宫殿"，并宣布"今所作，但求安固，不事华丽，凡雕饰奇巧，一切不用，惟朴素坚壮，可传永久。使吾后世子孙，守以为法。至于台榭苑囿之作，劳民废财，以事游观之乐，朕决不为之，其饬所司如朕之志"②。

这次改建还增筑了一些殿宇，如文华殿和武英殿等；加强诸门建设，如午门翼以两观，形成阙门，以及一些殿之左右门等。洪武十年八月，"庚戌，诏改建圜丘于南郊。初，圜丘在钟山之阳，方丘在钟山之阴，上以分祭天地，揆之人情，有所未安，至是欲举合祀之典，乃命圜丘旧址为坛而以屋覆之，名曰大祀殿"③。同年八月，"命改建社稷坛"，"冬十月丙午朔，新建社稷坛成……"

"洪武十年十月……改作大内宫殿成……制度皆如旧而稍加增益，规模益

---

① 王剑英：《明中都研究》，中国青年出版社，2005年。
② 《明太祖实录》卷一〇一。
③ 《明太祖实录》卷一一四。

宏壮矣"，① "上以大内宫殿新成，制度不侈，甚喜"。② 又改造宗人府、五府、六部等官署，并建刑部、都察院、大理寺、五军断事司、审刑司公署于太平门外，筑钦天监观星台于鸡鸣山，建鸡鸣寺于鸡鸣山，建历代忠臣庙，创置象房、黑窑等。改建国子学于鸡鸣山下，称国子监；改建蒋山太平兴国禅寺为灵谷寺；等等。从这些建筑类型来看，这一时期的南京城建设是将其作为大明王朝的政治和礼制中心之所在，宫殿、衙署、礼制建筑，这些作为国家象征的建筑形式开始在南京城如雨后春笋般纷纷涌现。

早在洪武六年（1373），朱元璋就提出了"深高城隍以防之"，城墙要更高，城壕要足够深，以护卫京师，起到更好的防范作用。这一对南京城垣在军事防御上的定位，是后来南京城大规模改扩建，体量不断增高加厚的前奏。此时期对南京城垣的改建主要包括三个部分的内容：① 加高增厚工程，是对初建的南京城垣墙体全部进行加高增厚，使之更加壮观、牢固和实用；② 城门改造工程，是在城垣墙体增高加厚之后，原先的城门显然与高大厚重的城垣不相协调，故需改建；③ 扩建工程，是对当年规划并建造的南京新城进行局部调整和扩建，使城区内部配套和防御更加合理。

城墙的加高增厚工程，是南京城垣改建中工程最大的一项工程。这项工程的实施，使南京城垣从外观到用材上都发生了显著变化。其耗时长久，一直延续到朱元璋晚年，几乎贯穿了整个洪武时期。从文献来看，南京城墙一些主要城门的改建以及增设瓮城一类的附属建筑，也大致完成在这个时期。由于早期应天府新城的墙体并不高峻、厚实，那么相应地城门规模也非常有限。但是随着后来城墙的规模日益高大，原来的城门就显得过于局促，不协调。故洪武十九年（1386）十二月，朱元璋下令重新建造通济、聚宝、三山、洪武等门。在城墙改造过程中，中国古代城门自元大都瓮城开始采用的"四层券"砖券门洞，代替了唐、宋时期传统的过梁式木结构城门。这种"四层券"的砖券建造门洞技术，比过梁式木结构的城门有很多优点，结构更加坚固，门的跨径增大，甚至可以建造更为复杂的式样。因此，在洪武年间建造的南京城墙城门中被广泛采用。

① 《明太祖实录》卷一一五。
② 《明太祖实录》卷一一六。

到了洪武晚期，无论在城市本身还是行政建制上，南京都发生了翻天覆地的变化。从一支元末起义军的根据地变成了一座气势恢宏的帝国都城，一个组织严密的国家政治体系的中心。这些位于城墙内外的宏伟的新建筑，包括宫殿、庙宇、礼制建筑、衙署、街道等等，不仅创造性地适应了他们所在的场所，而且在布局上体现了国都的威严以及人与人之间应有的等级秩序。这座城市的独特性还在于其坐落于起伏不平的丘陵地面上，不同的山脉蜿蜒穿插其中，发达的水系从城中穿过。作为在江南地区曾经建立的最大的古代城池，南京城垣对山水形势的充分利用最终形成了其独特的平面形状，并引来后人诸多蠡测。

南京京城城墙建造的基本完工，对城市的军事防卫有着积极意义。然而从当时城市及其周边的总体形势看，城东的钟山、城北的幕府山、城南的雨花台等制高点，此时仍处在城外。若有外敌占而拥之，居高临下，城中景象将一览无余、尽收眼底，而来自高处的打击无疑是致命的，城外与城内俨然为刀俎与鱼肉之关系。正如传说中朱棣所言，"紫金山上架大炮，炮炮击中紫禁城"。

历史已经上过生动的一课。将时间上溯至南唐，当时的统治者正是将这些制高点置于江宁府之外，直接导致了后来北宋军队的轻易攻入，后主李煜落得"故国不堪回首月明中"的下场。这一史实到明初时应该不会为时人所遗忘。另外，当时位于城外的玄武湖建有存放全国户籍的黄册库，太平门外有三法司，钟山南麓有明孝陵，这些重要国家机构和皇家陵墓也处于京城东边城垣之外的防卫真空地带。因而，无论是从保卫京城还是从保卫城外皇家重地的角度来说，将城外制高点纳入都城防御体系中都变得迫切而必要。

以武功起家的朱元璋后来也意识到事情的严重性和紧迫性，遂采取了补救措施。洪武二十三年（1390）四月，朱元璋下令在京城之外建造一座更大的城垣——外郭城。城门共15座，分别为驯象、安德、凤台、双桥、夹岗、上坊、高桥、沧波、麒麟、仙鹤、姚坊、观音、佛宁、上元、金川。次年又增江东门，合计为十六座城门。外郭城主要是利用城外黄土丘陵岗阜的地势建成，除了险要之处用城砖和条石砌筑，其余大都是土筑，故也俗称为"土城头”。外郭城号称周长 180 里[①]，平面略呈菱形。其西北据山带江，东南阻山控野，连绵起伏，蔚为壮观。近年在对外郭城遗址的考古发掘和调查中，发现有些地段夯筑了墙体，有些地段使用条石作为地基，可见其构筑方式多样。

修建外郭城的目的是要将雨花台、钟山、幕府山等山体围入城内，故城的走向和形状要受上述山体的影响。外郭城以京城为中心，在南、东、北三面分别以雨花台、钟山、幕府山为基点，适度向外扩展；在南、北两端将雨花台、幕府山包入后又将墙体进一步延伸至长江边，借用长江天堑连接外郭的西、北两端，从而形成了不全由墙体构成的闭合城墙形态。

经过大刀阔斧的建设，洪武晚期的南京城已经完全是一个大帝国都城的风采。然而，迁都一事又重新被提上了日程。由于明皇宫是填塞燕雀湖所建，南高北低，到朱元璋晚年时，宫城“前昂后洼”，后宫容易积水的弊端显现出来。洪武二十四年，朱元璋派太子朱标携部分朝堂重臣前往关中考察，朱标一行归来后，献上陕西地图，不顾身体病弱，上书迁都关中之事，正当迁都关中逐渐从理论上转化为行动时，第二年四月朱标便病逝了。朱标的英年早逝对晚年朱元璋的打击非常大，迁都关中之议也随着朱标去世而逐渐式微。最终朱元璋以年老精力倦怠为由作罢：“本欲迁都，今朕年老，精力已倦，又天下初定，不欲劳民。且兴废有数，只得听天。”[②]

在这种形势下，太子早逝，朱元璋业已年迈，而南京经过洪武一朝紧锣密鼓的建设，无论是在功能还是规模上都已经完全具备了一国之都的气象，一切的外在条件似乎都昭示着这座城市作为大明王朝都城难以更改的命运。于是，洪武二十八年，朱元璋下令由礼部编纂《洪武京城图志》一书，分为宫阙、城门、山川、坛庙、寺观、官署、学校、仓库司局、桥梁、街市、楼馆、厩牧、园圃十三类，文字言简意赅；并配以《皇城图》《京城山川图》《大祀坛·山川坛图》《庙宇寺观图》《官署图》《国学图》《街市桥梁图》《楼馆图》八副线描图，分门别类又直观形象地展示了明初南京城建设的成果。

---

① （明）顾起元：《客座赘语》卷六《外郭门》。

② （清）顾炎武：《天下郡国利病书》卷一三《江南》，《全明文》卷三三，上海古籍出版社，1992 年。

这本志书由"皇上万几之暇，命工绘图，颁示天下"，作为都城建设的总结，颁令天下臣民知晓。詹事府丞杜泽在《图志》序言中对京师南京不吝溢美之词："京师天下之本，万邦辐辏，重译来庭，四海之所归依，万民之所取正，非远代七朝偏据一方之可侔也。"

第二节　南京城墙

一、中国古代城垣由夯土至砖筑的演变

考古学证据揭示，最早的城墙只是经过夯实的土墙。上溯至三代，郑州商城城墙便是版筑夯土墙，每层夯土约为 3～10 厘米或 20 厘米，每个夯土层表面上有密集的圆形尖底或圆形圆底的夯杵印痕，城墙还有版筑的痕迹，四周城墙共有 11 个大小不同的缺口，其中有的是城门，有的是城墙废弃后所损毁。以全部城墙的长度、高度和宽度计算，郑州商城共有夯土量约 87 万立方米。在当时的劳动条件下，即使每天有上万劳动力参加筑城，也得四五年时间才可完成。夯土层所包含的木炭，经过碳-14 测定，其年代约为公元前 1620 年。其他经过考古发掘的战国时期韩、魏、赵、楚等国的城址，城垣也由夯土筑成，只有城内较大的建筑物才部分地使用瓦。从汉代起，砖瓦的使用开始增多，但也还是属于奢侈的建筑材料。西汉首都长安城的城墙，全长25 100米，也是全部版筑的夯土墙，连城门也全未用砖。只是在每个城门基址上发现了石础，证明其原来建有木构门楼。

上古时期所筑的城，因年代久远，多已毁坏，或已经淹没于地下。又因为是泥土版筑的，破坏之后，回归大地，年月渐久，往往连痕迹也不见了。到了后来，逐渐出现包砖的城墙，目前可以查到的用砖包砌城墙的最早记载是孙权于建安十三年（208）筑的镇江铁瓮城。《至顺镇江志》载："子城，吴大帝所筑，周回六百三十步，内外固以砖，号铁瓮城。"又《舆地志》载："（铁瓮城）吴大帝所筑，周回六百三十步，开南、西二门，内外皆固以砖甓。"近年来对铁瓮城的考古发掘，也发现了具有六朝早期特征的包砖墙遗迹。考古发掘中也多有南北朝时期城墙用砖的发现。

但是从六朝时期包砖墙的出现，直到唐代，城垣包砖的实例并不多见，而且大部分城池是局部包砖，尤其是城门附近、城墙转角这类重要的通行地

段或易被攻击的部位。到了宋代，由于火器开始在战争中频繁使用，冷兵器中的抛石机一类远射兵器的发展，对城墙的威胁性极大，夯土城墙在军事防御上的弱势日渐明显。于是，包砖墙逐渐增多，砖块尺寸增大，加上烧砖技术的进步，烧制大批量、大尺寸、高质量的厚重城砖已不再是问题。到了元代，作为南下中原的游牧民族，对于妨碍他们在中原横冲直撞的城墙，自然没有好感。在《元史》和《元一统志》中，也难看到造城的记载。事实上，蒙古人为了炫耀他们的力量，有一个时期禁止在全国筑城。就连作为都城的北京，也仍然是夯土城墙，靠芦苇帘防雨。所以等到元朝被推翻时，许多城墙早已经破败不堪，必须彻底修理或者重建。明代开始了大规模的用砖筑城，并且开始普遍对已有的夯土城垣进行包砖。而且在明朝初期至中叶，蒙古势力南下的威胁仍然存在，所以曾在北方造了很多城，包括著名的九边，规模很大。而南方所造的城，特别是东南沿海一带，主要是为了防御倭寇。

夯土城墙的淘汰在于其致命性的弱点——禁不住雨水的侵袭，史书中常有夯土城墙因暴雨或洪水而坍塌崩坏的记载，城墙包砖则能杜绝这种危险。我国南方多雨水，尤其要求城墙有防洪排涝的功能，可能这也是早期包砖城垣多在南方城池上出现的原因。在军事防御功能上，包砖城垣表面更光滑、陡峭，增大了攀爬攻城的难度。包砖带来的墙体坚固性的提升也能增强其抗击打能力。在近代的大炮传入之前，中国的城墙几乎是坚不可摧的。城墙的坚固性使得通过挖掘或者轰击去攻破它的任何尝试都难以奏效。尽管在公元前四世纪就使用了云梯，但要攀登它还是异常艰险的。一座坚固设防的城市经得起最大军团的攻击，中国的历史上也记录了许多著名的攻城和英勇防御的故事。

城墙通常都围绕有护城河，因而在中国军事文献中就把城墙与护城河（或曰城壕）这一对汉语名词结合在一起，称为"城池"来共同使用。因为筑城所需土方大部分通过开挖护城河取得，所以筑城与开挖护城河往往是同时进行的。北方地区的护城河一般比较狭窄，例如北京和太原的护城河宽仅 30米左右，而南京城和苏州的护城河宽约 80 米，这种悬殊也反映了由于地域不同造成的护城河水源条件的差异。

二、城墙类型

明代是我国古代筑城的一个高潮时期，也是南京城市发展史上十分重要的时期。由朱元璋主导的南京城墙的营建,开启了明代全国大规模筑城的先河,我国大多数县城,到今天都还留有明代时用砖修筑的城垣。

京师城墙的用材,大体与其内部结构有关。从剖面看,大部分呈梯形上窄下宽;贴山建造的墙体往往宽窄不一,有些地段仅为几皮砖(最少为一皮,甚至未加砖,岩石直裸于外);即便全部使用城砖,在有些地段外部城砖为青泥烧制的砖,而内部又使用高岭土烧制的砖(俗称"白瓷砖")。依据城墙外观划分其不同的结构和用材,大致可以分为五大类型:

条石墙:城墙墙身内外壁从顶部(不含雉堞与宇墙)到底部全部用大条石砌筑(部分自城顶向下 1.7~3 米用砖砌筑),但内部结构有三种类型:(1)墙芯或砌条石、或填以巨大石块,用黏汁和石灰灌溉,下部条石与石块共厚 3 米左右,再往上用一层黄土夹一层块石夯实,往往中间高两侧略低。条石一般长 60~120 厘米、宽 90 厘米、厚 35 厘米,最大的重量有千余斤,小的也在 500~600 斤以上,如城南东水关、中华门、西水关等段城墙。(2)墙芯全部用黄土夹乱石夯实或用砖垒实,以石灰浆灌注而成,如东水关与西水关两侧、武定门段城墙附近墙体等,均采用这种方法。(3)墙芯全部用城砖砌筑,一皮好砖一皮次砖用黏汁和石灰浆砌筑,如中华门附近的墙体。

城砖墙:城墙墙体内外壁从顶部到底部全部用城砖砌筑,但内部结构有三种类型:(1)墙芯用黄土、块石层层填夹夯实,如金川门附近的墙体。(2)外部城砖为青泥烧制的砖,内部又使用高岭土烧制的砖,如解放门至神策门、龙脖子向南拐角等。(3)墙芯全部用城砖层层砌筑,在墙体内壁各 1 米以上处用黏汁和石灰浆浇灌黏合,其余部分城砖则用黄泥浆黏结,如太平门、小九华山一带墙体。

条石、城砖混砌墙:墙体由条石和城砖两部分组成,但形式不一,内部结构也不尽相同,大致有三种类型:(1)墙体外壁用条石砌筑,内壁用城砖砌筑,内外壁间填土、石和砖,夯实,用石灰浆砌筑。(2)墙体外壁地表以上 2~4 米用条石砌筑,余者全用城砖砌筑,内外壁各厚约 1 米,用黏汁和石灰浆砌筑。墙芯用城砖,以泥浆砌筑,如"台城"、小九华山、太平门段墙体。(3)墙体外壁地表以上 2~4 米砌条石,其上和内壁砌城砖(一砖厚),用黏汁或石灰浆砌筑。两壁之间底部填块石,石灰浆灌注,上面用城砖和泥浆砌筑,或用干土叠砌,如解放门至神策门段墙体。

包山墙：外壁全部用城砖包砌，或以条石、城砖混砌，内壁仅筑较矮的护土坡。这类城墙，一般内侧有土丘或山体，基本无内壁墙，或仅有较矮的内壁墙，如清凉门段城墙，石壁由南向北逐渐升高，最高部分有一块突出，因水冲刷，表面凹凸不平，有似"鬼脸"，故清代以来此段城墙亦被称为"鬼脸城"。

墙包墙：在城墙中夹有明代或明以前的城墙、古砖墙、块石墙等，"小墙"一般高6～10米。如前湖段城墙中的小墙，既有明以前的砖，也有明洪武四年的砖；狮子山东偏至小东门一段、解放门西侧，均为南京六朝墓中常见的花纹砖。月牙湖南侧、太平门东侧、神策门段、中央门西侧等段城墙所包小墙则以块石砌筑。

三、黏结材料

唐代以前，砖砌建筑的黏结材料主要为黄土，由于黄土强度弱，因此砖构建筑的整体牢固性较低。从宋代开始，石灰加黄土或黄沙所制黏结剂的运用逐渐广泛。至明代，石灰烧造技术已经充分成熟，这也为砖砌建筑的稳固性提供了保证。明末的《天工开物》对明代石灰烧制有详细的记载："燔灰火料煤炭居什九，薪炭居什一。先取煤炭泥和做成饼，每煤饼一层叠石一层，铺薪其底，灼火燔之。最佳者曰矿灰，最恶者曰窑滓灰。火力到后，烧酥石性，置于风中久自吹化成粉。急用者以水沃之，亦自解散。"可见，对于烧制石灰的方式和火候、成品的质量等级、石灰的化学性质等，明代的工匠已有了成熟的认识。《天工开物》还对石灰作为黏结材料的使用方式有所提及："凡灰用以砌墙石，则筛去石块，水调粘合。甃墁则仍用油灰。用以垩墙壁，则澄过入纸筋涂墁。用以襄墓及贮水池，则灰一分入河沙、黄土二分，用糯米、粳米、羊桃藤汁和匀。"

在具体建筑实例中，南京明城墙有些地段以条石和石块砌筑而成，所用的黏结材料就是石灰加黄土。北京西华门城台须弥座内部为使用白灰浆作黏结剂的六层城砖铺砌，白灰浆很可能由石灰掺糯米汁制成。建造日期更早的明中都午门使用乳白色、少数部分略带黄色的半透明黏合材料，无沙子、黄土等杂质，黏结力和抗压性都极强。而根据《南京明孝陵神功圣德碑亭考古勘探报告》显示，碑亭墙体砖缝间亦为白色黏结剂。由此可见，石灰是明代官式砖构建筑墙体砌筑的主要黏结材料，在具体使用时普遍加入有机物质汁液以增大黏性。

四、城门分布

南京京城定型后的 13 座城门，均为洪武年间所筑，城门按照城防和城市整体布局设置，东设朝阳门；南设正阳门、通济门、聚宝门；西设三山门、石城门、清凉门、定淮门、仪凤门；北设钟阜门、金川门、神策门、太平门。老南京人还为这 13 座城门编了顺口溜："三山聚宝临通济，正阳朝阳定太平，神策金川近钟阜，仪凤定淮清石城。"

朝阳门：今中山门址所在，因门内为皇宫大内且门向朝东，故称"朝阳"。与皇城、宫城的东安门、东华门、西华门、西安门构成东西轴线。城里皇宫琼楼玉宇，城外孝陵戒备森严，平民百姓难由此门出入。

正阳门：今光华门，与皇城正南洪武门呈同一条中轴线。建内瓮城一座，呈长方形，有主城门与内瓮城城门二道。门内两侧排列各部衙署，迎面为金碧辉煌的皇宫，给人以强烈的"金陵帝王州"的印象。

通济门：位于南京城南，是京城 13 座城门中占地面积最广的一座。建有内瓮城三座，平面呈"船形"，门垣四道。《南京都察院志》称："本门冲要。东至正阳门界，西至聚宝门界，长五百一十一丈七尺，垛口（亦称雉堞）七百四十四座。"

聚宝门：今中华门，位于南京城南，该门为南唐都城至宋元金陵城的"南门"。同治《上江两县志》卷五载："明初建为京师，乃益廓而大之……以上三门（聚宝门、三山门、石城门）本南唐南门、水西、大西诸门也。明初拓城，惟此三门仍旧而更以新名。"光绪重刊《江宁府志》卷一二："明建都城，因其南门、大西、水西三门因宋元之旧，更其名曰聚宝、石城、三山。"在南京京城诸门中，聚宝门气势最为恢弘，虽然木结构的城楼与城门、闸门皆已不存，但内瓮城的砖石结构仍保留至今。

三山门：俗称水西门，为南唐都城至宋元金陵城的旧城门。有内瓮城三座，门垣四道，形状与通济门相似。

石城门：南唐时称大西门，洪武时期改建该城门时，因此处可遥望石头城，遂定名曰石城门。明清两代，石城门与三山门同为商贸舟船汇集之地，是京城内外通商的重要交通枢纽。

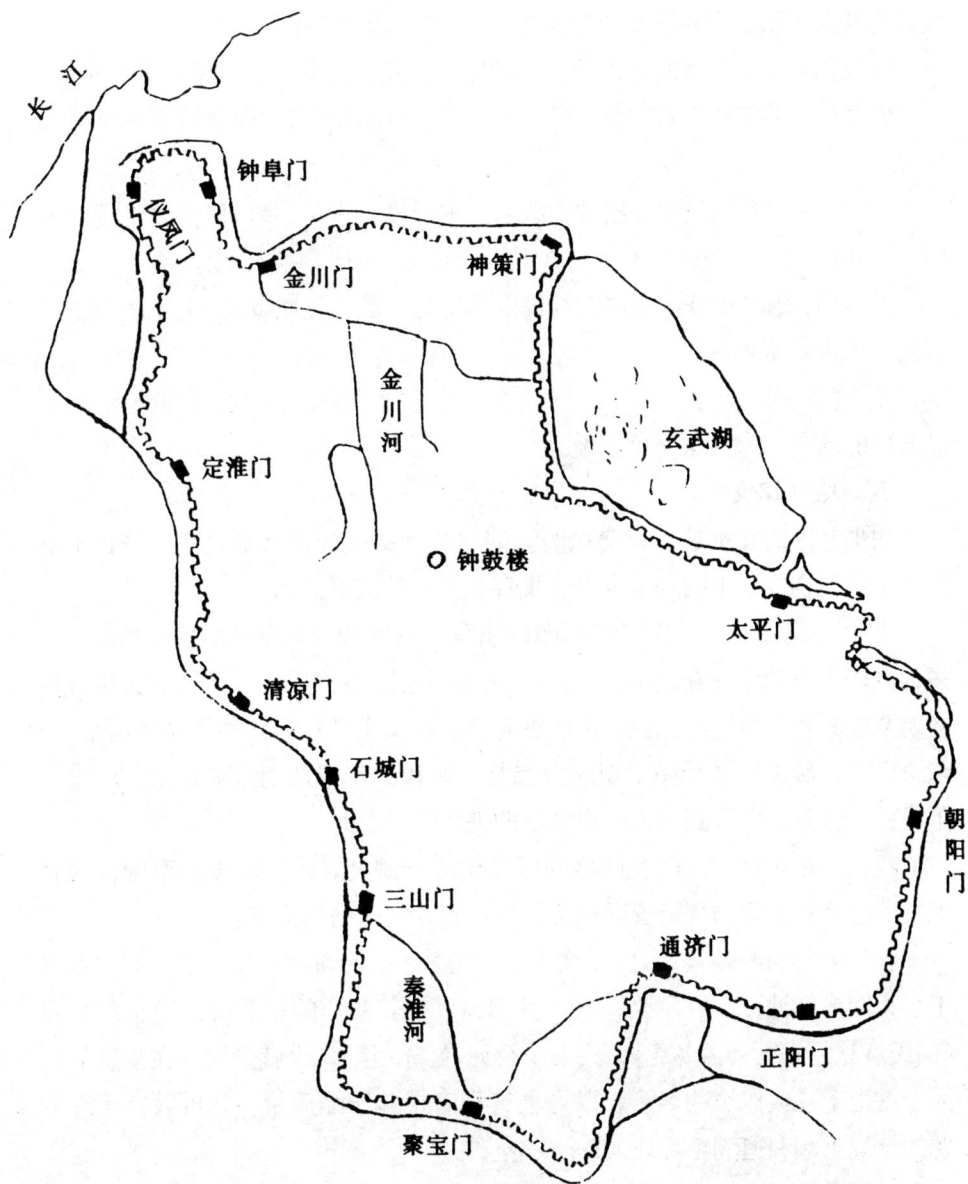

明初京师城墙图

    清凉门：明代又名清江门，门内设内瓮城一座，今已不存，但主城门的砖石结构遗留至今。

    定淮门：建于洪武初年，由于临近城内马鞍山（位于今南京艺术学院内），故名马鞍门，洪武七年改名为定淮门，门外有龙江宝船厂。

仪凤门：位于南京城北狮子山与绣球山之间，坐东向西，建于洪武初年。

钟阜门：洪武初年称"东门"，十一年改为钟阜门，取其因遥对钟山而得名。

金川门：因金川河由此出城，故名。附近设有水关，跨河而筑，以通城墙内外金川河。

神策门：因驻扎守卫京城的神策卫而定名。筑外瓮城单瓮一座，瓮城开有两门，为南京所独有。

太平门：因门外设"天牢"而定名"太平"。为扼守钟山通向城内最近、最方便的通道，为兵家必争之地。

五、城砖铭文

根据专家的初步估计，南京明城墙建成大约需要城砖数亿块，城砖的砖文，也由此构成了中国乃至世界上现存最大的砖文群。

于砖上印刻文字在战国晚期即已出现，其时中央官署制陶作坊的砖文，多为戳印，少数为刻画，字数少，统称为"陶文"。汉以后，砖文从关中地区影响至中原和江南地区。魏晋南北朝时期，砖文主要在长江中下游地区盛行。隋唐以后，砖文发展开始呈现衰败趋势。明代初年建造南京城墙时，砖文一下子盛行起来，发展到令人瞠目结舌的地步。

我国在东周时期，已有严格的标准化生产制度。战国晚期的秦国体现得尤其突出。其精密的规范管理章程、责任到人制度已见诸记载。

春秋时期的典籍《礼记·月令》（约成书于公元前 620 年）篇，有"物勒工名，以考其诚，工有不当，必行其罪，以究其情"的记载（这段记载另见《吕氏春秋》卷十《孟冬纪》，成书于公元前 240 年）。也就是说，在生产的产品上刻上工匠或作坊的名字，以方便管理者检验产品质量，并可以在出现问题的情况下顺利追溯至责任人，施以处罚。

根据近几年在城墙维修和回收散落在社会、民间的明代城墙砖的过程中，已发现并收集到了 1 000 多种不同产地、不同内容、不同形式、不同字体的城砖铭文。这些铭文一般都是模印、戳印或刻画制作而成，多数是阳字，也有少数是阴刻或双线字。铭文的字体一般为楷书，也有部分隶书、篆书、行书体等字。各组铭文的大小和字数都不一样，其中，最大的字高、宽在 10 厘米左右，最小的字高、宽不足 1 厘米。一块城砖上铭文字数最多的可达 70 多个，分别模印或戳印在城砖的两个侧面，最少的只有 1 个字，一般均模印在端面或侧面。制作方法是先将文字刻在"模子"上，然后把刻好的"模子"或"戳印"压印在未干的砖坯侧面或端面上，待砖坯晾干再入窑焙烧而成，也有小部分是用锐器直接刻画在砖面上的。砖文的内容有记名砖、纪年砖、吉语砖、符号砖、数字砖、城门名砖、简化字砖等，具有重要的史料价值。

六、"高筑墙"——城墙的军事功用与精神意义

牟复礼先生在《元末明初时期南京的变迁》一文中，对南京城墙的设计思想做了初步辨析，他指出：

事实上，这是中国伟大的筑城时代。所有这一切都表现出当时仿佛举国都着了防御迷——至少那个王朝是这样。可是这可能还不是正确的解释……也许更广义地说，明时重建的南京城及其他诸城，主要还是起着重新肯定汉人国家存在的心理作用，而不是为了保卫城市及其居民免遭可能的危险而建严城峻垒的纯防御作用。就百姓与政府官吏的日常生活而言，有城的城市事实上倒不见得比无城的城市更安全，因为中国农村是太平无事的，行政城市周围的城，并不能把它与其余的人口隔开，分出一个保险的安全带来。南京的深沟高垒，并不能保护天坛地坛、先王陵墓或者甚至是官府的仓库与监局……不过城也确实有作用，这首先在于标志着政府的存在。它显示了城市的尊严，但并不限定它的边界。

这么说也不是完全否定城的军事作用。城使人想起军事力量，也能够成为防守的堡垒，必要时还能抵挡旷日持久的包围与最机巧的攻城武器。（但明代历史上又有几回这样的必要呢？）当明太祖决定扩大南京城，把便于设防的要地划入城内时，当他修建层层叠叠的门券以抵御攻城时，他心中确实是想到某种纯军事功能的。但建造这样巨大的防御工事的人，主要却不是武人，他的政府也不是军事政府。尽管事实上他的岁入大部用于维持政府的庞大军费开支方面，但他主要却是以民政手段进行统治的，这些手段首先就包括社会与政府的尊卑之礼，以及依赖表现于'天命'正统的神秘性。南京的城正像政府的其他行动一样，是为加强这种神秘性与维持政府所在的威严而设计的。我想作个假设，在中国文化史

上，在对旧中国城市的研究上，城的主要意义就在于此。

牟复礼认为明城墙的主要作用在精神层面，古代城墙和宫殿、坛庙一样，其规模愈是宏大，愈是为了彰显政府毋庸置疑的威慑力和"天命所归"的神秘性，其军事上的作用反而是次要的。这种认识的合理性在于，牟复礼敏锐地察觉到了城池在古代战争中重要的精神意义，所谓"攻城略地"，在战争中，攻下城池，便意味着自动占领了城池所管辖的广大乡村地区，所以，城池在军事上的战略意义和其精神象征意义是不可分割的。

但是，这种观点对于城墙在精神层面的过度强调，忽视了南京城墙从修筑的历史背景、技术的革新以及充分利用南京地理形势以实现军事防御效用最大化方面的煞费苦心。

南京明代京城城墙的基础，始于元至正二十六年朱元璋"拓建康旧城"，"增筑新城"。这一新城，有将位于钟山之阳的新宫围入都城的目的，更有固守、经营南京城，进而取天下的野心。城池的修建沿用了南唐金陵城在南面和西面以秦淮河为护城河的传统，并把原南唐都城之外北面的清凉山、卢龙山（今狮子山）、鸡笼山（今北极阁）、覆舟山（今小九华山）、龙光山（今富贵山）等诸山，均圈入城中。即所谓，"明初都城，皆据岗垄之脊"。

此外，在具有重要战略意义的城门位置建造瓮城，是南京明城墙在军事防御上的另一特色。宋代以前的瓮城，均为一重。南宋时，扬州城为抗击蒙古大军入侵，建造了目前所知我国最早的双瓮城城门形制，但其瓮城筑于城墙之外。

位于明南京城的聚宝门，则有三道瓮城、四道城门、27 个藏兵洞，可藏兵三千以上，至今尚存；且瓮城位于城墙内侧，这是一个创举。此外，南京通济门、三山门也是三道瓮城，可惜已不存。

明初，南京城市营建上大量出现的砖石拱券技术，是城墙发挥军事防御功能的另一例证。在明之前，都城城墙门洞主要采用过梁式木结构，这种形制在《清明上河图》中可清楚看得到。过梁式城门在对付火力武器上有着致命弱点，在热兵器枪炮出现后，于防御十分不利。为了抵御蒙古军队进攻，扬州城在北宋晚期就开始出现砖砌券顶门洞，这是目前所知的最早实例。元至正十九年冬，元顺帝曾下令加筑元大都 11 座城门的外瓮城，采用四层券的砖券门洞，代替了唐宋以来习惯采用的过梁式木结构城门，但主城门依然采用过梁式木结构。

明代制砖技术的提高，以及工匠掌握了支模施工和石灰浆砌造城门拱券新技术后，拱券跨度可以大大增加，为建造气势恢宏的城门提供了必要的技术条件。拱券在产生初期只使用券不使用伏，券伏相间的砌筑方式最早始于东汉。明代官式砖构建筑的拱券中，券伏已被普遍使用，除起到加强拱券整体性的作用外，也是等级的象征，因此建筑荷载越大，等级越高，地位越重要，使用的券伏层数越多。在现存实例中，南京明孝陵的明楼拱门、南京灵谷寺的无梁殿、南京午门、南京聚宝门为三券三伏，南京明孝陵神功圣德碑楼、明中都西华门为五券五伏。

处于元末战争中的朱元璋，在军事行动中，尤将安守城池、经略地方作为其部将的主要任务，如《明太祖实录》卷八中所记载，元至正二十年（1360）：

> 更筑太平城。初，太平城西南俯瞰姑溪，故为陈友谅舟师所破，及是友谅败走，常遇春复其城，乃命移筑城西南隅，去姑溪二十余步，增筑楼堞，守御遂固。

朱元璋还提出了将修城、练兵与抚民、节用的策略同时并重的思路，如《明太祖实录》卷十七记载，元至正二十五年：

> 辛酉，以王天锡为湖广行省都事，谕之曰："汝往襄阳，赞助邓平章设施政治，当参酌事宜，修城池，练甲兵，搏节财用，抚绥人民……"

朱元璋的这种据守一城一地、谨慎经略、筑城安民的做法，似乎印证了元末朱升为他谏言的"高筑墙，广积粮，缓称王"的策略。《明史》载：

> 朱升，字允升，休宁人。元末举乡荐，为池州学正，讲授有法。蕲、黄盗起，弃官隐石门。数避兵逋窜，卒未尝一日废学。太祖徽州，以邓愈荐，召问时务。对曰："高筑墙，广积粮，缓称王。"太祖善之。

由现存的实物与史料看，明初城池的建造，已主要是用砖砌筑了。而朱元璋特别关注城池的修筑，无疑也与这一时期战争中兵器使用的日益发展，从而对城池的坚固性要求日益提高的历史背景有一定关联。如元至正十九年（1359），常遇春"率兵攻衢州，建奉天旗，树栅围其六门。造吕公车、仙人桥、长木梯、懒龙爪，拥至城下，高与城齐，欲阶之以登。又于大西门、大南门城下，穴地道攻之"。至正二十六年，"濠州李济以城降。先是韩政兵至濠，攻其水濂洞月城，又攻其西门，杀伤相当。城中拒守甚坚。政乃督顾。时以云梯、砲石四面并攻"。又有"始吴中用兵，所在多列砲石自固"。

在元末明初的战争中，无论是攻城还是守城，武器中占有重要地位者之一就是砲石，而这是可能对传统的城墙防卫系统构成很大威胁的火炮兵器之初期阶段。这也在一定程度上解释了，为什么明初以来会出现大规模的城池建造运动，而其中又尤以砖筑城垣为多的原因之一。

第三节　皇家建筑——宫城、皇城、礼制建筑、陵墓

在一种民族文化的演变中，建筑是随着文化的发展而变化着的。而且由始至终，会有某种建筑类型凌驾于整个建筑体系之上，对其他种类的建筑起着指导和支配的作用。世界上的大多数国家，从古代到近古时期，几乎都是以宗教建筑为本位。一国之内，规模最为壮观、细节塑造最为不遗余力的建筑一定是宗教建筑，其余无出其右者。这类宗教建筑，是城市的核心，是民众的精神信仰在现实世界的落脚点，无论如何壮丽都不为过。统治者在竭力经营建造居室和城市之前，必先竭力建造祠堂庙宇。作为其他种类建筑的样板，起着引导一个时代建筑潮流的作用。

比如，日本古今伟大之建筑为奈良东大寺，其气势雄伟，在日本不仅是空前的，恐怕也是绝后的；罗马最伟大者为圣彼得教堂；东罗马最庄严者为圣索菲亚教堂；英国最壮观者为圣保罗教堂；埃及最魁伟者为金字塔及卡尔纳克神庙。这些建筑，无论是造型、规模、风格还是装饰手法，与普通住宅完全不同，一望便知其宗教性。因此西方的建筑史，几乎等同于宗教建筑史，在西方文化上，人的现世生活是不重要的，崇拜神、荣耀神才是最重要的。

然而中国却不是这样的，我们的建筑之最辉煌与集大成者，是皇帝的宫

室。其他的佛寺、道观和宗祠则相形见绌，不仅在规模上不可与宫室同日而语，在细节上亦有所不及。即使在宗教最为繁盛的历史时期，单体寺庙建筑的规模也比不上作为皇权政治象征的宫城建筑。朱元璋虽然是一位早年有寺庙生活经历、深受佛教影响的帝王，称帝后亦大兴佛寺，但毫无疑问的是，当时南京城内最为巍峨、令人瞩目的建筑当非宫城莫属。

南京明皇宫的营建并非一气呵成，而是先后经历了吴元年建圜丘、方丘、社稷坛、太庙、新宫；洪武八至十年缓慢建设期，以及洪武二十五年、二十六年的拓展修建，最终形成有宫城、皇城两重城，中轴线上依次排列三殿两宫五门的宫殿格局，并由此开启了明清两代五百余年之宫殿制度。这一宫殿建筑群，以中轴对称的布局方式、建筑规模、屋顶形式、色彩、装饰乃至命名与尺寸的象征，彰显出恭奉天命而治天下的神圣功能，并为国家政治活动的举办提供了具有精神意义的空间场所。这座宫殿，历洪武一朝31年、建文一朝4年及永乐朝18年，前后累计53年。不仅如此，永乐迁都北京所建的北京皇宫，亦是以南京明皇宫为蓝本，惟"弘敞壮丽过之"。今天我们看到的北京紫禁城，基本保持了明代皇宫的轮廓与形制，然而追本溯源，正是南京明皇宫奠定了此后六百多年明清皇家宫城的规制以及在此基础上的礼仪规范。

具有国家层面意义的皇家建筑，除了位于京城以内的皇宫外，还有位于城外的各种礼制建筑，如早期的方丘、圜丘；到洪武八年礼制改革后重建的祭祀天地的大祀坛、山川坛，祭祀礼乐的机构神乐观等；而位于京城东门朝阳门外，与皇宫相邻不远的孝陵，也是明初皇家建筑的重要组成部分。

一、皇宫选址

明代以前的南京城，城市的重心一直在玄武湖至聚宝山这一轴线上发展，这一条线上北部是六朝都城旧址，南部是南唐至元始终繁荣的原南唐故都。至朱元璋欲以南京为政治中心，筹建宫城时，这一区域与朱元璋吞并天下的野心相比，便显得局促起来，且距离闹市区较近，不宜扩建。若将宫城置于南部闹市区，既不合规制，又需拆迁而浪费财力，这对历经元末离乱的百姓来说无疑是雪上加霜。若将宫城置于六朝宫城的故址，朱元璋又忌"六朝国祚不永"。总之，不管将新的国家政治中心置于孙吴以来玄武湖至聚宝山这条轴线的哪个位置上，都无法摆脱旧城形制的束缚，难以达到明初营建宫城规划的要求，而原来的六朝旧址和南唐故都都有"国祚不永"的大忌，故均不可取。除此之外，旧城西北部山冈密集，地形不开阔，又濒临大江，不利于宫城防卫（明初的主要军事威胁来自长江以北地区），亦不宜建宫城。在综合权衡下，位于旧城之东、钟山之阳的燕雀湖一带最终成为宫城的新址。

关于这一选择，也有学者从风水、堪舆角度去解释。杨国庆先生在《明南京城墙设计思想探微》一文中提出：明南京城墙是依据传统"堪舆术""象天法地"等手段，将京城设计成"南斗与北斗聚合形"。它将宫城按"紫微垣"布局，将皇城按"太微垣"布局，将京城按"天市垣"和"南斗与北斗聚合形"布局，而外郭略呈方形，以隐喻"天圆地方"，将阳宅的皇宫和阴宅的孝陵放在外郭城的中央位置。因为，这样的整体布局，使皇宫的位置落在北斗"斗勺"的中央，故风水最佳。皇宫的选址即便是在一片湖水中，朱元璋也不惜代价在进行全国统一战争之际调用数万士卒填湖建宫。[1]

二、宫城与皇城

所谓"皇宫"，即"宫城"与"皇城"。宫城内为国家政治中心之所在。据《大明会典》记载，南京宫城"南北各二百三十六丈二尺，东西各三百二丈九尺五寸"，合计为一千七十八丈三尺。折合今制，南北长约 0.97 千米，东西宽约 0.76 千米，周长合计 3.46 千米。宫城所在之地，原为湖底松软地段，采用木桩密布夯筑成基。如距午门西 300 米的城基下面，在长约 15 米的一段城基下部，所挖木桩达 1 700 余根。木桩主要是杉木，其直径为 16～28 厘米，最粗者达 36 厘米。每根木桩长度一般在 3～6 米之间，最长的达 15 米。木桩下端削成三角形尖头，上端均有明显被反复夯击的痕迹，木桩上有的还刻有"一丈五尺""后宫"等字样。木桩之间的间距，一般的 8～12 厘米，最密处为 2～4 厘米。

宫城设午门、左掖门、右掖门、东华门、西华门、玄武门共 6 座，其中除了左右掖门外，其余四座均设城楼。又尤其以午门城楼最为宏丽壮观，为宫城诸门中级别最高的一座，翼以两观。中三门，东西为左右掖门。上朝时，只有公、侯、驸马及文官三品、武官四品以上的官员才准许由午门的右门出入，文官四品、武官五品以下的官员，只能从左掖门和右掖门出入。

午门前是传达圣旨及朝廷文告的地方，也是皇帝处罚大臣"廷杖"之地。

---

① 杨国庆：《明南京城墙设计思想探微》，《东南文化》1999 年第 3 期。

北

北安门　金吾后卫　府军左卫

玄武门　羽林左卫

北上西门　北上东门

羽林右卫

府军右卫

春和殿　4　5　柔仪殿

春和门　10　奉先殿
13
11

内府诸库

乾清

后右门　10　后左门

中右　9　中左门

武英殿　8　文华殿

武楼　文楼

武英门　奉天　文华门

西上北门

西安门　西华门　右顺　左顺　东华门　东安门

西上南门　内五龙桥

东上北门

东上南门

4　2　7　3

阙右　阙左

社稷坛　太庙

内宫诸监

端门

工部木厂

承天门

行人司　鸿胪寺　銮驾库

教坊司　乌蛮驿　会同馆　白虎桥　外五龙桥　青龙桥

乌蛮桥　会同桥　长安右门　长安左门

长安街　中府　宗人府　翰林院

通政司　左府　吏部　詹事府

大通街　锦衣卫　右府　户部　太医院

府军前卫　旗手卫　前府　礼部　东城兵马司

仪礼司　崇礼街　钦天监　后府　兵部

太常寺　工部

洪武门

府军卫　留守左卫　正阳门　金吾前卫

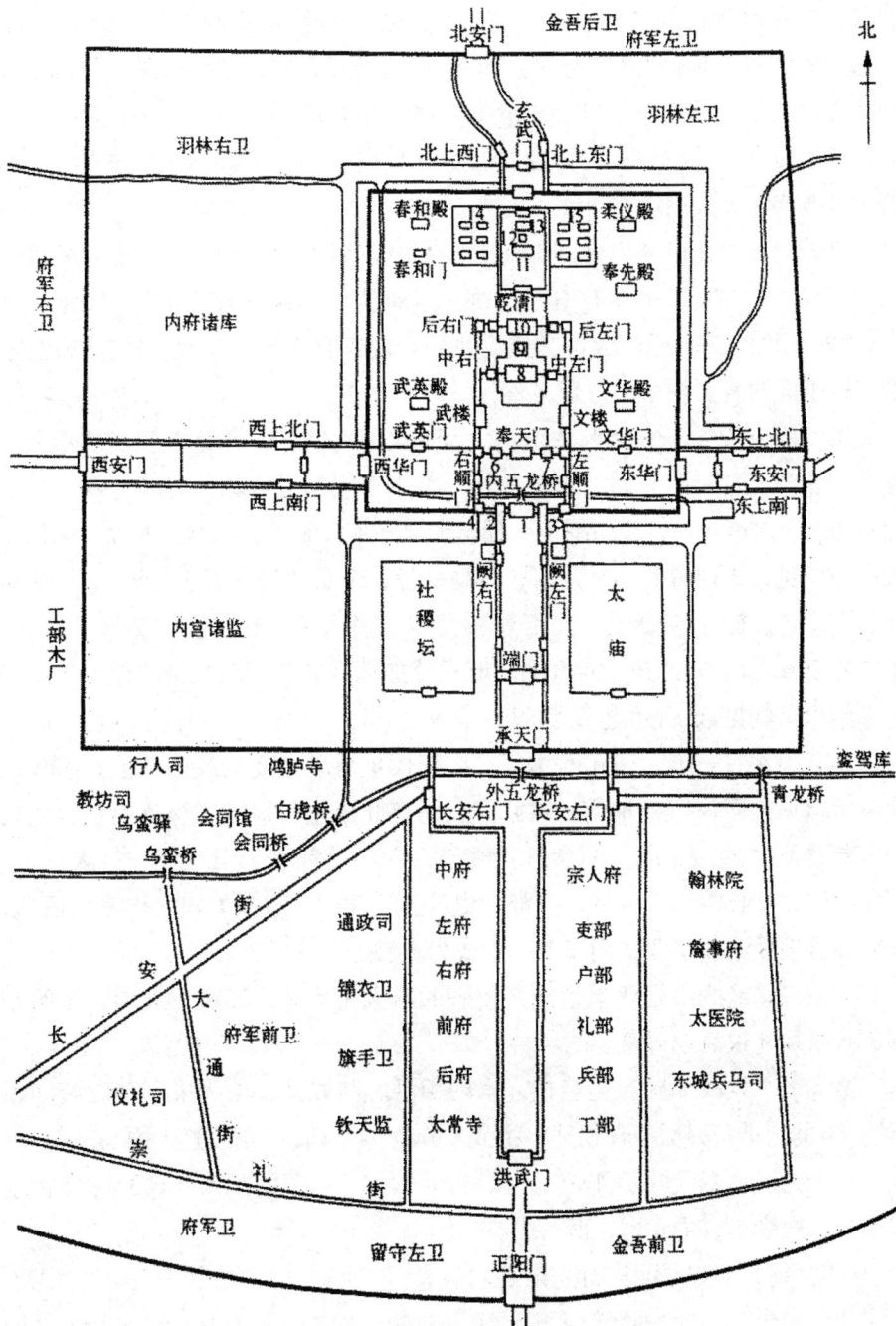

明南京宫城皇城复原示意图

据说，朱元璋时代的"廷杖"尚属文明，受惩大臣不用脱衣裤，但受罚后，也需卧床数月，而后得愈。在洪武十年宫殿改建之前，午门既是天子与大臣的分界，也是天子与尘俗世界的分界，皇帝诏敕的开读仪式在午门举行。宫殿改建之后，天子、臣僚、百姓的层级分界更明确，承天门为皇城外门，诏敕于是改为在承天门颁布。

宫城的方位在皇城内中间偏东北，穿过宫城大门午门，可见金水桥和奉天门。金水桥即今日所称的内五龙桥，其始建年代及规模均不见记载，《明史》载："洪武二十五年改建大内金水桥。现仅存桥基和桥拱，桥栏杆已毁，唯有桥上面的青石板依然方正平整"。

奉天门位于午门内金水桥正北，为奉天殿之前门，亦称大朝门。奉天门左有东角门，右有西角门。永乐初年，常于奉天门设宴招待外邦，见于记载的有：永乐六年八月，浡泥国王麻那惹加那乃带领妃子、弟妹、子女、陪臣等来南京朝见，朱棣感其不远万里，鞍马辛劳，于是"帝飨王于奉天门"；永乐九年，满剌加国王率妻子、大臣等五百四十多人来南京，快要离开的时候，上"赐宴奉天门"；永乐十年九月，麻那惹加那乃的儿子遐旺带着他的母亲一起来到南京朝见，"帝飨之奉天门"；等等。

奉天门左右的东角门和西角门，在明代也有着重要的政治功能。东角门是皇帝召见大臣议事的地方，洪武时，还在此赐土官、藏僧等宴席。西角门为御朝之所，洪武年间，朝参官员赐坐，六部侍郎、十卫指挥、应天府尹、国子祭酒、翰林院官、谏官、佥都御史等坐西角门。永乐五年，仁孝皇后薨，朱棣在丧期及忌辰于西角门视事，后成为定制。

奉天门之北的中轴线上是规划整齐的奉天、华盖、谨身三大殿，是明初国家政治和礼仪活动最重要的舞台。

奉天殿"洪武鼎建，初名也，累朝相沿。制九间，中为宝座。座旁列镇器"。于吴元年九月癸卯，初建。洪武八年九月辛酉，"诏改建大内宫殿"，洪武十年十月成。奉天殿是外朝三大殿的主体，最重要的国家礼仪都围绕在这里展开，殿旁东有中左门，西有中右门。

《明会要》中记载明人对此殿名的解释是"明人主不敢以一人肆于民上，无往非奉天也"，以此强调新王朝继承天命的合理性。既然有"奉天"的理由在，普天之下，具有奉天资格的，除了皇帝，还有第二人吗？因此奉天殿也被称为"国朝正殿",重要的朝会,如正旦(新年)、冬至日以及皇帝生日的大朝,每年初一(朔)、十五(望)的朔望朝,都在这里举行。

洪武时期,因制度皆初创,这里也是常朝之地。但《明会典》的记载并不全,朱元璋上朝其实相当随便,随驾所在,也在谨身殿,甚至在西宫、西角门上朝。后来就变化了,奉天不行常朝(即早朝),常朝只在门上(即奉天门)举行,就是"御殿"之外的"御门",早朝御门,称为"御门听政"。为什么礼仪重大的大朝、朔望朝在正殿,而具有理政内涵的早朝只在门上呢?因为上门奏事,对君臣视听都较御殿更为方便,所以说"日朝御门,为奏对之便"。晚朝又称午朝,则经常在奉天门两侧的东角门、西角门举行。晚朝与早朝的关系是这样的:百司皆于早朝奏事,非警急事当奏者不须赴晚朝。也就是说,晚朝以奏对"警急事"为主,因此不需要"百司"均来赴朝;早晚必朝的,只有掌管章疏进呈的通政司。可见,晚朝是早朝的重要补充。

洪武时期,皇帝也偶尔会在奉天殿赐宴朝廷重臣。洪武二十二年冬,沐英入朝,朱元璋在奉天殿赐宴,给予厚重赏赐,并对沐英说:"是你沐英,使我可以对云南的事高枕无忧。"这对朝臣来说无疑是一种莫大的荣誉。当然,皇帝登基,肯定也要在此进行。可惜的是,南京奉天殿在有明一代,仅登基过三位皇帝,分别是洪武元年朱元璋登基称帝;洪武三十一年闰五月辛卯,朱允炆登基为帝;建文四年(1402)六月,朱棣登基为帝。

华盖殿,位于奉天殿正北。华盖本是星名,古代天文学"三垣"紫微垣中五帝内座上的星座,象征皇帝一统天下是应帝星之瑞。正旦、冬至及皇帝生日的大朝,皇帝要先在华盖殿接受内阁大臣和宫廷执事人员的参拜,然后才去奉天殿接受百官朝贺。洪武初年,文武百官奏事毕,皇帝在奉天门、华盖殿或武英殿设宴,赏赐百官。

谨身殿的建筑规模仅次于奉天殿,是一座双重飞檐的大殿。谨身,顾名思义,皇帝以此强调自身修养,要求自己及后代子孙兢兢业业,勤政为民。建文二年九月,谨身殿在方孝孺的建议下改为"正心殿"。建文四年六月,"靖难"成功的燕王朱棣下令"复殿名、门旧名"。

在三大殿中轴线两侧分别有东路的文华殿和西路的武英殿。文华殿的功能主要有两项:一是明初皇帝斋居、经筵及召见大臣等项,俱亲临此殿,后改在武英殿。其二,为东宫视事(讲学受朝)之所。

·

洪武十年六月，一系列改建工程完工前，朱元璋作了一项决定："命群臣自今大小政事皆先启皇太子处分，然后奏闻。"由此可以看出，文华殿的建造与太子习政有关，其意义也反映在太祖与太子的对话里。朱元璋对皇太子说："吾特命尔日临君臣，听断诸司启事，以练习国政。"文华殿的完成当在此时。从此，文华殿成了东宫"视朝"的正式场所，武英殿则作为朱元璋本人使用的"便殿"。

明初，国有祀事，朱元璋斋居多在乾清宫西庑，武英殿建成后成为正式的斋居之所。宫殿的改建，又影响了礼制的变化。宗亲上朝行朝礼，到了武英殿则行家人礼；亲王朝见东宫，于文华殿前行朝见东宫礼，后殿行家人礼。

以奉天、华盖、谨身三大殿为中心，辅以文华、武英殿及各门，构成了宫城的"前朝"部分，这里是处理国家政事、举行国家仪式，如登基、册立；皇太子、亲王、公主的婚礼；亲征献俘；颁布诏敕等的舞台。在三大殿以北，以乾清门为开端，则是"后寝"部分，又称内朝、内廷，为皇帝、皇后及妃子等生活的场所。后寝的建筑主要包括了中轴线上的乾清门、乾清宫、省躬殿、坤宁宫以及东、西六宫，东侧则有奉先殿、柔仪殿、东暖阁，西侧则有御花园、春和殿、西暖阁，另有后宫廊庑上的日精、月华二门，宫城北门玄武门等。

明代皇家祭祖宫殿外有太庙，内有奉先殿。二者功能同为祭祖，但各有侧重，太庙祭祖重在四时祭享，奉先殿则是皇帝与皇室成员的晨昏瞻谒之所。此外，每逢帝后忌辰、皇帝大婚、登基、万寿等节日，都要到此祭拜。皇帝生子、王子加冠、亲王之国、公主下嫁等也需至奉先殿行礼。洪武三年，太祖认为"岁时致享则于太庙，至于晨昏谒见，节序告奠，古必有其所"，命礼部尚书陶凯考论以闻，《明太祖实录》卷五十九载：

> 上谓礼部尚书陶凯曰："事死如事生，朕祖考陟遐已久，不能致其生事之诚，然于追远之道岂敢怠忽。"复感叹曰："养亲之乐不足于生前，思亲之苦徒切于身后，今岁时致享则于太庙，至于晨昏谒见，节序告奠，古必有其所，尔考论以闻。"于是凯奏："宋太庙一岁五享，宫中自有奉先天章阁、钦先孝思殿奉神御画像，天子日焚香，时节朔望帝后生辰皆祭，用常馔，行家人礼。古者宗庙之制，前殿后寝。尔雅曰：室有东西厢

曰庙，无东西厢有室曰寝，庙是栖神之处，故在前；寝是藏衣冠之处，故在后。自汉以来，庙在宫城外已非一日，故宋建钦先孝思殿于宫中崇政之东，以奉神御。今太庙祭祀已有定制，请于乾清宫左别建奉先殿以奉神御，每日焚香，朔望荐新，节序及生辰皆于此，祭祀用常馔，行家人礼。"上从之。

陶凯依据宋代宫中祭祖宫殿的名称和位置，建议在乾清宫左侧建造奉先殿，作为皇室成员朝夕祭奠祖先的场所。营建工程于洪武四年（1371）二月完工："己巳，奉先殿成。殿建于宫门内之东南向，正殿五间，深二丈五尺，前为轩五间，深一丈二尺五寸。"[①] 同时还拟定了每月祭祀所需的物品种类以及正旦、冬至、圣寿节等节日祭祀行礼的祝词。《明太祖实录》中不惜笔墨地对初次建成的奉先殿进行如此详细的描述，实为官方史料中少见的关于宫殿具体营造尺寸的记录。但新建的奉先殿在使用了不到四年之后，便不能满足需求了。

洪武七年十一月，奉先殿扩建工程动工，洪武八年四月工程完成，在竣工后宣读的祝文中，说明了此次扩建的原因："四时之礼皆于太庙，以未足尽事生之意，乃建奉先殿于内，以伸朝夕罔极之思，而旧制狭隘，爰命更创，今工告成，奉安神位，永严祀礼。"[②] 经过此次改建，奉先殿的规模更为扩大，只是文献中对扩建后的宫殿形制只字未提。

南京城的坛庙，除了圜丘、方丘、太庙、社稷坛等主要建筑建于洪武元年之前外，其他坛庙，如功臣庙、先农坛、神祇坛等建于洪武二年，日坛、月坛、山川坛建于洪武三年，历代帝王庙建于洪武六年。

朱元璋罢建中都、立南京为京师后，对南京部分坛庙进行重建或改建。如太庙和社稷坛分别于洪武八年、十年重建，其地址仿中都之制，建于宫城午门两侧。南京宫殿初建时，太庙建于宫城东北，德祖、懿祖、熙祖、仁祖各为一庙，统称"四亲庙"。改建南京宫殿时，朱元璋称自己当初"愚昧无知，始建之时，未尝省察，是致地势少偏"，于是将太庙改建于阙左，"庙制

---

① 《明太祖实录》卷六一。
② 《明太祖实录》卷九九。

按唐宋"，同堂异室。建于宫城西南的社稷坛，也因"未尽合礼"而移于阙右。这次改建的社稷坛，不仅详考了历史上的诸家阐释，还由原来的中祀升为大祀，实现"右社稷，左宗庙"的制度。这些都说明了洪武初年，国家初创，许多礼乐制度还不成熟，表现在宫室制度上，就是对部分殿宇的选址和形制、规模的不断调整。

此外，宫城内还有专门为"东宫亲王读书"而建造的"大本堂"①，以及后宫诸多建筑。在后宫的御花园（亦称"内花园"）中，"自畜虎豹诸奇兽外，又有百鸟房，则海外珍禽靡所不备，真足洞心骇目"。② 虽然今天在复原南京明皇宫的过程中无法确切知道内花园的具体所在，且太祖皇帝在皇宫建造过程中，力求简朴，但在宫城以内，基本的户外休憩和活动空间应该是有的。

皇城内除宫城和太庙、社稷坛外，主要配置内宫诸监、内府诸库、驻扎御林军。承天门南是"T"字形宫廷广场，承天门前有"外五龙桥"（亦称外金水桥，桥址在今光华门内御道街中段，桥为明代原物，栏杆为后来所加)，承天门前的横街左右分设长安左门和长安右门。南部中间千步廊南端有洪武门，洪武门与正阳门间为东西横街。千步廊外侧分别设主要衙署，东侧从北往南依次为宗人府、吏部、户部、礼部、兵部、工部；再东从北向南依次为翰林院、詹事府、太医院、东城兵司马。千步廊西侧从北向南依次为中军都督府、左军都督府、右军都督府、前军都督府、后军都督府、太常寺；再西从北向南则为通政司、锦衣卫、旗手卫、钦天监以及府军前卫等。朱元璋也有他的理论依据："南方为离，（光）明之位，人君面南以听天下之治，人臣则左文右武，北面而朝礼也。五府六部官署东西并列。"《洪武京城图志·序》说："六卿居左，经纬以文；五府处西，镇静以武。"综上可知，洪武门实际为进入皇城的大门。

朱元璋还将刑部和大理寺、都察院、五军断事司等司法机构布置在皇城以北的太平门之外。朱元璋认为："太平门在京城之北，以刑主阴肃，故建于此。敕曰：肇建法司于玄武之左、钟山之阴，名其所曰贯城。贯法，天之贯索

---

① 《明史》卷二八《魏观传》："洪武元年建大本堂，命侍太子说书及授诸王经。"黄瑜《双槐岁钞》卷五《待征录》引《金陵世纪》亦载："太祖建（大本堂），取古今图书充其中，以教太子诸王、公侯子弟。"

② （明）沈德符：《万历野获编·补遗》。

也，是星七宿如贯珠，环而成象，乃天牢也。"

关于这种设置，杨宽先生的解释是：洪武十三年，朱元璋因"胡惟庸案"，杀丞相胡惟庸以及大批官僚之后，废中书省，不设丞相，政事由君主亲裁，六部尚书直接对皇帝负责，刑部、都察院、大理寺、三法司也由皇帝直接掌管。与此同时，废大都督府，分为左、右、中、前、后五府，即所谓的五军都督府，分掌军籍军政，分领在京卫所与京师以外各都司卫所，但不直接统带军队。战时皇帝任命将帅统率卫所军队出征，战争结束，主帅还印，军归卫所。军队调遣虽属于兵部，但是任命统率及指挥之权则归皇帝。洪武十五年，又改仪鸾司为锦衣卫，仪鸾司本来只管皇帝出行的仪仗与警卫，改成锦衣卫后，就成为皇帝亲军十二卫之一，而且不属于都督府，直属皇帝本人。锦衣卫原来如同其他诸卫一样设有镇抚司掌管刑狱，不久便增北镇抚司专管"诏狱"，也就是由皇帝亲断重大刑狱。同时锦衣卫还主管侦缉"京城内外奸宄"，其权势已经凌驾于三法司之上，当时把锦衣卫和五军都督府设在洪武门内右侧，而将三法司设在皇城西北，就是由于这个缘故。

把刑部等司法机构和礼、户、礼、兵、工五部分开，单独置于城外，这种异乎寻常的布置方式源于对天象的模仿，因为朱元璋以"奉天承运"自命，自称是"奉天承运皇帝"，处处以天命标榜；而天象中的天牢星（又称贯索星）位于紫微垣（帝星所在的星座）之后，所以把主管刑事的机构也仿照天象置于皇宫以北城郊。

最终建成的南京皇宫，在形制上依照《礼记》设五门三殿的古制，从外向内依次为洪武门、承天门、端门、午门、奉天门；在五门之后，设奉天殿、华盖殿、谨身殿三大正殿。六宫则依照《周礼》旧制，正殿之后设置乾清宫和坤宁宫，相对两宫正门设有日精门和月华门，以喻帝、后之居犹如天地日月精华之所在。

南京明皇宫作为明初国家政治、礼制、意识形态的物质载体，其前朝后寝、左祖右社的布局，即是对古礼的追慕，也是朱元璋自身治国理念的反映，而这一范本在朱棣迁都北京后也被继承了下来。

永乐十五年，历时多年的筹备，朱棣开始大力营造北京宫殿，"凡庙社、郊祀、坛场、宫殿、门阙，规制悉如南京"，"悉如金陵之制，而宏敞过之"，永乐十八年北京宫殿告成，并以迁都北京诏告天下。在宫殿形制上按南京宫

149

殿建三殿（奉天、华盖、谨身）、两宫（乾清、坤宁）、五门等，其余金水桥、端门、承天门、长安东、西二门皆俱，并由此奠定了北京明清皇宫五百多年的格局。

其次，南京宫殿背倚钟山龙头富贵山，并以背后山为制高点，连接宫城，形成城中自南而北的中轴线和全城。所有城内的宫殿建筑和衙署都沿着这条轴线结合在一起。北京则是在宫城北面以人工堆造起来一座景山，景山是从明代永乐十五年以后出现的，俗称煤山。其实下面并没有煤。明代记载中只说它是"土渣堆筑而成"。1963年钻探证明，景山下面埋的全是瓦砾和渣土。一说这些瓦砾渣土是明永乐朝建紫禁城拆除元大内时所堆积的建筑垃圾，一说这些土层是开挖紫禁城护城河的土。

从北京宫殿的规模和形制可以看出其对南京明皇宫的承袭，但功能更齐全，规模也更加扩大。南京宫殿初建时，朱元璋"敦崇俭朴，犹恐习于奢华"，建筑简朴，摒去奇丽雕琢，规模也不甚大。而关于北京宫殿，《明史·舆服志》则称"规制悉如南京，壮丽过之"。

从尺度上来看，南京皇城的范围南北长在2 500米左右、东西宽在1 900米左右，午门与玄武门之间的紫禁城作方形，每边约750米；而北京皇城南北长2 750米、宽2 500米，面积略大于南京皇城。从单体建筑看，南京午门现存城台东西长为93.7米，而北京午门长为126.9米，其尺度约为3与4之比。由此也可以窥见两宫门阙的规模差距之一斑。南京的承天门和端门，门楼均只有五间，北京的承天门和端门，门楼则各为九间，亦可作为北京宫殿"壮丽过之"的例证。

三、明孝陵与功臣墓

明孝陵是太祖朱元璋与马皇后的合葬陵寝，孝陵的营建可以自洪武九年迁南朝梁代的古刹开善寺（元末明初称蒋山寺）开始算起，但正式的营建则自洪武十四年起，参加建陵的工匠总数达数万人，规模十分浩大。次年马皇后去世，入葬孝陵地宫，因马皇后谥号"孝慈"，故陵墓被命名为"孝陵"。此后，孝陵的建筑工程仍在进行，洪武十六年建成孝陵享殿；洪武二十五年，英年早逝的太子朱标也被葬入孝陵陵域内，其陵寝位于孝陵之东，史称"东陵"。洪武三十一年，朱元璋71岁病逝，当年入葬孝陵。不过，整座陵墓的工程并未因此停止，建文、永乐时期局部工程仍在继续，至永乐十一年

（1413），由明成祖朱棣亲自撰写碑文的《大明孝陵神功圣德碑》及碑楼的建成，正式标志着孝陵工程的完工，前后历时三十多年。

孝陵位于钟山南麓，"周围四十五里。凡山川城郭，宫殿刹宇、诙诡之观，名胜之迹，列峙而交映者，一若为陵之有"。[①] 整座陵区的范围囊括了钟山大部，环绕陵区的红墙在最西侧与京师城墙交会。这一点从明代陈沂《金陵古今图考》、明代葛寅亮《金陵梵刹志》附图中也清晰可见，只是具体的交会点在何处，今日已经难觅踪迹。

作为江南地区现存规模最大的古代帝王陵寝，孝陵的整体规划与布局充分体现了因循山水形势的特点。陵寝的主体建筑陵宫区坐北朝南，平面布局呈长方形，陵宫区前的导引区从陵区入口下马坊至陵寝大门大金门，再到石像路、翁仲路，则完全是不规则走势，形成了与中原地区前代帝王陵寝截然不同的风貌，与南京城充分利用山水形势的规划布局有着不谋而合的相通之处。

在官方负责督建的明初皇家建筑中，明皇宫如今只留存下来寥寥几处门址和内五龙桥，三大殿与其他宫室殿宇以及五府六部旧址等早已湮没不存，甚至连具体位置也难以断定。而天地坛、山川坛等遗址地表也已不见有旧时痕迹。但孝陵的整体格局自建成至今依然保持完好，虽然木构建筑皆已不存，但砖石建筑和神道石刻等依然是明初风貌，无有变更。因此可以说，孝陵的建筑遗存相对全面地展示了明初建筑的建造技术与审美倾向。

在钟山之阴，还有为数众多的功臣陪葬墓。以勋臣陪葬帝王这一做法当是效仿了汉唐时期帝陵陪葬墓的制度。太祖"自即位以来，封赏功臣，皆稽考前代典礼，凡封爵、禄食、礼仪等差，悉仿唐宋之制"。[②] 从文献记载来看，明太祖本人对明以前历代陵寝的建制也甚为了解。"遣使访历代帝王陵寝。初，上尝观宋太祖诏修历代帝王陵寝，叹曰此美事也。遂遣翰林编修蔡玄，侍仪舍人李震亨、陈敏、于谦等往四方求之，仍命各行省之臣同诣所在，审视若有庙祀，并具图以闻。"[③]

---

① （民国）王焕镳：《明孝陵志·形胜第一》，南京出版社，2006 年点校本。
② 《明太祖实录》卷二二六。
③ 《明太祖实录》卷五二。

以勋臣陪葬，从钟山之阴对孝陵形成拱卫之势，既能增加整个帝陵的规模气势，又可表示帝王对臣下的恩赏之意。朱元璋若有心仿唐宋之制，采用陪葬墓制度自是情理之中的事情。

最早入葬钟山之阴的为鄂国公常遇春，葬于洪武二年。常遇春墓并未被发掘，但遗留于地面的神道石刻规格相当高，有石柱、石马、石虎、石羊和武士。其中石马修长高大，马鞍中间海棠曲线纹中刻有浮雕云龙纹，洪武时期，明皇陵和明祖陵的石马马鞍上雕刻龙纹，而一般功臣墓前的石刻则很少见到。

根据考古发掘和地面调查情况，此后陆续入葬钟山之阴的明初功臣还有海国公吴祯（洪武十二年）、江国公吴良（洪武十五年）、岐阳王李文忠（洪武十七年）、中山王徐达（洪武十八年）、永国侯薛显（洪武二十年）、皖国公仇成（洪武二十一年）。而根据文献记载，葬入钟山之阴的功臣还有滕国公顾时（洪武十二年）、临沂侯王真（洪武十三年）、霍山侯王简（洪武十三年）、汝阴侯高显（洪武十三年）、庐江侯何德（洪武十四年）等等。

葬入钟山的除了生前封公侯的功臣外，还有一些战死沙场和死于任上的高级武将，如王真、高显、何德等人，他们生前并没有被封公封侯，但死后均被赐葬钟山之阴，并追封侯爵。可见，太祖对"殁于王事"的将领们十分看重。但是从考古发现和文献记载来看，洪武二十一年之后，便不再有人被赐葬钟山之阴了。而这一点可能与朱元璋晚年对功臣猜忌之心日益加重有关。

第四节　城市的空间分布与其他建筑类型

一、城市空间规划

明初，南京城市的功能区划，无疑仍深深刻有六朝建康城和南唐金陵城的烙印，但经过朱元璋大刀阔斧的改造和建设，这座城市在规模上的宏大、功能上的完善、运行上的精密高效等等，都已经远非前代可比了。

东城区是在填塞燕雀湖的基础上拔地而起的新城区，大致范围是大中桥以东，南至正阳门，北至太平门，东至朝阳门。这个片区基本为方形，其中除了有作为帝国核心的宫城皇城以外，还有整套的国家行政、军事管理机构，一部分富户也被安置在皇城以北，以示皇家恩典。这个区域的重要性还表现在，朝阳门外为孝陵，亦为明初的皇家禁区；正阳门外有山川坛、神乐观、天地坛，国家最重要、等级最高的坛庙建筑集中于此处；太平门外则有后湖黄册库这一国家最重要的档案存储地，即"唯是内而皇城及府部院各衙门胥环而星列焉，外而皇陵及天坛湖册，旷阔贰拾余里，关系诚重且钜矣"。[①]

西北城区为城防区。即自鼓楼起的西北一片，人烟寂寥，由于西面和北面临长江，山冈起伏，地势险峻，利于防守（对于历次建都于南京的政权来说，最主要的军事威胁几乎都来自长江以北），所以成为主要的城防区。根据《南京都察院志》记载，北城"比各城最为旷阔，城内依山濒湖，城外背城面江，凡人烟稠密之处十居二三，地境静僻之处十居七八，且远跨江北，浦子口、池河等处地方皆隶焉"。这一带作为南京城市的防御重点，在南京城市史上几乎历来如此。从六朝起，宫城北部所设的广阔的苑囿就是出于防御的目的。南宋时期，沿袭南唐都城格局，据《景定建康志》记载，行宫北部有都统司、新军寨、十三营、西亲兵寨等驻军营寨，到了元代，这些营寨仍旧为军营或公廨。明初的城市规划依然沿用着这一古老的传统，即"南有坊以居民，北有营以设行伍，卫各有仓，什九在城西北"。[②]洪武年间，南京的驻军虽时有增减，但基本保持在 20 万以上的士卒。据《读史方舆纪要》记载，京城内各卫分布于"鼓楼达三牌楼，经金川、仪凤、定淮三门而南至石城，其地多旷土，其人文与客并少物力之在外者，畜民什三，而军什七"。明成化二年（1466），居住在南京城多年的陆容在《菽园杂记》中记载："南京诸卫，官有廨宇，军有营房，皆洪武中之所经画。"城北还保留有大片军垦农田，用以种田屯粮，国家的军储仓位于城北，就设在鼓楼以西，马鞍山下。

北城区为文教和寺庙区。以鼓楼为界，北靠鸡鸣山和玄武湖，南至今珠江路，东临皇城官署区。这一带是历史上的六朝宫城所在地，自隋代"平荡耕垦"以后，遂成为空旷之地，明初被辟为文教区和祠庙区。文教区以国家最高学府国子监为首，且规模最大。国子监建于鸡鸣山下，处于城防区、宫城区和中城区结合处之北，位于六朝宫城中心区。其范围大致东到小营，西抵进香河，南至珍珠桥，北迄鸡鸣山麓，有"延袤十里，灯火相辉"之誉。

---

① （明）施沛：《南京都察院志》卷二一《东城职掌》。
② （明）陈沂：《金陵古今图考·国朝都城图考》，《洪武京城图志·金陵古今图考》。

位于鸡鸣山巅的"钦天台"，于洪武十八年（1385）在前代"观象台"的基础上，扩建成国家天文台。明初徐达攻下元大都后，将元大都所有的宋元天文仪器运抵南京，后来均安装在鸡鸣山天文台上，并且新铸了浑天仪等新的观测仪器。观象台一直沿用至清初，直到康熙八年（1669）时，将仪器全部运往北京。

鸡鸣山旧名鸡笼山，明初改名"鸡鸣山"，是明初国家祠庙的集中之所在。如功臣庙（祭祀徐达、常遇春等21位开国功臣）、历代帝王庙、关羽庙（武庙）、城隍庙、真武庙、蒋忠烈庙、卞壶庙、刘越王庙、曹武惠王庙和元福寿庙，统称为"十庙"，由此形成了一个表彰武功、宣扬忠孝道德的中心区。此外，洪武十二年朱元璋还下令拆除鸡鸣山东麓坡地上的旧庙，重建寺院，名为鸡鸣寺。

关于将这类建筑建于鸡鸣山上的原因，或是因为此地位于皇城的东北方向，距离较近，便于统治者拜谒；且城市中心鼓楼亦距此处不远，就整个城市规划来讲，规模性的祠庙区的形成，更有利于彰显国家形象。从距离皇城较近的原则来说，位于皇城正北方向的富贵山亦应该在被选择之列，然而，富贵山是钟山龙脉向西延伸的余脉，其处于皇城的正北位置，在风水术中被视为主山，皇城的中轴线正好对准它，所以不可能在上面大兴土木而破坏了龙脉。

这一带祠庙相连，明初时期香火极为兴盛。位于今北极阁南的进香河路，为明初进香河故道。进香河水源自后湖，经铜管穴城而入，"因十庙初成，进香者皆由此水来，故名"。（多认为明初进香河乃沿用孙吴时期运渎的一段疏浚而成）。

中城区为宅邸和道观区。指北城区（旧六朝宫城区）以南、大市街（今白下路）以北区域，这个地区是明代南京城名门望族、富贵之家和高官的宅邸区之一。位于该区西南部冶城山上的朝天宫是当时南京最大、最著名的道观，它既是皇室贵族礼拜道教诸神的道场，也是文武百官演习朝拜天子礼仪的场所。

南城区为居民区和工商业区。东起大中桥，中经内桥，西迄三山门（今水西门），南抵镇淮桥，这里是南唐和宋元以来旧金陵城的范围，历来是最为繁盛的工商业区。朱元璋把六朝以来金粉繁华的秦淮河两岸看得特别重要并加以精心规划，十多万从全国各地调集来的"匠人"，被安置在聚宝门内的镇淮桥一带。这些能工巧匠从事手工业劳动，负责生产、供应军用产品以及日用品，其中三个织锦坊、三个杂役坊以及鞍辔坊、银作坊、铁作坊、毡匠坊等 18 坊都集中在这里。为加强治安管理，中城兵马司和应天府、江宁县等地方衙门也集中在这一区域。

沿秦淮河的两侧，以聚宝门为界，东为游乐区，西为风景区。游乐区是王公贵族、官僚士绅享乐的地方，也是寻常百姓游玩的场所。这里行业齐备，货物云集，灯红酒绿，纸醉金迷，是高消费的场所。沿河和风景区之间是明初功臣宿将集中居住的地区。追随朱元璋逐鹿天下，最终建立大明基业的功臣宿将占据毗邻闹市且又风景秀丽的地段，表明了朝廷对他们的体恤和犒赏。正所谓"凡勋戚、乡绅、士夫、青衿及名流墨士胥居其中，盖文物渊薮，且良工巨商百货业集，如三山街一带最冲要地也，俗兢华、人嗜谤，群不逞之徒亦每藏纳焉"。[①]

连接起城市各片区的街道也令人称道。由于城内形制、城门位置、水道的复杂以及五个城区形成于不同时期的制约，并受到前朝街道"纡曲"传统的影响，所以城内道路交通并不像建都于中原地区的都城道路那样规整，由此形成了南方都城的独特风格。五个城区各有一套不同的街道系统，旧城部分以六朝、南唐时形成的道路为基本骨架，保持了其原有的迂回曲折的格局；城东、城北新扩展成的皇城区、新城区道路则构成大致成方格形的纵横交错道路网络。《洪武京城图志》中的《街市桥梁图》上，详细描绘了明初南京城部分街巷的分布与名称，有长安街、洪武街、里仁街、存义街、时雍街、和宁街、大通街、中正街、广义街、大市街等。这些街道中并无真正横穿全城的大街。东西向的大市街、三山街和北新街仅横亘于市区的南部和中部，洪武街则在都城偏北的部分。

城内的主要大街称官街，官街之外，纵横以小街和巷道。《白下琐言》记载，南京"前明都会所在，街衢洞达，洵为壮观，官街极其宽敞，可容九轨"。九轨近 24 米，加上两侧官廊和廊外道路，其总宽度当在 30 米左右。[②]

---

① （明）施沛：《南京都察院志》卷二一《中城职掌》。
② 据潘谷西：《中国古代建筑史》第四卷，中国建筑工业出版社，2009 年。

平时官绅或富贵人家出门大都以轿代步。城北和城外旷野之地亦可骑驴，而水西门至上新河、鼓楼至下关都有随时待雇的脚夫等候在那里，甚为便利。除了四通八达的大街小巷，水道也是南京交通中极为重要的一面。南京地处江南水乡，除了城南、城北、城东有秦淮、金川、清溪三条自然河流外，每次建都，统治者还要开凿护城河和运河，从而形成了更为复杂的水道系统。

作为内城正河的秦淮河有东、南两个源头，东源为句容县赤山湖，南源出溧水东庐山，二水于江宁方山埭西汇合后继续流向西北，直至南京城通济门外，并在此一分为二：一支由通济门东水关穴城而入，西南经武定桥至聚宝门内镇淮桥，再折向西北，经新桥（饮虹桥）、上浮桥、下浮桥至三山门西水关出城，此为内秦淮；另一支绕于城墙外，形成京城护城河，此为外秦淮。内、外秦淮于三山门外汇合后流向西北，于龙江关达长江。南唐宫城的护城河其时已只剩下南堑，在水西门与汉西门之间入城，向东流经笪桥、内桥后，于淮清桥南注入秦淮。沟通这两条河的水道原为三国孙吴所开的运渎下游，由笪桥南流，中经斗门桥，在上浮桥西注入秦淮。北门桥河系五代杨吴和南唐都城的北堑，东起笪桥，西经太平桥、浮桥、北门桥、莲花桥，后沿五台山北麓流入乌龙潭。北门桥河于莲花桥和浮桥分别接纳了北来的进香河和珍珠河，然后继续向东流至笪桥，汇入明皇城西堑（即南唐都城东堑），又折流向南，经玄津、复成、大中三桥，在东水关附近注入秦淮。珍珠河六朝时被称为潮沟，开凿于孙吴，水源来自后湖，因古代后湖可通长江，河水随江潮涨落，故名。以上河道互相贯通，皆可行舟，是南京城内交通的重要组成部分。

二、城市行当

南京作为都城，部、院、寺、司、府、县公堂林立，为保证都城的正常运营，所用物件不计其数。明初设置了许多规模庞大的官办手工业厂、局、坊、作等，机构众多，门类齐全，产量丰盛。官办手工业主要包括皇室和工部两个系统。前者如内官监的内织染局和司礼监的神帛堂等，为宫廷织造缎匹、神帛等物；后者是为官府服务的，设有工部织染所、针工局、宝源局、鞍辔局、巾帽局、兵仗局、营缮所等机构，为朝廷织造缎匹、打造兵器、铸造钱币、制作日用物品及修缮官衙屋宇等。为满足广大城市居民的需要，南京城内还有大量的民营手工业作坊和店铺。根据明初的规定，"百工货物买卖，各有区肆"，即同一类型的作坊或商店，要集中在同一街区或坊厢内。如钢铁器在铁作坊，皮市则在笪桥南，鼓铺则在三山街口，旧内西门之南；木器则南在钞库街，北在木匠营，绸缎则在织锦坊。这种根据作坊类型而划分街道坊巷的现象，在唐宋以来的很多大城市中都可以看到。我国自春秋时期就有类似的规划思想，认为不同职业者混居会使人议论杂乱而不安于本业，同行聚居可以带来的好处是"其父兄之教，不肃而成；其子弟之学，不劳而能"，职业就能世代相传。

手工业作坊配置的地点，有的需要考虑周围的环境，如染坊因"漂丝必于青溪、东水关、北铜管三水合流之间，其色乌亮"①，同时染坊污水还可以直接排入长江，所以多置于柳叶街船板巷附近。而丝织业"多聚于城之西南隅，以地多岗阜，无潮湿之气，丝经不致霉烂也"。

这一时期的南京究竟有多少行业和店铺，因资料所限，我们一时无法得知。但从正德《江宁县志》中可以略知其梗概。当时，江宁县规定要向官府承担铺行之役的行业有织造品，如缎子、表绫、布绢、绒线、绫布、改机、腰机、包头、手帕、纻丝、罗纱、绉纱、打线、荷包、卖纱、头巾、冠带、网巾、僧帽等；文娱工艺品，如重纸、抄纸、零纸、纸扇、扇面、扇骨、表背、经书、画、翠花、染纸、墨、笔、琴弦、乐器等；金属器具及加工品，如卖铁、铁锅、倒金、打银、倾银、治玉、卖铜、打铜、铜钱、碎铜、打锡、铁锁、打刀、铜锭铰等；丧俗品，如冥衣、灯草、纸马、金箔、油烛、纸金银锭等；副食品，如海味、果子、活猪、活羊、鸡鹅、干鱼、盐、鲜鱼、大荤、糖食店、茶食、豆腐、米豆等；加工服务性店铺，如酒坊、磨坊、厨子、木匠、瓦匠、裁缝、染坊等；其他日用品，如香蜡、杂物、桐油、生漆、丝鞋、靴、医药、生药、膏药、熟皮、颜料、卖木、卖竹、斜木、木桶、包索、盒担、毡、桌器、藤枕、枕头、故衣、藤椅、镟作、天平、料砖、麻、伞等；奢侈品，如古董、珠宝等。

经营铺行的商人多非本地土著，他们大都租用政府专门为外地商人修筑

---

① 张泉：《明初南京城的规划与建设》，《中国古都研究（第二辑）——中国古都学会第二届年会论文集》，1984年。南京锦缎闻名，与秦淮河水有关。河水含单宁酸，是天然的触媒剂。故用秦淮河水漂洗染丝，色泽纯正，尤以青色和玄色为上乘。

的"廊房"居住，进行交易。今天的南京仍然有不少沿袭下来的旧地名是以这些廊来命名的，如聚宝门内有糖坊廊，三山街一带有裱画廊、书铺廊、绸缎廊和毡货廊，朝天宫附近有红纸廊，城中部有明瓦廊，北城区北门桥附近有估衣廊等。当时最繁华之地是南唐和南宋旧有御街以及三山街一带，这里行业云集，同时也是游艺杂耍的中心。南京还是当时雕版印刷业的主要中心之一，除了国子监广大学子对印刷业的需求外，还刻印了《元史》《元秘史》《大明律》《明大诰》和"藏经"等许多重要著作。由于南城区是文人荟萃之地，所以印刷、文具、书画和装裱业尤盛。

为了便于买卖，在固定店铺之外，明初南京还有十几处市集。这些市集，有的在人烟稠密的闹市区，有的在商贾经常出入的各门外，如大市在大市街；大中街市在大中桥西；城内还分布着三山街市、新桥市、来宾街市、龙江市、江东市、北门桥市、长安市、内桥市等等。《洪武京城图志》记载了明初南京城中 13 座市场的名称及其位置。通过观察可以发现，这些市场与城市河流之间存在着密切的共生关系，即市场往往临河而设，且多位于桥梁旁边或城门内外。市场傍河而建应该是从交通便利的角度考虑，水道便于物资的集散和人员的往来，较之今日，明初水运的功用更为显著，毕竟当时在城内"秦淮通行舟楫""运渎与青溪、古城濠可容舴艋往来"。而城门作为通行要道，无论从交通便利的角度还是从人流量的角度来看，也都是适宜的市场地点。

三、官民宅第

就城市的空间范围而言，朱元璋入驻南京时的城市为南唐时所建，周长约二十八里。经过明初近三十年的营建，不仅城墙扩展至五十余里，且城市内部各功能区的设施日趋完备，"若乃紫微临金阙煌煌，黄道分玉街坦坦，城郭延袤，市衢有条。……非远代七朝偏据一方之可侔也"。[1] 人口方面，根据统计，朱元璋初入南京城时，南京约 9.5 万人。到洪武初年，南京城市人口约 30 万。[2] 洪武十三年，朱元璋下令"起取苏、浙等处上户四万五千余家填实京师。壮丁发各监局充匠，余为编户，置都城内外，名曰'坊厢'。有人丁

---

① （明）《洪武京城图志·序》，《洪武京城图志·金陵古今图考》。
② 据范金民《明代南京经济探析》：明代南京全城人口近 39 万；陈忠平《明清时期南京城市的发展与演变》：明初定都南京，人口约 35 万。韩大成《明代城市研究》：明初全城人口总数约 30 万。今采后者之说。《南京经济史论文选》，南京出版社，1990 年。

而无田赋，止供勾摄而无征派"。 设立坊厢，专门用于应差服役，以保证封建国家机器的正常运转。此外，南京城中还有京卫约二十万人，以护卫京师。由此可知，明初南京的人口呈现出强烈的计划性和政治性，这与南京城作为当时国家政治中心的地位是密切相关的。

关于数十万的官员、军士、居民、匠役的居住安排也带有计划性，"居室皆官所给"。洪武十年，开始集中修筑京师官员和军民的房舍。《明太祖实录》记载，洪武十四年五月，朱元璋"命京卫营建军伍庐舍及官员居室"。十八年三月，由于京师官员"岁有与民杂处者"，命工部增造京官房舍"凡几百余所"。但是随着时间的推移，人口不断增加，以及财力物力所限，政府开始鼓励自建房屋，"民能自造者，官给木钞每间二十锭"。

从房屋类型来说，各卫所所建之房为营房，而百姓与官员所住之房则为"廊房"或"官廊房"。这些廊房的初衷当是以居住为主，只是位于主要街道两边的廊房在实际生活中由于其地理位置开始逐渐变成商铺使用。廊房一般前面为交易的"廊"，后面则是居住的"房"，明初南京的商品交易，主要是在官廊中进行，这就使南京形成了以官街为主的商业街。除了官府修建，也有富民出资修建廊房的，据说沈万三便曾在南门大街建廊房600多间。房与廊都要收税，是为房钞。

京师南京，经过多年营建，基本达到了"大小百执事，苟在朝者，皆给廨舍处之"的状态。从位置上来说，南京各部品官廨舍距离公署不远，主要分布在城东，具体而言是皇城以北的太平门内与皇城以南的长安街一带。其中修建最早的是太平门内三法司官舍，"太祖皇帝旧例，东边拨与御史住，前后大理寺官住，北边的刑部官住，余剩的拨与各王府官住，不曾混杂，以防奸弊"。由于修建得最早，且有高大宽敞的样房，三法司官舍最广为人知。其他各部门官员集中在东城长安街一带。

聚集在城市及周边的军人总数不下于二十万。政府给这些军人提供了免费住房。在京各卫都自造营房以安插军士，卫所营房由兵部统一管理，从空间分布来看，五城之中以北城和东城为多。

此外，明初被征集到京城的工匠也享受官府提供的住房，如造船的、制

---

① （明）顾起元：《客座赘语》卷二《坊厢始末》。

造宝钞的等等。此外，钦天监、国子监等机构也有官房，鼎盛时期，"师凡数十，生徒数千，咸有廨舍以居"。明初诗人高启曾说，"京师四方之所走集，居人栉比而庐，不隙尺地，求遐旷之适无有也"。

总的来说，洪武时期于南京营建的官房数量极大，覆盖人群包括官员、军士以及老百姓、工匠、太学生等各个阶层。从本质上来说，这些房产皆为官产，有明确的管理部门，如官员廨舍主要由工部负责登记、分配与维修，民住廊房由五城兵马司征收房钞并上交给户部，军伍营房由兵部掌管。从居住者的角度来说，有免费居住和缴纳房钞两种情况。洪武时期，只有民住廊房需要缴纳房钞，其他官房皆不收赁钱。

朱元璋在城市中还设五城兵马司，对中城、东城、北城、西城和南城进行治安管理，同时协助有司征收"民房、酒醋、总甲"等税收，五城之中官员、军士、居民、匠役数十万，大部分都得到了统一安置，营建工程之大可谓前所未有。

四、房屋的等级制度

太祖由蒙元手中夺回天下，重新恢复汉人统治，尤其重视礼制的恢复与重建，以强调与异族统治的区别。洪武礼制的制定与完善贯穿了整个洪武朝，有明一代，建国之初尤其是洪武朝历来都被史家认为是制度执行最严格、社会等级最分明的时代。

"明祖有国，当元尽紊法度之后，一切准古酌今，扫除更始，所定制度，遂奠二百数十年之国基……"明初所定制度，其目的之一在于规范社会秩序，明晰等级。这种规范一方面是对各种仪式中行为的规定，另一方面是对日常生活物质上的规范，比如车舆、冠服、建筑、器物的等级制度的划分。

作为这一庞大制度体系中的建筑等级制度，多来自《明史》与《明会典》的记载，《明史·舆服志》中，记录了有明一代颁布的关于南北二京宫室、王府、郡王府、公主府、百官第宅和庶民庐舍的等级划分，其中的内容多来自《明会典》。只是这些文献多为各个时期的规定或实例描述的片段组合，对房屋间架、门窗户牖用色、梁柱斗拱及彩绘、脊饰等的详细描绘更是不厌其烦。而关于营造的章程细则却并未流传，更可以看出对于官方而言，建筑更多是用来明晰等第、辨别身份。这种态度被置于明初整个制度框架下来看，尤其具有代表性。

160

具体而言，太祖先后于洪武四年、洪武五年、洪武九年、洪武二十六年多次制定颁布除皇宫外的房舍等级制度，这些制度详细规定了王公、皇亲贵族、文武百官、平民百姓以及僧道们自己居住的房屋的营建规模、占地面积、建造样式和装饰用材。

洪武四年，太祖制定了亲王的宫殿制度。王府宫殿正门、前后殿、四门、城楼，用青绿点金装饰；廊房，用青黛装饰；四城正门用红漆金涂饰，可以用铜钉；宫殿，可以窠拱攒顶，中间画蟠螭，用金边修饰，再画八种吉祥花；前后殿座，可以用红漆金蟠螭纹饰；帐，用红销金蟠螭纹饰；座后壁，则可以画蟠螭彩云。在王城的西南立社稷山川坛，东南立宗庙，将彩绘蟠螭纹饰改为龙饰。

洪武五年，太祖又定公主府第制度。公主府第厅堂，九间十二架，梁栋上施设花样兽头，斗拱檐桷，彩色绘饰，只是不能用金。正门五间七架，大门用绿油、铜环，石础墙砖，镌凿玲珑花样。①

洪武九年规定：亲王宫殿可以用朱红、大青、绿三种颜色装饰，其余居室只能用丹、碧两种颜色装饰。亲王殿内屏风用云龙装饰，顶幔用青色纹绮、泥金云龙，一如皇太子东宫之制；亲王宫殿门庑及城门楼，都用青色琉璃瓦覆盖，也如东宫之制。②

洪武二十六年，对官民房屋等第进一步作了相应的规定，这些规定概括起来主要包括：

第一，官员建造房屋，不许用歇山转角，重檐重拱，绘画藻井。至于楼房，不在重檐之列，听从自便。具体等第为：

公、侯前厅，七间或者五间，两厦九架；中堂，七间九架；门屋，三间五架，门用金漆及兽面摆锡环；家庙，三间五架。所有这些房子都盖黑板瓦，屋脊用花样瓦兽，梁栋、斗拱、檐桷，用彩色绘饰，窗、枋、柱用金漆或黑油漆。其余廊、庑、库、厨、从屋等可以从宜盖造，但都不得超过五间七架。

一品、二品厅堂，五间九架，屋脊可以用瓦兽、梁栋、檐桷，用青碧绘饰；门屋，三间五架，门用绿油及兽面摆锡环。

① 《明太祖实录》卷七四。
② 《皇明祖训·营缮》，张德信、毛佩琦主编《洪武御制全书》，黄山书社，1995年。

三品至五品厅堂，五间七架，屋脊用瓦兽，梁栋、檐桷，用青碧绘饰；正门三间三架，门用黑油摆锡环。

六品至七品厅堂，三间七架，梁栋只用土黄刷饰；正门一间三架，黑门铁环。

第二，一品官房屋除正厅外，其余房舍允许根据正屋制度，从宜盖造，但比正屋制度务必要减小，不许太过。至于门窗户牖，都不许用朱红油漆。

第三，庶民所居房舍，不能超过三间五架，不许用斗拱及彩色装饰。

第四，在京功臣房舍，如果家里地势较宽，住宅后允许保留空地十丈，左右两边允许留空地五丈。如果现住房为旧居，而所在地势又较狭窄，只许保留旧居，不许挪移或搬迁军民居宅。官员之家住宅按照前定丈尺，不许多留空地，如果超过，就必须退出多占的宅地，可以让子孙赴官，要求得到园地，另外在城外拨给。功臣之家，不许在住宅前后左右多占宅地，盖造亭馆，或开掘池塘，作为游玩、歇息之地。

洪武三十五年，又规定，军民房屋，不许盖造九五间数。一品、二品厅堂各七间；六品至九品厅堂、梁栋，只用粉青刷饰。一般庶民百姓家的房屋或者从屋，即使十所、二十所，都可以修盖，但所盖房子的间架，不许超过三间。到正统年间，对庶民百姓的住宅管理有所放松，只限制间数，而不对其架数再作限制。

对于寺观庵院的建造，洪武三年规定，除了殿宇、梁栋、门窗、神座、案桌可以使用红色，其余如僧、道自己居住的房子，都不许起造斗拱，对梁栋进行彩绘以及僭用红色什物、床榻、椅子。六年又下令，凡是各处僧道寺观，除了以前就有的金彩装饰神佛以及龙凤等像外，再不许起造。

官舍的平面形制，嘉靖年间王樵曾在其《方麓集》中提及："古人宫室之制止于前堂后寝，虽庙朝不逾此制。今朝廷有正殿、后殿，后殿之后则为宫；官府有正堂、后堂，后堂之后则为私衙，皆一定不易，则外舍可知。所以南都官舍皆止两层，大门之内为仪门，仪门之内为正厅。正厅或七间，或五间，有夹室以燕息，有川堂以退居，有垣以隔绝内外，声不相闻。后寝制如前堂，前后俱有厢房、井灶、厕溷，隙地种蔬，各得其所，居者虽家口众多，不闻其不能容也……"① 虽然明初房屋等级规定严格，但是同为居住和处理政事之所，其营造的理念基本相通。官舍的正堂、后堂与后室，与官殿之前朝后寝极其相似。所不同者，唯在居者之身份、宅第的占地多寡及规制模数、用色及用材之优劣等。

这套房屋等第制度，从细微处辨上下，等级俨然，上可以兼下，而下不可以僭上。今天我们还可以信步流连的徐达府第的西花园——瞻园，初建时也严格遵守了这些律令，只是作为织室或马厩的附属用房所在。自明中叶以后，奢侈的社会风尚日盛，使得朝廷禁令名存实亡。嘉靖时期的南京，即使是庶民百姓，也有费千金修三间客厅的例子可寻。也是在此时期，徐达七世孙才敢修筑园林，到他的九世孙徐维志时，方才挖池叠山，建堂筑亭，购四方奇石置于其内，名为"西圃"。可见，洪武初年所定的律令对后世的影响之深，贵如开国勋臣的子孙尚不敢逾制，一般官吏也只能循规蹈矩各守本分了。

五、娱乐场馆——十六楼

为了满足大批王公贵族、文武百官、外国使者以及各类进京办事的地方官员和商旅的需求，朱元璋先后令官府在江东门、三山门、石城门、聚宝门及三山街等主要通道上建十六楼以接待四方来客，并供功臣贵戚、官僚文人消遣享乐。"上以海内太平，思欲与民偕乐，乃命工部作十楼于江东诸门之外，令民设酒肆其间，以接四方宾旅。……既而又增作五楼"，② 这样当时共建楼十五座。而《洪武京城图志》中记载的则有江东、鹤鸣、醉仙、集贤、乐民、南市、北市、轻烟、翠柳、梅妍、淡粉、讴歌、鼓腹、来宾、重译、叫佛十六座，与《明太祖实录》中所言十五座略有出入。对此，《二续金陵琐事》于北市楼后注云："在城内乾道桥东北，太祖时回禄不存。"所以，南京实际长期存有的是十五座楼。

十六楼之设与明初官妓制度直接挂钩，太祖就曾数次设宴与臣同乐于楼上。明人顾起元言："国初，市之有十六楼，盖所以处官妓也。"③ 顾炎武对于官妓在当时的用途是这样解释的："国初，缙绅宴集，皆用官妓，与唐宋不

---

① （明）王樵：《南都官舍》，《方麓集》卷一一，《文渊阁四库全书》1285 册。
② 《明太祖实录》卷二三四。
③ （明）顾起元：《客座赘语》卷六《十四楼》。

异，后始有禁耳。"沈德符称所建酒楼"皆歌妓之薮也"，所谓"以修书钜典，而令歌馆为欢，非开天圣人无此韵致。"

它们"危楼高百尺，迢迢出半空"，"座皆六楹，高基重檐，栋宇宏敞"，"四方客旅以公事至者，居以客店……以为客旅游乐休憩之所，柔远之道备至无疑焉。"所谓"柔远之道"，清末姚莹在《康𫐐纪行》里做如此解释："昔明太祖既定天下，思以销兵革之气，于金陵设十四楼，出官钱赏酒食，实以官妓接待四方之士，而草泽英雄之气遂以潜消，帝王大略如此，虽儒者之所讥，非通智之所善欤?"在元末战争中逐步建设起来的新南京城，大概最不缺的就是草莽与军伍之气，这种精神在王朝建立过程中虽必不可少，但随着天下已定，却需要昭彰让位于礼乐与教化。从十六座楼的命名亦可觉察出，轻烟淡粉的江南诗情画意，用来消解王朝初建的兵革之气恐怕是最合适不过了。

根据《洪武京城图志》对十五楼位置的记载可知，它们基本上位于当时的江东门以西及三山门、石城门、聚宝门之外一带，即"市阛辏集处"，从中可以看出，这些楼大都临近外秦淮或长江，当属滨水景观的一部分。综合看来，十六楼并非一般人物往来之所，而是专供士大夫、大贾及其他四方客旅因公事往来者，因此，某些庆典，官方甚至帝王会亲自设宴于十六楼。明太祖个人的出身和品性使他对过分追求快乐、享受和奢华的人多少有些敌意。但作为一座充塞着新的官僚精英阶层的大城市，皇帝个人的节俭和朝廷的严苛基调并不能消除居民寻求快乐的潜能，南京无可避免地成为一个商业、尤其是奢侈品贸易的喧闹场所。

南京自明初为都以来，一改前朝的落魄，立即跃升为大都市，而当时的城南沿内秦淮河一带尤其是其繁华的中心。对此，后人有言，"秦淮河一带，遂为佳丽之中心，想像当年，金吾不禁，风月无边，声色歌舞，极一时之胜"。[①] 对于其繁华景象，明初鲜有专门记载，从中后期以来至清代，人们皆对当时的景况大加渲染。《留都见闻录》中这样记载，秦淮两岸的河房"绿窗朱户，两岸交辉。而倚槛窥帘者，亦自相掩映。夏月淮水盈漫，画船箫鼓之游，至于达旦，实天下之丽观也"。吴敬梓在《儒林外传》中讲："这南京乃是太祖皇帝建都的所在，里城门十二，外城门十八，穿城四十里，沿城一转

---

① （民国）朱偰：《金陵古迹图考》，中华书局，2006 年。

足有一百二十多里。城里几十条大街，几百条小巷，都是人烟凑集，金粉楼台。城里一道河，东水关到西水关，足有十里，便是秦淮河。水满的时候，画船箫鼓，昼夜不绝。""话说南京城里，每年四月半后，秦淮景致渐渐好了。到天色晚了，每船两盏明角灯，一来一往，映著河里，上下明亮。自文德桥至利涉桥、东水关，夜夜笙歌不绝。"《板桥杂记》则言："秦淮灯船毕集，火龙蜿蜒，光耀天地。扬槌击鼓，踏顿波心。自聚宝门水关至通济门水关，喧阗达旦，桃叶渡口，争渡者喧声不绝……"

这些记述中提到的秦淮河畔的河房、河中的灯船及表演等，其中又"尤以秦淮灯火，艳称于世"。这些当时大众百姓的娱乐活动，欲与民同乐的朱元璋也曾参与其间，为招徕天下富商建设南京，营造盛世氛围，他竭力提倡灯节这一盛事，并索性将每年元宵节的张灯时间延长至十夜，使之成为我国历史上时间最长的灯节。洪武五年的元宵节，他更是别出心裁地下令在秦淮河上燃放万盏水灯。据此，我们可以想见明初南京城因秦淮河而形成的热闹景象，毕竟秦淮河的日后繁华实肇始于此。

六、寺院建筑

提起南京历史上佛教的兴盛，大概许多人对杜牧的那首"千里莺啼绿映红，水村山郭酒旗风；南朝四百八十寺，多少楼台烟雨中"都不会感到陌生。佛教自东汉末年传入南京，南朝时期各朝先后建都于兹，由于统治者的提倡，南京佛教繁盛一时，成为全国重要的佛教中心，佛寺多达七百余所。南朝以后，南京的政治地位下降，佛教的发展亦随着政治形势的跌宕而时有兴衰。到了明代，南京先后作为首都和留都，再次成为全国重要的佛教中心，佛寺大量修建，为南朝之后又一高峰。

明万历时期，南京礼部祠祭司郎中葛寅亮编撰《金陵梵刹志》一书，书中详细记载了明代南京各佛寺的历史沿革、殿堂分布、房田公产、山水古迹、名僧事迹、寺租赋税、僧规制度等，是一部关于南京明代佛教发展的翔实之著。《金陵梵刹志》中对灵谷、报恩和天界三大寺的记载尤为详细，这三大寺几可作为明代南京佛寺发展的标杆，尤以明初南京为国都时更是天下禅林之表率。五大寺鸡鸣、弘觉、静海、能仁和栖霞也尽量详细集编，中寺及小寺则相对简略。

这八大寺均为洪武、永乐两朝定都南京时所建，都由皇家敕赐或由工部督工兴建，规模宏大，实力雄厚。灵谷寺为建孝陵时迁寺新建，赐为天下禅林之首；天界寺原为元末大龙翔集庆寺，太祖设善世院于其中，后因灾迁建，《二十四史》之《元史》就是在这里诞生的；报恩寺洪武时为天禧寺，由工部侍郎黄立恭督工增建，并放置洪武所编大藏经，永乐间建大报恩寺塔。五所大寺中能仁寺由太祖下令徙建；鸡鸣寺为洪武二年命崇山侯督工重建；栖霞寺由太祖赐额、赐田；弘觉寺洪武初赐僧人智辉住牛首山庵，永乐间改为佛窟寺，正统时改为弘觉寺；静海寺是明成祖为纪念郑和下西洋而敕建。也就是说，八大寺均为皇帝钦赐，并作为官寺。而迁都后，南京虽有新建规模较完备、弘敞的寺院，但均非皇家敕建，仅能居于中寺。

在明初的城市规划中，位于城内的寺院寥寥无几，仅有鸡鸣寺、兴善寺、千佛寺三所。兴善寺和千佛寺均为新建寺院，前者紧靠皇城北安门，不知因何而建；后者位于聚宝门内水军所在地。朝天宫岗上有宋始建的铁塔寺，洪武间仅有塔而无寺，至建文间方募修。而元代位于城中大市街的大龙翔集庆寺，因火灾且"于圜圚中与民居混"而迁建于聚宝门外。此外，由朱元璋赐额、赐田或敕建的尚有灵谷寺、天界寺、天禧寺、能仁寺、栖霞寺、般若寺、碧峰寺、三山讲寺、西天寺、积善庵、接待寺和百福寺以及其他十多所非官修的寺院，均位于郭城及附郭。由此可见，朱元璋虽极力宣称佛教可"阴翊王度"，同时却也对之严防紧守。因此，有研究者认为他畏惧宗教与民众结合之力量，故思对佛教隔离，庶免成为帝业不稳之绊脚石。

永乐时期，太祖的佛教隔离政策被突破，都城内建寺逐渐增多。成祖朱棣即将定淮门内的元天妃庙改建为吉祥寺，并降敕护之。另外，他还重修回光寺，而同时仁孝皇后于北门桥建唱经楼、周王于清凉山重建清凉寺、永康侯于淮清桥建佑国庵、僧录司右觉义妙乘于北门桥虎贲右卫地重修永庆寺等。郭城和城郭内也先后由僧人新建、重建十多所寺院。洪武、永乐两朝于南京共建寺院五十余所，位于城内的有十多所，而又以永乐朝所建为多。明成祖虽在国家佛教管理政策上仍沿用洪武之策并加以完善，但与太祖不同的是，除了利用佛教"暗助王纲"外，也崇信佛教，并重用僧人道衍。从个人意愿上明成祖对佛教也就多了一些支持，与佛教的距离也更近一些，原来的佛教隔离政策执行起来难免不彻底，故于城内建寺也成自然之事。

在地域分布上，这一时期以聚宝门至雨花台一带的南京城佛教中心逐步形成。这一地区一扼南京城与江宁县来往的交通要道;二既近城南闹市区,又因雨花台冈陵起伏的山地形势而成为佛寺适宜建造之地。地理位置的优越性再加上天界、报恩和能仁三大寺的带动,使此成为"梵宇林立、缁素云集"的地区。

在这些寺庙中,被誉为中古世界七大奇观之一的大报恩寺琉璃塔尤其值得称道。金陵大报恩寺始建于明永乐十年,至宣德三年告竣,时间长达16年。根据史书记载,早在洪武年间,工部侍郎黄立恭已奏请太祖对天禧寺塔、佛殿、僧房等进行修缮和增建,工程进行了三年。永乐五年,仁孝皇后崩逝,朱棣就是在该寺(时天禧寺已改称报恩寺)举行超度法会。第二年有僧人为泄私愤纵火烧毁寺塔,于是才有了永乐十年大报恩寺的重建工程。成祖下令征集天下良工,敕令工部侍郎黄立恭负责督建,依照大内宫殿的规格,建造九级五色琉璃塔,并重建大报恩寺。史载大报恩寺周围九里十三步,主要建筑都坐东朝西,其中特别值得称道的是大报恩寺内的琉璃宝塔。明张岱《陶庵梦忆》中这样描述:

> 中国之大古董,永乐之大窑器,则报恩塔是也……塔上下金刚佛像千百亿金身,一金身琉璃砖十数块凑成之,其衣褶不爽分,其面目不爽毫,其须眉不爽忽,斗榫合缝,信属鬼工……永乐时,海外蛮夷重译至者百有余国,见报恩塔,必顶礼赞叹而去,谓四大部洲所无也。[①]

在有关大报恩寺琉璃塔的各种诗文中,明人陈沂《报恩寺琉璃浮图记》当最为详尽,凡塔之形制、用材,乃至细部装饰,皆予以描绘:

> 文皇诏天下,尽甄工之能者,造五色琉璃,备五材百制,随质呈色,而陶埏为象,品第甲乙,钩心斗角,合而甃之,为大浮图。下周广四十寻,重屋九级,高百丈。处旋八面,内绳四方……
> 浮图之内,悬梯百蹬,旋转而上。每层布地以金,四壁皆方尺小释

---

① (明)张岱撰,马兴荣点校:《陶庵梦忆》卷一《报恩塔》,《陶庵梦忆·西湖梦寻》,中华书局,2007年。

像，各具诸佛如来因缘，凡百种，极致精巧，眉发悉具，布砌周遍。井棋叠起，皆青碧穹覆如华盖……出橱槛外……四顾群山大江，关阻旁达，无远不在，近观宫城廨舍，陆衢水道，民居巷市，人物往来动息，罔不毕见。飞鸟流云，常俯视在下矣……①

明清时期，一些欧洲商人、游客和传教士相继来到南京，口碑相传，西方很多人都知道"南京瓷塔"，并称之为中世纪世界七大奇迹之一。

据今人汪永平先生研究，大报恩寺琉璃塔平面为八角形，高九层，底层周长约101米、高近80米（一说高104.45米）。底层四面开门，四壁镌刻四大天王金刚护法神像，二层至九层为八面开门，四实四虚，隔层错开，各层均有平座腰檐，平座回廊为朱红色琉璃栏杆，腰檐层面是绿色琉璃，檐下黄绿色琉璃斗拱层层叠起。九级之上是塔刹，下部是铁质覆盆2个，重900斤，外表镀"黄金风波铜"，塔刹有相轮铁圈9个，顶上黄金宝珠，以八条铁索固定在檐桷，角梁下悬挂金玲鸣铎152个，另有篝灯128盏，加上塔心室琉璃灯12盏，每日耗油达64斤。

这座令世人震惊的琉璃宝塔，在1854年太平天国将士的破坏下荡然无存。所幸1958年和2004年曾分别在中华门外聚宝山琉璃窑与赛虹桥附近某建筑工地出土了一批报恩寺塔拱门所用的五彩琉璃构件，构件上有墨书层数和左右位置等，它们让今人依然能够从局部观察到报恩寺琉璃塔的雄伟和壮丽。这批文物分别保存在北京国家博物馆、南京博物院、南京市博物馆、南京贡院陈列馆等单位。此外，张岱《陶庵梦忆》等书曾记载，当年烧制琉璃宝塔构件时，曾一式三份，"成其一，埋其二，编号识之，今塔上损砖一块，以字号报工部，发一砖补之，如生成焉"。有学者另认为，另两副备用构件埋藏在今雨花区窑岗村清代建筑眼香庙地下范围内。此外，南京博物院还保存有琉璃塔上的白色瓷砖数十块和塔身第四层鎏金佛像砖；塔上铁质承盘被日本人掠走；"大报恩寺"石额收藏于南京市博物馆；南京毗卢寺保存着大报恩寺一巨大的铜磬；南京鸡鸣寺中也珍藏有大报恩寺佛像砖。

---

① （明）葛寅亮撰，何孝荣点校：《金陵梵刹志》卷三一《聚宝山报恩寺》，天津人民出版社，2007年。

在南京现存的明代寺院中，另一处值得一书的是灵谷寺。洪武年间由太祖亲自敕命其时杭州府学教授徐一夔撰写的《奉敕撰灵谷寺碑》中，详细记载了灵谷寺的迁建缘由、选址、建造过程及建造材料等，现摘录如下：

> 今上皇帝应天启运，建一大统之业，定都于钟山阳，辨正方位，适与梁神僧志公之塔寺密迩。洪武九年春，浙东僧仲羲被召来为住持，前瞻宫阙，仅一里许，私自忖曰：王气攸聚，紫云黄雾，昕夕拥护，非惟吾徒食息靡宁，亦恐圣师神灵有所未妥，且佛法以方便为先，如得近地改建，诚至幸也。因请于上，从之。羲乃择地于朱湖洞南，则钟山之左胁也。材木未具，会上方迁太庙于阙左，弗敢以旧庙遗材他用，遂以施之。又遣亲军五万余人，徒塔附于寺。功将就绪，有为宫宅地形之学者言，其地湫隘，非京刹所宜。羲复以闻，有旨舍其旧而新是图，拓大其规制，令可容千僧。命太师韩国公李善长择地于独龙冈之东麓，西距朱湖洞五里而近……①

碑文称灵谷寺另选址再建是因离宫城太近，先择址于朱湖洞南，因其地湫隘，又命精于地理的韩国公李善长再次择地于朱湖洞以西五里。但实际上灵谷寺的迁建，是因太祖看中了独龙阜并想以此处为自己身后之万年吉壤。洪武十五年六月十三日，寺庙落成之际，太祖赐额灵谷禅寺，又赐田若干亩，岁入米四千石，以饭其众。

在布局上，灵谷寺"中作大殿，殿之前，东为大悲殿，西为经藏殿，食堂在东，库院附焉，禅堂在西，方丈近焉。而大殿之后，则为演法之堂，志公之塔，则树于法堂之阴。……翼以两庑，……屏以重门，缭周垣，而养老宿与待云水之暂到者亦各得其所。至于井、灶、湢、庾之类，凡禅林所宜有者，无一不备"。② 而《灵谷禅林志》还记载，该寺有画廊一百四十八间，"皆绘如来历劫、出世及大士源流、诸罗汉缘因"，其中有二十八幅为著名画家吴伟所作。

---

① （明）葛寅亮撰，何孝荣点校：《金陵梵刹志》卷三《钟山灵谷寺》。
② （明）葛寅亮撰，何孝荣点校：《金陵梵刹志》卷三《钟山灵谷寺》。

寺中无梁殿，是南京明代诸佛寺中唯一留存至今的明代实物，亦是国内现存体量最大、年代最早的无梁殿。所谓无梁殿，无论单层或双层，都是在砖造的半圆形券洞上面再覆以传统的中国式屋顶。其特征在于不用寸木只钉，无梁无柱，全部用砖石垒砌而成，尤其能够防火、防震。太平天国时期，灵谷寺是清军江南大营的所在地，寺内建筑均毁于兵火，仅有砖结构的无梁殿保存了下来。根据现在已有的资料，在明代以前还没有出现这类建筑。而明代遗构中，又以灵谷寺的无梁殿为最早。明代中叶以后，各地佛寺大量营造无梁殿，多从灵谷寺的无梁殿获得启发。如万历年间（1573—1620）建造的山西太原的永祚寺、五台山的显通寺、江苏句容宝华山的隆昌寺、苏州的开元寺等，年代稍晚的，细部的装饰手法也更为华丽纤巧。

灵谷寺的无梁殿坐北朝南，东西长 53.8 米，高 22 米。重檐歇山顶铺灰瓦，脊饰有正吻、角兽和仙人。正脊中部置有三个白色琉璃喇嘛塔，檐部斗拱在民国维修时改为水泥制作。整座殿宇由横列的三个半圆形券洞组成，而中央券洞的进深较大，也较高。拱券之下墙体浑厚，由于列券的侧向水平推力甚大，因此该殿前后檐墙皆厚近 4 米。两端山墙虽不承载巨大推力，但为取得与前、后檐墙一致的视觉效果，也构筑了同一尺度的厚重砖墙。整座殿宇敦实、朴素，颇能代表明初南京地区建筑的艺术风格。

鸡鸣寺位于鸡鸣山上，与明初"十庙"毗邻，有明一代，香火极盛。根据《金陵梵刹志》记载，鸡鸣寺虽然"寺阻城，地不广数亩，"但通过巧妙的地势营造，以及在寺前设门三：秘密关、观由所、出尘径，从而弥补了因地形逼仄而前导致空间过于直白的不足。实现了"入寺，曲廊迤逦，经数门至佛宇，皆从复道陟降而进，若行数里"的深幽效果。因建于山上，且北依城墙，外有玄武湖，鸡鸣寺的景致尤为别致，"旁有凭虚阁，俯视京城大内，直望郊坰，峰壑无极。登浮图，北瞰玄武湖，西连祠庙台榭，皆隐隐于木末见之"。①

关于鸡鸣寺建设的情况，《明太祖实录》洪武十八年载："建鸡鸣寺于鸡鸣山，以祠梁僧宝公，命僧德瑄住持。瑄卒，道本继之。初，有西番僧星吉监藏为右觉义居是山，至是别为院寺西以居之。"② 可见鸡鸣寺之建与"祠梁

---

① （明）葛寅亮撰，何孝荣点校：《金陵梵刹志》卷一七《鸡笼山鸡鸣寺》。
② 《明太祖实录》卷一七六。

僧宝公"有密切的关系。受命督工者为崇山侯李新，他在洪武年间先后负责或监管南京以及周边的多处大型工程建设，见载于《明太祖实录》的，有南京明孝陵、鸡鸣山南历代帝王庙、胭脂河等等。

七、公共设施——鼓楼、钟楼

明初，南京城内的公共设施，对城市生活有着重要影响的，当以建于鼓楼岗的鼓楼和钟楼为代表。

鼓楼建成于洪武十五年（1382），位于城市中心海拔四十米的高岗之上。洪武十四年，朱元璋在参与制定国子监布局时确定"左列鼓架，右建钟楼"。洪武十五年，按此布局在城市中心位置的黄泥岗上修建钟鼓楼，这里直到今天依然是城市的中心区域。根据《洪武京城图志》的记载，鼓楼在北城兵马司的东南，钟楼则位于鼓楼以西。在距离鼓楼西侧约100米处的高岗上，留有明初铸钟遗址。经南京市博物馆考古专家发掘考证后确认，此遗址位置与史料记载的钟楼相符，亦与清同治《上江两县志》中标明的鼓楼、钟楼位置相一致。

将钟、鼓楼设于都城的中心位置，介乎城市居民区、军事区、宫城区之间，明初的这一做法承袭了元代，却是对唐宋传统的变革。早先，钟、鼓二楼往往设置于都城宫殿区的主要殿堂之前，其功能集报时、报警、礼仪于一身，西周时已有类似记载。汉长安城的钟室、鼓室，曹魏邺城的钟、鼓楼皆位于宫城区；唐代长安城内的三座宫城太极宫、大明宫、兴庆宫前均有钟、鼓楼的设置，其方位为"东鼓西钟"；北宋东京汴梁依然沿袭了隋唐宫廷东鼓西钟之制，宫城正殿前设东西对峙的钟、鼓楼。金元时期，钟、鼓楼从宫殿区逐步向市区迁移。元大都的钟楼、鼓楼排列在宫城北部的城市中轴线上，居于城市中心。朱元璋在设计明中都时，钟、鼓楼的位置尚有追慕唐宋风尚的倾向，但到了南京城时，他则开始更多考虑城市的现实形势与实际需要，既不像唐宋时期将其置于宫城中，亦不似元大都一样设于宫城之后，而是遵循南京独特的山川形势，将鼓楼独立设置于军事区与市民生活区之间的城市中心制高点上。这样，当黄泥岗上的钟鼓声响起在这座形制不规则的城池中，即使远离宫城与繁华的居民区，也能闻声作息。同时鼓楼的位置距离京城十三个城门的距离大致相等，大大有利于每天清晨击鼓，报知各处城关开启城门之需。从这一点看，明南京城鼓楼位置的选择或许依然受到前朝元大都钟、鼓楼居于城市之中观念的影响。为了兼顾全城,将其置于城市中心位置,可谓再合适不过了。

鼓楼建于高九米的城台之上,因为明初时期南京城内高层建筑的数量并不多,且鼓楼又靠近居民稀少的军事区,因此仅与钟楼、南北市楼、周边城门及寺院中的塔遥相呼应,使用较少的人力物力,便可营造巍然的效果,成为明代都城南京城市天际线的重要组成部分和城市地标建筑之一。此外,由于其居高临下掌控全局的战略优势,鼓楼由于其特殊的功能,在明代并不允许人随意登临。

鼓楼的建筑形制是下为砖砌城台,上为城楼的定式,从遗存柱础来看,南京鼓楼上部城楼柱网铺满了城台顶部,屋盖将城台完全遮蔽,形制与今北京鼓楼相似。城台拱券横跨了当时南京城的主要道路,并不设门,人车自由穿行。

清初、南京钟、鼓楼均有损毁,康熙年间钟楼被毁,只留下卧钟,并被迁至大钟亭,同时鼓楼城楼不存,只剩城台。康熙二十三年(1684)十一月初一,康熙皇帝为根治黄河、整顿吏治来到江宁,初二登上鼓楼城台凭高远眺,纵览金陵风貌。初四康熙返京前一再告诫官员"洁己爱民,奉公守法,激浊扬清,体恤民隐"。康熙二十四年,两江总督王新命等将圣谕刻石,树碑于鼓楼城台正中。同时,为保护这座皇帝对官员告诫的"戒碑",在其上建楼,因此,清代时南京鼓楼又称碑楼。而因为圣祖康熙皇帝曾登鼓楼城台,因此重建后的鼓楼名为畅观楼。

清代重建的南京鼓楼沿用明代砖砌城台。上部城楼为单层重檐歇山顶殿堂式建筑,殿身三间三进,周围廊,围廊开间尺寸与内部不对应。这座碑楼的规模与明代相比已经大大缩小,明时城台顶部全部为室内和廊下空间,清代则是在露天平台正中设重檐歇山建筑的形式。清代重建的城楼与明代初建的体量之所以有如此之大的区别,原因可能有两点:首先是建筑功能有所改变。明初,南京鼓楼是计时、报时、报警的场所,兼具礼仪功能,需陈设器具,举行仪式。清代建楼的目的是为保护御碑不受日晒雨淋,所以无需明代那么大的建筑面积和体量。其二,传统建筑的规模往往与其等级有关。南京为明初都城,鼓楼建筑在当时作为国家工程,等级较高。到了清初,南京只是地方省会,地位已大为降低,那么相应的,城楼尺寸便应有所缩减。

第四章　教育与科举

明初，京师南京是全国的政治、军事、经济中心，又是突出的人才、教育、考试中心。从国家级高等学府国子监，到地方儒学应天府学，以及官倡民办的社学，都在地方教育中扮演过各自的角色。

朱元璋深知若要政权长久，绝不能单靠武力，必须得采取文治手段。因此，急需一批文官来治国。首先，朱元璋起用故元旧人，但不断培育新王朝自己的人才才是根本之道。因此，短短的十年间，朱元璋便建立了自中央到地方，乃至乡间的教育系统，奠定了明代教育体制的基础；同时规定"科举必由学校，而学校起家可不由科举"①，意即通过科举与学校皆可取得做官的资格，但是参加科举的前提是必须出自学校。

朱元璋大兴教育的目的除培育人才之外，便是为了普施教化、导民善俗。他曾反复强调"治国之要，教化为先，教化之道，学校为本"②。洪武二年（1369）十月，朱元璋下诏天下郡县皆立学校。又于洪武八年（1375）正月，命天下立社学。为此，他还制定了很多具体措施。

明初，学校体制可分为中央与地方两大层级，中央官学以国子监为主，地方官学以府、州、县开办的儒学为主；如果延伸至乡村，则民间的启蒙教育以半官方性质的社学为主。

明代国子监，既是学校，又是教育行政机关，有太学、国学、国子学等称谓，是明代最高的教育机构，以培育政府人才、储养官僚为目的。所以明初国家对太学极为重视，洪武时以"曹国公李文忠提督国子监，是以国公而理太学士也。二十九年，因学正吴颙言，上命魏国公徐辉祖率礼部翰林院官，诣监考试诸生等第，吏部以次录用，是以国公而试太学也。洪武中，起致仕刑部尚书李敬为国子监祭酒，致仕试吏部尚书刘崧为司业，是以尚书而起太

---

① 《明史》卷六九《选举一》。
② 《明太祖宝训》卷二《兴学》，台湾"中研院"历史语言研究所，1962年。

学官也"①。

国子监中的学生通称谓之"监生"。从监生的来源上看，有大量从地方府、州、县学中保送上来的生员，因此其教育对象的社会覆盖面更大。从监生的去向上看，监生肄业后须经历一年以上的行政实习，再由吏部据其表现授予不同级别的官职，由此形成明代国子监教育的最大特色。

明初入仕，举贡、进士、杂流三途并用，属于举贡的太学地位极高，人才都集中在太学。但随着科举入仕渐成主流，国子监无论从规制、生徒来源与社会地位都经历了由盛而衰的变化，这在南京国子监体现得尤为明显。

对地方府、州、县教育，朱元璋也未放松，他于洪武二年（1369）诏令天下皆立学。依其性质划分，地方学校有儒学与非儒学两类，儒学包括府学、州学、县学、卫学等；非儒学包括医学、阴阳学等。这些学校都属于官学的一部分。此外，尚有私办性质的书院与"半官学"性质的社学。

明初，京师的应天府学在地方教育中一直占有重要地位，不仅规模最大，而且受到地方官员与本地士绅的重视。虽然其实际教育功能有限，但作为地方科举兴衰的标志，负载了重要的象征性意义。

儒学的学生通称"生员"，其身份可分为三类：廪膳生、增广生、附学生。学额数分别为：府学 40 人，州学 30 人，县学 20 人，应天府学因其地位特殊而定额 60 人。对生员的管理同监生一样，一方面厚给廪食，一方面严加管教。朱元璋于洪武十五年（1382）颁发禁例十二条，若有不遵循者以违制论。

地方儒学的课程和中央国子监的没有太大区别，思想教育色彩仍然浓厚，只是对经书的学习程度要求低一些，且无"行政实习"这一环节。学生的出路有三：上者，科举中试；次者，廪生，年久充岁贡或选贡，升入国子监；下者屡试不中，年逾五十，愿告退闲者，给予冠带，仍免其徭役。

卫学为明代特有的儒学。明代不少卫所设于边疆，兼理军政及民事。但边地的经济、文化不发达，这些军人子弟无入学的机会。于是，朱元璋于洪武十七年（1384）下诏在辽东等卫设立卫学。自此，沿边卫所先后立学。其性质与府州县学相仿，皆属于儒学性质。卫学学生根据修习的学业类别，可分为接受儒学教育的"文生"，接受武学教育的"武生"；若依学生的来源与

---

① （明）顾起元：《客座赘语》·卷三《太学》。

户籍区别，则有军生、官生、民生、文职官吏子弟、土官嫡子、商人子弟、武生等等。入学前称为童生，有文、武童生之别，童生必须经过考试才能进入卫学。在学生的额数方面，最初并无规定，到成化三年（1467）才有额定。待遇方面，卫学生员不得食廪。不过各地卫学仍请照府州县学例，设法筹置。课程与考核方面，卫学与府州县学无异，只是除了儒学课程外，尚有武学课程，以教授武生。学生的出路有科举、贡举入监、贡生就教职、拔贡、武举与袭职六种，并以科举、贡举为大宗。由此可知，和府州县儒学相较，卫学学生的来源多样，卫学课程兼有儒学、武学二者，卫学学生的出路也较广。

医学是一种医疗与教学结合的机构，目的在于培养医官、药剂人才。洪武十七年置医学，府设正科一人，从九品，州设典科一人，县设州科一人，设官而无禄。医学的建置或出官资，或由官民捐助。医学内设有医生（即医学学生）随医官学习医道，人数多寡不一。在明代，医学并不受重视，医署经常处于废而不留举的状态，医官往往各就居所，对医生也没有培养与考核的检查制度，名虽为学，实际上并没有系统的教学方法与内容。

阴阳学则是一种掌管节候、历日等并与教学相结合的机构，其设置承袭元制，建于洪武十七年，府设正术一人，秩从九品，州设典术一人，县设训术一人，皆设官而无禄。阴阳学的建置主要出自官资，和医学一样，没有系统的教学内容与考核检查制度，同样未得到朝廷的重视，经常处于废置的状态。

与官办学校相比，尚有私办性质的书院在明朝初期一直处于沉寂状态。国内高水平的学者大多涌入待遇优厚的官学中任教，一般知识分子通过科举途径亦可比较容易地获得仕进机会，因此书院受到冷落。虽然洪武元年朱元璋诏令设立洙泗、尼山二书院，这只是他尊崇儒学的一种姿态。又如洪武十八年江苏丹阳所建的濂溪书院，以及从宋代起已负盛名的白鹿洞书院也是门前冷落、杂草丛生。

明初，南京及全国各地还设立一批民间初等教育机构——社学，将国家所掌管教育的层级再次向基层组织推进，使得受教的对象更加扩大，教育更加普及。

社学起源于元代，是指在"社"所设的学校。元制 50 家为一社，每社设学校一所，择通晓经书者为教师，施引教化，农闲时令子弟入学，读《孝经》

《小学》《大学》《论语》《孟子》，以教劝农桑为主要任务。明承元制后加以发展，经由太祖朱元璋创制，英宗、宪宗、孝宗及神宗等皇帝又下诏督办社学，使社学的办理渐趋完备。

明代社学以教化百姓为主，启迪童蒙为辅，仅有少数是为进入官学做准备的。因此，社学的设置，或因奉诏而设，或因提学官的督导以及有感于地方教化的重要而设置。设置者本身大都具有官员身份，以府州县官最多，提学官督导建学居次。至于对旧有社学的修葺，如修葺被火毁、倭毁、为民侵占或卖予民居、被改为庙宇、所在位置地狭等状况的社学，修葺者同样多具有官员身份，以府州县官为主，提学官督导建学居次。设置的地点有在城与在乡二类。校舍的取得方式有择地新建，如买地新建，由民人捐地新建，以官地改建，用废弃隙地新建，等等，但最主要的取得方式还是以既有屋舍改建，如改寺庙道观，改官署，改其他学校，改民屋，等等，其中又以改寺庙道观为主。在南北差异上，北方以择地新建为主，南方以改既有屋舍为主。在设置时间上，可考设置时间的社学有5 972所，较盛的时期依序为洪武、嘉靖、成化、万历、弘治、正德、天顺、正统等时期，其中洪武时期设了3 717所，占了62%。

社学的经费来源主要有学田收入、市租、官拨谷粮、官民捐资及学生纳费等途径，以学田收入为主。在支出方面，可分为创置与维修之费以及维持日常运作所需之费，后者包括了赡师费用与资助贫生两项。

社学的教师通常称为“教读”或“社师”。员额编制是一校一师为主，但有少部分社学是一校二师。教读的考选通常是由提学官或府州县官负责。教师的选用标准主要为有德性和有学识两大原则，待遇可分为免差徭与给束脩二种。教师的考核通常由提学官与府州县官负责。教师的出路，朝廷并没有相关的规定，社学教师不像儒学教官一样具有官品，无所谓任满迁转的问题。

社学的学生人数，少则一所十余人，多则上百人。大部分地区的社学不设立学生入学资格要求，但少部分社学则有限制，主要为特定条件及基本品德与学识的要求。特定条件指限制学生是少数民族子弟、军民子弟或是家族子弟。学生的年龄主要介于七岁到十五岁之间。

社学明初以教化为主，课程由中央规定；明中后期则渐以启发童蒙以及进入官学做准备为主，课程内容为法令、生活规范、知识教育等等。由社学课程的规划可知，社学的程度相当于小学，与当时其他的蒙学教育机构比较，皆有使学童自幼学习传统礼仪规范，培养其基本的识字写算能力，但社学则是多了法制教育的内容。主要教材包括《御制大诰》《小学》《孝经》《四书》《孝顺事实》等书，其中《御制大诰》和《孝顺事实》是明代才出现的，而《御制大诰》是明初社学最为主要的教材。

朱元璋颁行《御制大诰》的用意是要将它作为教科书来教化臣民，同时也要求臣民严守其中的禁令，用以规范自身的行为。为了确保臣民对于《御制大诰》学习的经常化，特别是让后生、幼丁"自幼知所循守"，朱元璋在洪武十九年（1386）正月下诏，"颁《大诰》于国子生及各儒学"①，将之列为全国各级官学的必修内容，除规定科举考试从中出题外，还采取一系列的具体措施，展开全民性的讲读运动，亦即在洪武二十年规定"天下府州县民每里置塾，塾置师，聚生徒，教诵《御制大诰》"②。此处所说的"塾"，当指社学。换句话说，亦即此时确立《大诰》作为社学的必修课程。其后，朱元璋在洪武三十一年颁布的《教民榜文》中，还特别指出民间子弟资质纯真之时，最宜先读三编《大诰》，养成先入之见，周知刑名罪律，长大后皆不犯刑宪，个个成为贤人君子，而这正是童蒙养正的思想。

考诸地方的实施情形，大部分地区在明初设置社学时，也都规定以《御制大诰》为基本的教材，如南直隶的扬州府所辖地区、江西瑞州府的新昌县、福建泉州府的惠安县、河南开封府的尉氏县、山东兖州府所辖地区等地皆是。

朱元璋为了奖励各地社学讲读《御制大诰》，还于洪武二十四年令社师率其徒能诵《大诰》者赴京，命礼部考评其所诵多寡，次第给赏。洪武三十年，天下有讲读《大诰》师生来朝者十九万余人，讲诵后赐钞遣还。③ 将如此众多的师生由各地召到京师讲读《大诰》，在中国教育史上是盛况空前的，同时也反映出天下社学对于学习《大诰》这一内容的具体成效。这些都可证明，明初社学在讲读《大诰》上成效斐然。

《大诰》的实施盛行于洪武年间，永乐时有所延续，但到了洪熙、宣德时

---

① （明）谈迁：《国榷》卷八。
② 《明太祖实录》卷二一四。
③ 《明史》卷九三《刑法一》。

已被搁置不用。从讲读方面看，洪武年间一再强调将《大诰》列为各级官学的必修课程，成祖朱棣即位后也曾敕令礼部："太祖高皇帝新制《大诰》三编，使人知趋吉避凶之道，颁行岁久，虑民间因循废弛，尔宜申明，仍令天下诵读，遇乡饮则讲读如旧。"[①] 永乐三年（1405）二月，朱棣又令有司："选方正之士，讲读《大诰》、律令。"[②] 不过在永乐十九年迁都北京后，《大诰》渐停使用，讲读情形亦随之减少。至明中叶以后，《大诰》已鲜为人知。明代后期未见将《大诰》列为社学课程的相关记载。

在礼仪规范方面，社学的教学特别重视敬师礼仪以及课堂规范，其中前者还包括开学之礼俗、朔望之仪与晨昏之令等方面。这些礼仪要求，一方面是受到传统的影响，另一方面可能是受到宋代理学家的影响。为配合启迪童蒙与进入官学做准备，社学所采行的教法包括讲读《大诰》、律令，教识字，教读书，教歌诗，教属对与作文，以及教"礼、乐、射、数"等方面。

社学与地方儒学存有一定的关系，从朝廷的政策、部分社学设置的目的以及社学课程内容的安排来判定，社学为儒学的下级学校；社学与卫学的关系，有社学为卫学的下级学校、社学为卫学的前置学校、社学具有卫学替代学校的意味与功能。

社学自明初起就一直是地方上启蒙教育的主要形式之一，影响其兴衰的因素与皇帝下诏兴举有关，主要有太祖、英宗、宪宗、孝宗及神宗等五位皇帝曾颁布关于社学的诏令，并促使该时期社学设置数量的增加；另外，与府州县官的关心程度有关，他们是社学最主要的设置者与修葺者，其态度直接影响到社学是否能够长存不废，然而部分府州县官却视社学为末务，不加以关心，导致社学废弛。

社学在明代教育史上有其重要的意义。首先，社学在明代教化政策执行上占有相当的分量，朱元璋将社学当作是教化乡里的媒介，亦是从事政治控制的主要手段之一；同时社学还曾与其他的教化措施（如乡饮酒礼）相结合，使朝廷对地方的控制更加深入基层。其次，社学在官学系统中从奉命设置、设置者、管理者及经费多来自官方等方面来看，社学具有官学的色彩；但从

---

① 《明太宗实录》卷一〇。
② 《明太宗实录》卷三九。

师资及学生来看，则与私学相近，因此社学或可视为"准官学"或"半官学"的尝试。由于社学设置层级的更深入，设置层面的更普及以及招生对象的不限制，社学在明代教育中确实起到将平民教育的机会更加扩大的作用。

明代官学的设置，除宗学与武学以外，其余在洪武时期皆有定法，设置的层级从中央到地方皆有，如"明代学制图"所示。

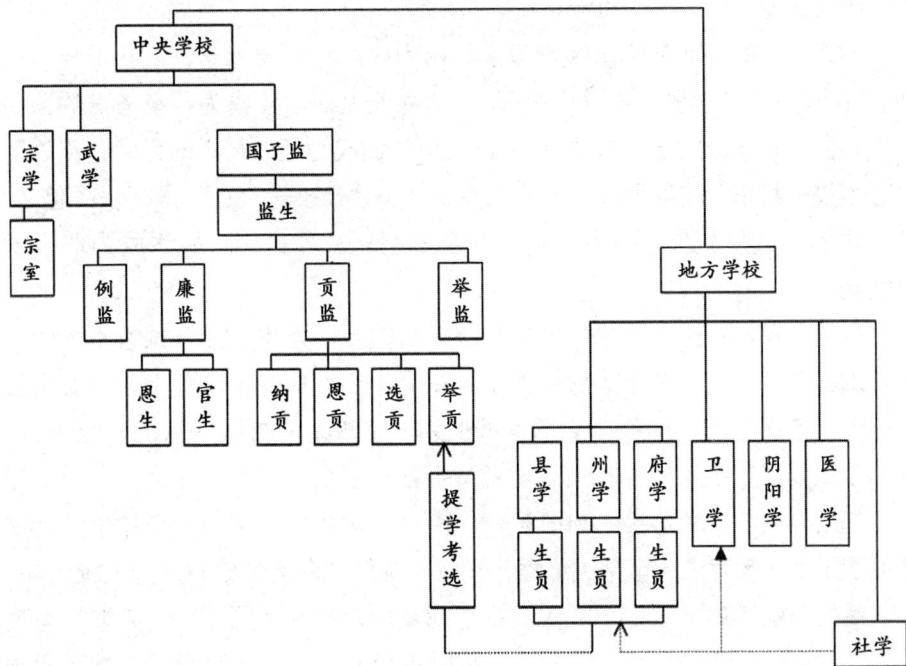

明代学制图

与教育中心地位相呼应，南京也是科举考试的中心。明初，南京为京师，乡试、会试、廷试皆在此举行。在朱元璋兴学重教以及取士政策的实施下，学校设置的种类与层级既完备又与科举紧密结合。而科举的实施也给南京的城市经济、文化、社交、政治乃至地名、民俗等方面都带来深远的影响。

明代入仕的渠道以科举为主要途径。洪武初其政策兴废不定，直至洪武十七年（1384），朱元璋才确立了科举制度，并颁行各省，成为定制。科举制度在明代更加重视形式，规条更加繁琐，但地位也相对提高。

明代科举考试的时间是三年一次。考试的程序分为乡试、会试、廷试三阶段。其中，乡试和会试各举行三场考试，以首场考试最为重要。首场所考的经义须用八股文，这是明代科举的一大特色。考试的内容自"四书"《易》《书》《诗》《春秋》《礼记》中命题，而这些书都有特定的标准本。

洪武时，科举录取的乡试和会试的名额不拘额数。在应考资格方面，凡国子生及府州县学之学成者，儒之未仕者，官之未入流者，皆可应试。但是学校训导、罢闲官吏、倡优之家、居父母丧者，皆不许入试。换言之，在身份上仍有限制，而非人人可应举。

明代科举制与前朝相比臻于成熟。作为成熟的重要标志，是科举与学校教育完全合流。"学校储才以应科目"，从功能上使学校成为科举考试的预备机构；而"科举必由学校"，则从渠道上使学校成为通向科举的必经之路。这种"学校—科举"培养和选拔人才的模式，将"读书—做官"紧密联系起来，使人才培养与人才选拔融为一体，乃至定型化、程式化，最终成为取士的正途。

从科举考试的流程看，学子参加院试考秀才，秀才参加乡试考举人，举人参加会试考贡士，贡士最后再参加殿试考进士。从这个流程上看，府州县学的入学考试，在某种意义上说也可视为国家规定的科举考试的一级考试，因为参加乡试的必须是各府州县学考试合格的生员。而考秀才之前，学子需要在基层的社学或私塾接受启蒙教育。由是，从乡村社学到府州县学以至京师的国子学，教育内容全部围绕着科举考试旋转。各类学校培养的大批人才，为科举的质量和数量奠定了坚实而广泛的基础，特别是国子监，成绩更为突出，"历科进士多出太学"。在朱元璋兴学重教并将其纳入科举取士体系的作用下，全国"无地而不设之学，无人而不纳之教。痒声序音，重规叠矩，无间于下邑荒徼，山陬海涯"[1]，明代出现了"家有弦颂之声，人有青云之志"的社会现象。

科举在明代的发展，在制度上虽更加完备，然而以八股文的采用，士子为应付科考，专习八股，产生钳制士子思想、禁锢人心的弊端。另外，"学校—科举"这种培养和选拔人才的模式，导致各方只重视科举，客观上使学校沦为科举的附庸。

朱元璋大力创办的明初学校教育，是唐宋以来学校教育的继续和发展，

---

① 《明史》卷六九《选举一》。

是中国古代教育史的一个重要组成部分。虽取法于唐宋，但又形成自己的风格和特点。国子监和府、州、县学，社学衔接形成一个全国性的教育网，学校与科举、荐举三位一体，科举是入仕的要途，而学校则是科举的通道。由于朱元璋办学的目的是为巩固明王朝的统治，因此，存在许多不可克服的弊端。虽然如此，明初学校的规模和影响、管理制度的健全、教学内容的法定化，在古代教育史上都达到了空前的程度，"为唐宋以来所不及也"[①]，并且对明清两代的社会政治生活产生了重大的影响。

第一节　明初国家的最高学府——国子监

明代的学校教育以官办机构为主导。国子监为中央教育机构，级别最高。由于明代实行两京制度，在永乐之后便有了南北两京国子监，称为南雍和北雍。亦由于南京政治地位的变化以及科举考试重要性的提升，位于鸡鸣山下的南雍经历了由明初的辉煌至明中后期的衰落的过程。

一、南京国子监的变迁

国子监，早年称国子学，是中国古代传统社会的教育管理机关和最高学府，其具备两种功能：一是国家管理机关的功能，二是国家最高学府的功能。国子学的设立相对于"太学"而言，除了是国家传授经义的最高学府外，更多地承担了国家教育管理的职能；但同时，国子学与太学也可互称，经常用太学来指代国子学。"国子监"出现后，"学"与"监"不同的含义说明了二者在承担两种功能上的不同分工，"学"是传授知识，指向教育和最高学府的功能；"监"是督查监管，指向国家教育管理的功能。

六朝古都南京，虎踞龙盘，钟灵毓秀。城北有一山，名"鸡笼山"，其北依玄武湖，南望六朝宫城，南朝时为皇家苑囿之一。南朝宋时，在山顶建立"日观台"，为南京第一个气象台。明洪武十八年（1385），朱元璋在此建"观象台"，设置铜铸的浑天仪、简仪、圭表等天文仪器，故又名"钦天台"，而鸡笼山又有"钦天山"之称。清建"万寿阁""御碑亭"于其上，因亭阁位于明代"万真武庙"后上方，故称"北极阁"，世人谓之"巍巍北极兮金城之

---

① 《明史》卷六九《选举一》。

中"。

更为称道的是朱元璋在鸡笼山之南设立的国子监，成为十四、十五世纪我国最大的高等学府，也是世界上最大的高等学府之一。鼎盛时其区域建有四座牌楼，故鸡笼山之南地名为"四牌楼"，而往来于国子监前的道路上多为即将准入仕途的监生，故称其道为"成贤街"。千百年来这里书香不断，办学历史源远流长。

永安元年（258），东吴景帝孙休创建国学，设太学博士制度，诏立五经博士，实为建业（今南京）太学之发端。

晋武帝司马炎统一全国后，建业太学中断。晋武帝死后，中原出现"八王之乱"，以王导、谢安为首的大族簇拥西晋皇族琅琊王司马睿南渡至建邺（今南京），史称"永嘉南渡"，建立起偏安江左的东晋王朝，并在鸡笼山下建立太学。后为南朝宋、齐、梁、陈的建康（今南京）太学。

隋平陈以后，实行抑制江南地方势力的政策，毁掉六朝建康的城池和宫殿，建康太学中断。而唐朝继续实行抑制金陵的政策，使得金陵城建少有发展。

唐朝以后，中国进入五代十国的大分裂时期。时名"蒋州"的南京又一次成为南唐的都城。南唐宫城设在金陵城的中央，大体上位于今洪武路一带，设南唐金陵太学。此后，北宋的江宁府、南宋的建康府和元代的集庆路，都沿用这座南唐的金陵城。

朱元璋在应天府（今南京）称帝后，"国初都金陵，以元集庆路儒学为国子学。……十四年改建国子学于鸡鸣山之阳。明年春，作先师孔子庙，改国子学为监"。[①] 新落成的国子监规模宏大，校内建筑除射圃、仓库、疗养所、储藏室外，教室、藏书楼、学生宿舍、食堂，就有2 000余间。教学和管理设有五厅（绳愆厅、博士厅、典籍厅、典簿厅、掌馔厅）六堂（率性堂、修道堂、诚心堂、正义堂、崇志堂、广业堂）。学生至洪武二十六年（1393）已增加到8 000多名，永乐二十年（1422）达9 900多人，盛况空前。当时邻邦高丽、日本、琉球、暹罗等国"向慕文教"，不断派留学生到国子监学习。世界

---

① （明）王材、郭鎜等：《皇明太学志》卷一《典制上》，《金陵全书（乙编史料类37）》，南京出版社，2016年。

上编纂最早、内容涵盖最广的百科全书《永乐大典》即产生于此。该书连同书目共计 22 937 卷，分装 11 095 册，约有 3 亿 7 千万字之多，前后有 2 180 多人参加编抄工作，耗时五年之久才完成，是人类文化史上巨大的文化工程之一。明中期以后，国学日衰，再无复当年之盛。

清顺治七年（1650），南京国子监改为江宁府学。光绪二十八年（1902），在四牌楼江宁府学基础上筹办三江师范学堂，模仿日本教育体制，以"中学为体、西学为用"为办学方针。清光绪三十二年易名两江师范学堂，学校规模扩大，优良校风形成，进而发展为东南第一学府。

此后校名多次更迭，曾有南京高等师范学校（1914—1921）、国立东南大学（1921—1927）、国立第四中山大学（1927）、国立江苏大学（1927）、国立中央大学（1928—1949）、国立南京大学（1949），1950 年定名为南京大学，1952 年全国高校院系调整，又成为重组后的南京若干高校的前身，现在位于北极阁以南的东南大学即是当年国子监的主要组成部分。

二、通往"成贤"之路的成贤街

南京四牌楼东侧的街道称为"成贤街"，为南京三大历史名街之一，其显赫的历史记忆使此街于 2008 年列入南京市非物质文化遗产名录。

成贤街是一条南北走向的街道，其北通鸡笼山，向南延伸到碑亭巷，街道两旁遍植槐树，每年七八月间，槐树开花，满街芬芳，散发着淡淡幽香的槐花常常落英于行人身上，往来皆带走余香。

成贤街是条很有文化底蕴的街，占尽金陵"文气"。六朝时，这里是宫苑之所在，文人学士为讨皇帝的习好，终日与被册封为"女学士"的宫女醉生梦死，被唐代大诗人李商隐讥讽为"满宫学士皆颜色，江令当年只费才"。

成贤街之名起自于明朝，当年国家的最高学府国子监即设置于街旁，今日看来不宽的街道在明代则是宽阔的马路，一批又一批的年轻学子经由此路走向仕途，说其为"成贤"之"街"也名副其实。后来，成贤街上建起了南京市人才交流中心，在开挖大楼前配套设施的工地上，曾出土一个经鉴定为明初器具的陶罐。陶罐不大，内外粘有很多的泥土，拨开罐内泥土，可以发现罐底残留许多破碎的蛋壳。

面对这 600 年前的蛋壳，不由让人产生许多遐想：明初，京城及各地百废待兴，而监生们的伙食并不差，每三天一人就能吃到一斤肉，每天每人香油三分、盐三钱、酱二钱、花椒五分，每月一细桶醋，有妻子的每月还有米六斗。如此待遇，监生们还储存禽蛋，可见"天之骄子"不枉！每逢节假日，三两成群的监生若逛城南，莫不沿着此街向南步行，监生穿着由工部尚书秦逵设计、由朱元璋亲自审批制定的士子蓝色衣冠，风流儒雅地从街上走过时，路人无不侧目。

成贤街北端有南京市政府设置的"国子学"石雕牌坊，牌坊下立有中英文对照的"成贤街"石碑，碑文如下：

> 成贤街，北起北京东路，南止珠江路，长约 1 千米。明洪武十四年（1381），朱元璋以"治国以教化为先，教化以学校为本"，① 下诏在鸡笼山（今鸡鸣山）南建国子学，次年改国子监，为明朝最高学府，亦为当时世界最大高等学府之一。时人认为读书人经国子监深造，即成为"贤人"，可入仕为官，故将国子监旁监生常走的街巷谓之成贤街。路侧有民国时国立中央大学（今东南大学本部）、国民政府教育部、国立中央图书馆（今南京图书馆旧馆）和现代著名建筑大师杨廷宝故居等。

碑文末尾注明："本地名经南京市人民政府宁政发〔2008〕6 号文批准，列入南京市非物质文化遗产名录。"落款为"南京市地名委员会立　二〇〇九年十二月"。

三、朱元璋对"贤士"的定义

培养贤士是国子监办学的重要任务。在朱元璋眼里，"贤士"可分为上中下三等：

上等贤士"辅国安邦，孜孜图治，从容委曲，劝君为善。君虽未听，言必再三。人君感悟而听用之，则朝廷尊安，庶务咸理。至于进用贤能，使野无遗逸，黜退邪佞，处置当法，而人不敢怨，此上等之贤也"。②

中等贤士"博习古人之言，深知以成之事，其心虽忠于辅国，而胸无机变之才，是古非今，胶柱鼓瑟，而强人君以难行之事。然观其本情忠鲠，亦

---

① 《明史》卷六九《选举一》。
② 《明太祖实录》卷二八。

可谓端人正士矣。屡遭斥辱，其志不怠，此亦忠于为国，乃中等之贤也"。①

下等贤士"又有经史之学，虽无不通，然泥于古人之陈迹，不识经济之权衡，胸中混然不能辨别，每扬言高论，以为进谏，竟不知何者宜先，何者宜后，何者可行，何者不可行。凡其谋事，自以为当，而实不切于用。人君听之，则以之自高；不听，则谓不能行其言。既无益于国家，徒使人君有拒谏之名，然其心亦无他，不识时达变耳，此下等之贤也"。②

可见，要达到朱元璋所谓的"上等之贤"，必须具备"德、行、学、识"四要素。首先应具备"德"这个基本素质，即献身于朝廷，忠心耿耿，鞠躬尽瘁；其次在"行"上要有为官行政的能力；其三在"学"上要通经史，"博习古人之言，深知以成之事"；其四在"识"上要胸有"机变之才"，"识经济之权衡"。四者俱全者为"上等之贤"；有德、有行、有学、无识者，为"中等之贤"；只有德、学而无行、识者，为"下等之贤"。

一贯注重实际的朱元璋还致力于培养复合型、实用型的人才。为此，朱元璋强调"德智"并举和"文武"双修。他规定学校教育应遵行古制，"本之德行"，要"以先王之道，育足智多识之才"。他曾对国子监祭酒吴颙说："卿等为师表，正当以孔子之道为教，使诸生咸趋乎正，则朝廷得人矣。"③

明初，从中央到地方的各级学校，还都设有"习射"一科。洪武三年（1370），朱元璋诏令国子学及郡县生员"皆习射"。洪武二十三年，又令于国子监内"辟射圃"，为国子监生提供练习骑射的场所。他对国子监生说："古之学者，文足以经邦，武足以戡乱，故能出将入相，安定社稷。今天下承平，尔等虽专务文学，亦岂可忘武事？《诗》曰：'文武吉甫，万邦为宪。'惟其有文武之才，则万邦以之为法矣。"④ 同样，对那些只习武事，"鲜知问学"的武臣子弟，朱元璋则三令五申，要求其入学读书。

为了培养文武兼备之才，朱元璋还决定不专设武学、武举。早在吴元年（1367），曾下诏，设文、武二科取士，但洪武三年正式推行科举时，就不再设武科了。朱元璋对此解释说："析文武为二途，自轻天下无人才矣。"他认

---

① 《明太祖实录》卷二八。
② 《明太祖实录》卷二八。
③ （明）黄佐：《南雍志》卷一《事纪》。
④ 《明太祖实录》卷四三。

为"古之学者文武兼备",后世武学则"专讲韬略,不事经训,专习干戈,不闲俎豆",是"拘于一艺之偏之陋"。① 因此,他特别注重"德智"并举和"文武"双修,强调经史学识与行政技能协调发展,为学生将来驾驭吏员、临民治事打基础。

四、国子监教育功能的建构

国子监作为国家的最高学府,是人才培养的重要基地,因而受到朱元璋的特别重视。他谋划国子监在建国大业中担负起"教化"和"育才"的重任,早日为朝廷培养出大批优秀的人才。

朱元璋所求的"教化",是要以儒家思想教化民众,统一全国的思想,以达到控制民心,实现国家长治久安的目的。朱元璋说:"致治之路在于善俗,善俗本于教化,教化行,虽闾阎可以为君子;教化废,虽中材或坠于小人。"② 他还强调"教化必本诸礼义",③"仁义,治天下之本也",④"人非菽粟布帛则无以为衣食,非四书五经则无由知道理"。⑤

朱元璋所求的"育才",是要在儒家思想的指导下,培养朝廷所需要的符合时代特性的人才。"武定祸乱,文治太平""世乱则用武,世治宜用文",是历代统治者的共识。朱元璋曾指出:"躬擐甲胄,决胜负于两阵之间,此武夫之事,非儒生所能。至若承流宣化,绥辑一方之众,此儒者之事,非武夫所能也。"⑥

朱元璋就是要将国子监办成政府官员的培养基地、儒学思想的示范学校,以达到他期望的"太学,育贤之地,所以兴礼乐,明教化,贤人君子之所由出,古之帝王建国,君民以此为重"⑦ 的局面。

应该说,"教化"和"育才"这两者之间的界限是无法截然分开的,"教化"里面有"育才"的成分,"育才"里面也有"教化"的成分,只不过"育才"更多地体现出是保障政府机构正常运作的需要,而"教化"更多的体现

---

① 《明太祖实录》卷一八三。
② 《明太祖实录》卷九八。
③ 《明太祖实录》卷六六。
④ (清) 谷应泰:《明史纪事本末》卷十四《开国规模》。
⑤ 《明太祖实录》卷一三六。
⑥ 《明太祖实录》卷二七。
⑦ 《明太祖宝训》卷一《兴学》。

出是维护国家长治久安的需要。

在位的三十一年中，朱元璋反复强调国子监的"国家育材之地，天下人材所聚"的地位，强调其"礼义所由出，人材所由兴"的功能，要求务必"使诸生有成，士习丕变"，从而实现"国家其有赖焉"的目的。特别是对国子监的最高管理者——祭酒，几乎每次任命新祭酒时，都要其"尚体朕立教之意"，将"教化""育才"的任务慎重其事地再次交代一番。[①]

为此，朱元璋为国子监建构了一套较为完整、实用的教育制度，亲自制定课程科目，对监生的学业管理实行升级与学分相结合的管理办法，并创立了监生历事制度，为明代国子监的发展奠定了基业。

五、国子监的兴建

国子学的建置早在朱元璋称吴王之初，即元至正二十四年（1364），定国子学官制，翌年在元代集庆路学旧址设立国子学。《明史》载："国子学之设自明初乙巳始。"《南雍志》亦载："岁乙巳九月丙辰朔，至（置）国子学，以元故集庆路儒学为之。"上述两文中的"乙巳"年，即元至正二十五年。唯当时戎务倥偬，国子学的建置并不完备，至明朝建立以后，国子学才开始真正获得发展，曾先后在南京、凤阳、北京设立国子监。

南京国子监，又称南雍，前身即是朱元璋在元代集庆路学旧址所设的国子学。明朝建立后，学生日众，斋舍不足，朱元璋便先后在洪武二年（1369）和六年分别下令增筑学舍。当时国子学位于城南秦淮河边，地处都会繁华闹市区，所以空间上限制了学校规模的进一步发展。于是洪武十四年，朱元璋下诏在鸡鸣山之阳的空旷地带修建新校舍，次年，新国子学落成，更名为国子监。

中都国子监是洪武八年于安徽凤阳所设，至洪武二十六年便废，师生并入南京国子监。北京国子监又称"北雍"，至永乐十九年迁都北京以后，改北平府学为北京国子监，此后便有南北监之分。

朱元璋在鸡鸣山下新建的国子监规模相当大，东至小教场，西至英灵坊，北至城坡土山，南至珍珠桥，左有覆舟山，右有鸡鸣山，北有玄武湖，南有珍珠河，"延袤十里，灯火相辉"。国子监的东部为文庙，西部为太学。文庙

---

① （明）黄佐：《南雍志》卷一《事纪》。

规模宏大，殿宇雄伟。主体为大成殿 3 间，两掖台高 1.29 丈，宽 1.16 丈。东西斜廊各 5 间，露台高 0.947 丈，宽 7.12 丈，上有石栏杆，前有石阶。两庑东西分列，共计 62 间。前为大成门，东西列厢，各 5 间，两厢有路，东有神厨 7 间，西有神库 7 间，又有棂星门三座。各殿宇间栽种 124 棵杉、桂、桧、柏，显得崇宏肃穆。

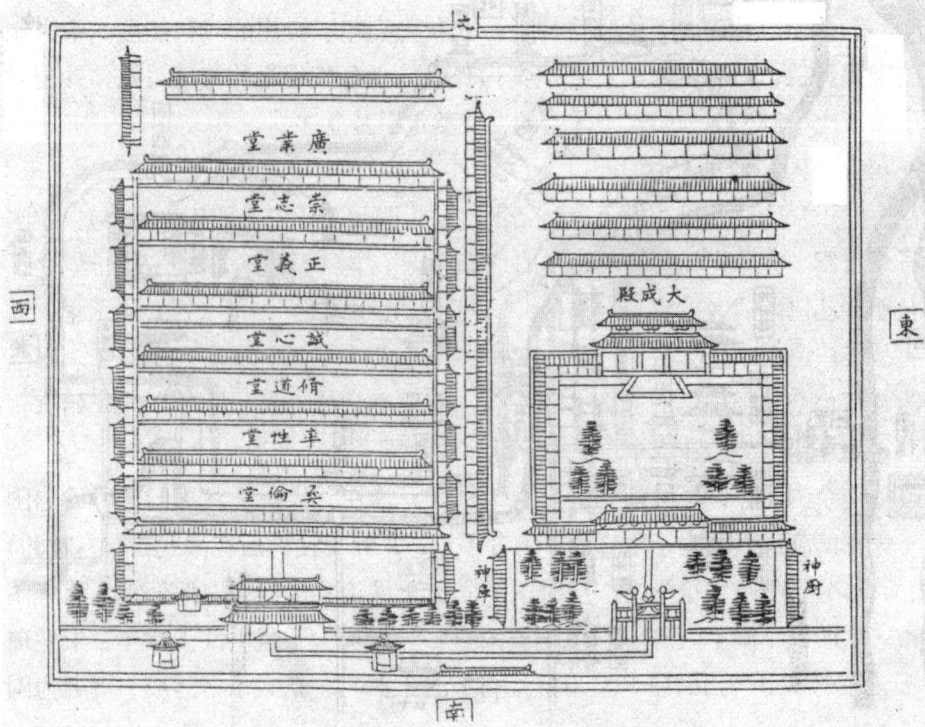

国学图（《洪武京城图志》）

太学主体有七堂，一正堂，六支堂。正堂又名彝伦堂，是会讲场所，中厅正位为御座，次列国子监祭酒、司业之座。堂前设一石晷，以提醒生徒珍惜光阴。彝伦堂东堂为宿斋所，西堂是考课所，博士恒居西堂，所以又称博士厅。东厢为祭酒所，共 7 间，连廊北向的南厢是司业所，共 9 间。西厢是监丞绳愆厅，其西南厢 9 间，用以储藏案卷，监丞在此稽查公文。正堂往北为六支堂，依次为率性堂、修道堂、诚心堂、正义堂、崇志堂、广业堂，是诸生学习的地方。每堂均为 15 间，中间 5 间设师座，左右各 5 间设大凳。各支堂均有东西厢房各 3 间，供助教、学正、学录分别使用。初任学官者居广业堂，此后逐渐由北向南升至率性堂。此外，又在正堂东设典簿厅、掌馔厅。典簿厅 15 间，右 3 间由典簿所用。掌馔厅则连东西厨，共 13 间。国子监中还有供藏书用的书楼一座，共 14 间；供琉球留学生专用的宿舍——光哲堂，共 15 间；供学生使用的宿舍约 2 000 间；供会馔用的食堂 2 所。又建有射圃、仓库、酱醋房、水磨房、晒麦场、菜圃和疗养所等建筑。

六、监生的编制及其待遇

国子监的学生通谓之监生，其来源有官生和民生两类。洪武元年 (1368)，"令品官子弟及民间俊秀能通文义者，充国子学生。自是田野秀民执经就列，与贵游齿者日盛，有官生民生之目焉"。[①]

监生中的官生多为品官子弟、土司子弟、外国留学生，属于贵族和特权阶层，故品官子弟又被称为荫监，这些人入监读书采取特招方式，身上多骄慢之气。洪武中，朱元璋曾"以公侯子弟在太学者多骄慢不习训，诏曹国公李文忠提督国子监"。[②]

民生主要为各地府、州、县学保送而来的岁贡生员（亦称秀才），在监生中被称为贡监。与公侯子弟不同，岁贡生员至京后还要参加入学考试。不过与科举相比，国子监的入学考试显然简单得多，因此中式比率极高。据载，洪武二十年由各地保送参加国子监考试的岁贡生员为 1 200 人，录取人数为 1 107 人，占岁贡生员的 92%，其中被分配入京师国子监就读的为 975 人，占录取总数的 88%，被分配入中都国子监就读的为 132 人，占录取总数的 12%，落榜数为 93 人，仅占岁贡生员总数的 8%。[③] 国子监对各年入学人数并没有严格限制，整个洪武时期基本在 1 300 名至 2 700 名之间。

官生与民生的比例，相差悬殊。"洪武二十四年，官生四十五名，民生一千四百八十七名；二十五年，官生一十六名，民生一千二百九十三名；二十六年，官生四名，民生八千一百二十名；二十七年，官生四名，民生一千五百一十六名；三十年，官生三名，民生一千八百二十六名"。[④]

---

① （明）黄佐：《南雍志》卷一《事纪》。
② （明）王世贞：《弇山堂别集》卷七，中华书局，1985 年。
③ 根据《明太祖实录》整理。
④ （明）黄佐：《南雍志》卷一五《储养考》。

在待遇方面，监生读书期间，"厚给禀饩"，又有家粮。除"厚给禀饩"外，朝廷还"岁时赐布帛文绮、袭衣中靴。正旦元宵令节，俱赏节钱。孝慈皇后积粮监中，置红仓二十余舍，养诸生之妻子。历事生未娶者，赐钱婚聘，及女衣二袭，月米二石。诸生在京师岁久，父母存，或父母亡而大父母、伯叔父母存，皆遣归省，人赐衣一袭，钞五锭，为道里费"。① 可见，朝廷给予国子监生的物质待遇，囊括了衣食住行婚养各个方面。不但国子监生本人深受厚待，且惠及家人。

七、教学科目和教学方式

明初，国子监的课程以儒家经典著作"四书""五经"为主，朱元璋还要求将刘向的《说苑》及朝廷颁布的《御制大诰》和《大明律令》等列为国子监的必修课。这些课程是以思想教育为主，亦注重研读国家律令。同时，国子监生需兼习数、书、骑射，公文制作等，这些是为了培养监生的行政业务能力。

国子监虽然教授经书，但须按朱元璋的好恶来选择。洪武六年（1373），赵俶被任命为国子监博士，朱元璋在奉天殿召见他，要求"一以孔子所定经书为教，慎勿杂苏秦、张仪纵横之言"。赵俶遵照旨意，请求颁定《十三经》，《战国策》及阴阳、谶卜等书，自然排斥在"学宫"之外。② 即便《十三经》中的《孟子》，也逃不过朱元璋的审查。由于朱元璋十分不满意孟子"民为贵，社稷次之，君为轻"的言论，《孟子》一书遂被删去八十五条，剩下的一百七十余条编为《孟子节义》才被作为教材。

国子监的教学方式主要有会讲、复讲、背书、轮课。"其教之法，每旦，祭酒、司业坐堂上，属官自监丞下，首领则典簿，以次序立。诸生揖毕，质问经史，拱立听命。惟朔望给假，余日升堂会馔，乃会讲、背书、轮课以为常"。"每月试经、书义各一道，诏、诰、表、策论、判、内科二道。每日习经书二百余字，以二王、智永、欧、虞、颜、柳诸帖为法"。③

在考课方面，国子监设有六堂，定积分法。六堂是监生学习的地方，由

① 《明史》卷六九《选举一》。
② 《明史》卷一三七《赵俶传》。
③ 《明史》卷六九《选举一》。

司业二员分掌，每员管三堂。一般说来，岁贡生员入学后，"凡通'四书'，未通经者"，皆被编入正义、崇志、广业三堂中学习，是为初级班；经一年半的学习，达到"文理条畅"的学生则升入修道、诚心二堂学习，是为中级班；再经过一年半的学习，若达到"经史兼通、文理俱优"的水平，即可升入率性堂学习，[①] 是为高级班。

对于高级班以"积分之法"进行考察。积分法则是沿袭元代国学的积分制而来，具体办法是"孟月试本经义一道，仲月试论一道，诏、诰、表、内科一道，季月试经史策一道，判语二条。每试，文理俱优者与一分，理优文劣者半分，文理纰缪者无分。岁内积八分者为及格，与出身，不及格者仍坐堂肄业"。[②] 至于才学超凡者则奏请擢用。也就是说，只要在一年内的 12 次考试中积得 8 分就算完成学业。这样，六堂三个阶段的学习总共约需四年时间，这一时期的学生为"在监生"。

八、严厉的监规和严密的管理

洪武时期，国子监的监生管理形成了较严密的规范体系，既有学规，也有谟训。学规条目是关于国子监师生行为的规范，是对国子监师生最直接的约束条例，其中大部分内容是针对国子监生的。谟训是"自洪武以来，敕、谕、策、问、箴、诲之属，出于圣制，为一时一事而发者"，[③] 即朱元璋就一时一事发表的见解和主张。学规条目重在规范，谟训言辞重在教诲。

洪武十五年（1382）三月，朱元璋亲自制定国子监九条学规，从教职到监生，从堂上官到属官及杂役人员，都有职责规定与行为规范。同年七月，礼部尚书刘仲质等奉旨列出十二条学规，专对国子监生的各种行为予以具体详细的规定。次年正月，又钦定八条学规，是关于国子监生学业管理的专条。洪武三十年七月，制定二十七条学规，是朱元璋晚年对国子监学规的最后一次强化，其严厉程度更为提高，内容也更加具体详尽。整个洪武时期，国子监前后四次制定监规，共计五十六款。呈现如下特点：

一是严厉。朱元璋规定，监生凡有违学规者，即便纠治。如洪武十五年

---

① 《明史》卷六九《选举一》。
② 《明史》卷六九《选举一》。
③ （明）黄佐：《南雍志》卷九《谟训考》。

三月制定的学规第六条规定："生员在学读书，务要明体适用，以须仕进，各宜遵承师训，循规蹈矩。凡出入起居升堂会馔，毋得有犯学规，违者痛治。"①

为加强学规的执行力度，朱元璋还在国子监设立绳愆厅，由监丞掌其事，专事纠治违规者。洪武十五年三月制定的学规第四条规定："监丞之职所以参领监事……生员有戾规矩并课业不精、廪膳不洁，并从纠举惩治。"② 十五年七月制定的学规第十条规定："监丞置立集愆册一本，各堂生员有不遵学规，即便究治，仍将所犯附写文册，以凭通考。初犯记录，再犯决竹篦五下，三犯决竹篦十下，四犯照依前例，发遣安置。"③

更有甚者，晚年朱元璋对监生违规行为的处罚要比学规严酷得多。洪武二十七年，监生赵麟因忍受不了虐待，张贴"帖子"以示抗议，如果按照学规，应以毁辱师长罪论处，不过杖一百而后充军。但为了杀一儆百，朱元璋竟将赵麟处以极刑，并在国子监前树一长竿，悬首示众。

另外，朱元璋还采取严厉的法律手段对监生进行管理。他亲自制定的《御制大诰》，本来是记载严惩贪官污吏和土豪劣绅违法案例的，但在《大诰三编》中增加了《进士监生不悛》条，记载有以王本道为首的进士、监生364人，其中"三犯四犯而致杀身者三人，二犯而诽谤杀身有三人，姑容戴罪在职者三十人，一犯戴罪者三百二十八人"。朱元璋把这364人的种种不法行为列入《大诰》中，就是要震慑监生们，控制其思想与言行。

二是全面。从洪武时期的学规条目来看，国子监对监生的管理范围涉及衣、食、住、行、婚、养、病、丧等各个方面，可谓面面俱到。

在衣着方面，洪武三十年学规第二条规定："诸生衣巾务要遵依朝廷制度，不许穿戴常人巾服与众混淆，违者痛决。"平时必须保持衣冠整洁，注重仪表。若脏遢怠惰，有失威仪，则"监丞纠举以为凭区处"。④

在饮食方面，掌馔专司其事，厨役任其役。监生务必参加会馔，否则，不予饭食。监生也不得议论饮食之好坏。

在住房方面，"堂宇宿舍俱各整饬，应用什物皆已备具"。监生务必宿于

① 《大明会典》卷二二〇《国子监·监规》。
② （明）黄佐：《南雍志》卷九《谟训考》。
③ （明）黄佐：《南雍志》卷九《谟训考》。
④ （明）黄佐：《南雍志》卷九《谟训考》。

监内宿舍。如若于各衙门办事，每晚也必须回监，不许于外宿歇。①

在行为举止方面，听教官讲课要站立，向教官问问题要跪听。平时要礼貌端严恭勤，步趋中节，不许搀越班次，喧哗失礼。"有在外醉饮倒街卧巷及因而生事互相斗殴有伤风化者，痛决。"②

在婚丧方面，"丁忧成婚等事，许于本监告知，具呈礼部。除丁忧已有定制外，其成婚者，定立限期给引回还"。③

在病养方面，"生员果有病患无家小者，许于养病房安养，不许号房内四散宿歇；有家小者只就本家，若无病而称病出外游荡者，验闸得实，痛决。"④

学规的全面还体现在约束个人交往等方面，要求监生读书期间，严禁个人政治活动，不许评议朝政，特别是拉帮结派，结党营私。不可毁辱师长及生事告讦，不可议论他人是非。

洪武时期国子监生的管理体系既有学规，也有谟训。谟训的内容同样十分广泛，涉及了政治生活的各个方面。谟训的目的，是向监生们讲明道理，确立规矩，申明惩戒，从而规范监生的言语行为，约束其思想。朱元璋认为："未闻物不一于规矩而如式，人不律于师教而良能，以斯论之：人之循理之如式，必规矩而教之者矣。"⑤ 谟训中，更能生动体现朱元璋的脾气和性情，如《洪武三十年七月二十三日于奉天门谕国子监诸生遵守学规敕》：

"圣旨恁学生每听着：先前那宋讷做祭酒呵，学规好生严肃，秀才每遵规蹈矩，都肯向学，所以教出来的个个中用，朝廷好生得人。后来他善终了，以礼送他回乡安葬，沿路上着有司祭他。近年着那老秀才每做祭酒呵，他每都怀着异心，不肯教诲，把宋讷的学规都改坏了，所以生徒全不务学。用着他呵，好生坏事。如今着呢年纪小的秀才、官人每来署着学事，他定的学规恁每当依着行，敢有抗拒不服，撒泼皮违犯学规的，若祭酒来奏，着恁呵都不饶，全家发向武烟瘴地面去，或充军，或充吏，或做首领官。今后学规严紧，若无籍之徒敢有似前贴没头帖子，诽谤师长的，许诸人出首，或绑缚将

---

① （明）黄佐：《南雍志》卷九《谟训考》。
② （明）黄佐：《南雍志》卷九《谟训考》。
③ （明）黄佐：《南雍志》卷九《谟训考》。
④ （明）黄佐：《南雍志》卷九《谟训考》。
⑤ 《明太祖御制文集》卷七《谕国学师徒》。

来，赏大银两个。若先前帖了票子，有知道的，或出首，或绑缚将来呵，也一般赏他大银两个，将那犯人凌迟了，枭令在监前，全家抄没，人口迁发烟瘴地面。钦此！"

之所以如此，是朱元璋清楚地知道，国子监生是未来的政府官员，这种特殊的身份使其易于成为被各种势力拉拢的对象，一旦被人利用，就会"不行求师问道，专务结党恃顽"[①]，不但会对学风产生极为不利的影响，而且会对仕风产生极大的危害，最终危及皇权的稳固与大明王朝的长治久安。

九、学官的设置及其选用

学官是国子监教育活动的主要实施者，他们的素质直接影响到国子监的教育质量。早在元至正二十四年（1364），朱元璋称吴王之初，即建立百司官属，"擢詹同、吴彤为国子博士，魏观、吴琳为国子助教，令教胄子于内府"。[②] 翌年九月，在元集庆路学旧址建置国子学，设立博士、助教、学正、学录、典乐、典书、典膳等官。

洪武十五年，正式将国子学改称"国子监"，设祭酒一人，从四品；司业一人，正六品；监丞一人，正八品；典籍一人，博士三人，助教十六人，俱从八品；学正三人，正九品；学录三人，从九品；掌馔一人，杂职。

从以上教职人数看，作为国家最高学府的国子监在办学初期，除杂职以外，有正式职务的学官只有三五十人，这样的教职配置与今日高校相比无疑天壤之别。

学官各有专职，不得超越权限。朱元璋规定："监丞专掌罪罚诸生之不守学规者，毋得署钱粮文卷；典籍专掌钱粮文卷，毋得辄罪生员；掌馔则专掌师生饮食而已。"[③] 各官职掌如下：

祭酒，"职掌总理，一应事务，须要整饬威仪，严加规矩，表率属官，模范后进"。[④] 具体"掌师生教学、庙学、祭祀、钱粮、经籍、宇舍、胥徒、工役之政令"。[⑤]

---

① （明）黄佐：《南雍志》卷九《谟训考》。
② （明）黄佐：《南雍志》卷一《事纪》。
③ （明）黄佐：《南雍志》卷一《事纪》。
④ （明）王材、郭鎜等：《皇明太学志》卷三《学规》。
⑤ （明）王材、郭鎜等：《皇明太学志》卷八《分守》。

司业，"提调六馆而课其经艺，凡训诲诸条，国奉监规而损益焉"。①

监丞，"所以参领监事，凡教官怠于师训，生员有戾规矩，并课业不精，廪膳不洁，并从纠举"。②

博士、助教、学正、学录，"职掌教诲，务要严立工程，同心讲解，以臻成效"。其中博士职掌"分经教训六堂，依本经考课"。助教、学正、学录等职掌沿袭往代（助者，辅也；正者，正其度；录者，录其业），均为"师表之任"。③

掌馔，"职备廪食，供给师生，须要恪恭乃事，务在丰洁，毋得通同膳夫厨役使人等，因而克减，以致不充"。④

典籍，"职掌方案，凡一应学务并支销钱粮、季报课业文册等项，皆须明白稽考"。⑤

从以上职掌可以看出，祭酒、司业、监丞是管理官员；博士、助教、学正、学录是教学官员；掌馔、典籍是勤务官员。

朱元璋十分重视国子监学官的任职资格，其选用坚持德才兼备的原则，"司教之官，必选耆宿"。⑥ 尤其是对祭酒一职的要求特高，"选天下学明行修望重，海内所向慕，士大夫所依归，足以师表一代，名盖一时者"。⑦ 如"宋讷、吴颙等由儒士擢为祭酒，讷尤推为名师"。⑧ 其他教职也要求"所表仪诸生，必躬修礼度，率先勤慎，毋惰训诲，使后学有所成就"。⑨

为使国子监官员尽心育才，朱元璋给予他们优厚的政治待遇，以示恩宠。朱元璋听政之暇，时常"延诸儒臣赐坐便殿，讲论治道"。⑩ 洪武时期的十二位祭酒，多数曾"参与朝议，订立体制"，"备顾问"。⑪ 日常生活方面，学官

① （明）卢上铭：《辟雍考·职掌考》，《四库全书存目丛书·史部》第271册。
② （明）王材、郭鏊等：《皇明太学志》卷三《学规》。
③ （明）王材、郭鏊等：《皇明太学志》卷三《学规》。
④ （明）王材、郭鏊等：《皇明太学志》卷三《学规》。
⑤ （明）王材、郭鏊等：《皇明太学志》卷八《分守》。
⑥ 《明史》卷六九《选举一》。
⑦ （明）李贤：《论太学疏》，《国子监志》卷五十五《艺文一》。
⑧ 《明史》卷六九《选举一》。
⑨ 《明太祖实录》卷二五四。
⑩ （明）余继登《典故纪闻》卷一，中华书局，1981年。
⑪ （明）黄佐：《南雍志》卷一《事纪》。

也得到许多优厚的礼遇。如罗复仁任国子助教时，因年老体弱，朱元璋专赐小车，以供出入。每次宴会相见，赐坐饮食，从朝参官员的座次而论，国子监学官也受到优待。如洪武十六年十一月诏定朝参官员座次，凡是在奉天门赐坐，国子监祭酒序于翰林院官、谏官、佥都御史之上。如果是华盖殿序坐，"亦如之"。朱元璋还给教官以优越的仕途，以为激励。

十、监生历事制度

为了培养未来官员的行政能力，国子监生完成学业之后，还需经历一年以上的行政实习，即朱元璋创立的监生"历事"制度。这一阶段的监生为"在历生"。

"历事"制度为明代国子监教育的一大特色。从洪武初年起，朱元璋经常差遣国子监生在读书期间去参与一些政务。如洪武元年（1368），朱元璋"分遣监生并秀才丈勘北方田地"，"又选国子监生国琦、王璞等十余人，侍太子读书禁中"。洪武二年，"择国子生，试用之巡列郡，举其职者，竣事复命，即升行省左右参政，各道按察使，佥事及知府等官"。洪武五年"择年少举人赵惟一等及董昶等入学读书，赐以衣帐，命于诸司先习吏事"，[①]"以国子生王铎摄监察御史"。[②]洪武六年，"纂修日历，选善书者誊写，国子生陈益旸等与焉"。[③]洪武八年，"取太学生中年长学优者，俾往北方各郡分教，庶使人知务学，贤才可兴。于是，选国子监生林佰云等三百六十人，给廪食，赐衣服而遣之"。[④]洪武二十年，"命户部核实天下土田，遣国子监生武淳等往各处"，稽核田税，编制鱼鳞图册。[⑤]洪武二十四年，"选监生方文等六百三十九人，命行御史事，稽核天下百司案牍"。[⑥]洪武二十六年，"遣国子监生分诣天下郡县，督吏修治水利"。[⑦]此外，国子监生还有"奉使采访民事，平理讼狱"等临时差派。[⑧]

---

① 《明史》卷六九《选举一》。
② （清）龙文彬：《明会要》卷二五《学校上》。
③ （明）黄佐：《南雍志》卷一《事纪》。
④ （明）朱国祯：《皇明大事记》卷八《学校》。
⑤ （明）余继登：《典故纪闻》卷四。
⑥ （清）龙文彬：《明会要》卷二五《学校上》。
⑦ （明）朱国祯：《皇明大事记》卷八《学校》。
⑧ （清）赵翼：《陔余丛考》卷二八《监生》。

国子监生在丈量田地，编制鱼鳞图册，督修水利，平理讼狱，清理案牍等"历事"上，办事公正，雷厉风行，自己也在实干中增长了才干，得到了锻炼。于是，洪武二十九年六月，朱元璋把监生"历事"作为一项制度确定下来，"始令科贡监生年长者分拨诸司历练政事，循次出身，遂为制度"。①

监生历事又分"正历""杂历""长差""短差"等，根据其表现予以考核。考核分为四等：勤谨、平常、才力不及、奸懒。"洪武间，令监生分拨在京各衙门历练事务，三个月，考核引奏：勤谨者，送吏部附选，仍令历事，遇有缺官，挨次取用；平常者，再历；才力不及者，送监读书；奸懒者，发充吏。"②

朱元璋创立的监生历事制度，是我国古代教育制度改革史上的一大创举。它的推行改善了学生只重视书本而忽视实践的陋习，对后世的教育产生了深远的影响。有学者认为，朱元璋创立的"监生历事制度"应与西汉的"太学生出仕制度"、北宋王安石变法中的"三舍法"，并称为中国古代最高学府教育制度的三次重大变革，应具有同等重要的历史地位。

十一、监生的出职及其影响

国子监生"出职"是指监生学业修满，通过一定的程序出任朝廷官职。主要有两条途径：一是直接授官入仕，二是参加科举中式后授官入仕。

明代选官，进士、举贡、杂流三途并用。而进士与举贡是最受重视的两条入仕途径。前者与科举关联，后者与国子监相关。就整个明代来看，进士一途更受重视；但就洪武时期而论，举贡却重于进士。"太祖虽间行科举，而监生与荐举人才参用者居多，故其时，布列中外者，太学生最盛。"③

明初不但"太学生最盛"，而且举贡的地位也极高，人才都集中在太学。但随着科举入仕逐渐成为主流，国子监无论在规制、生徒来源还是社会地位上都经历了由盛而衰的变化。

洪武年间，国子监生的任职范围极广。由中央大员到地方大吏，由行政要员到监察官员，都是其任职的范围。监生初次任职的层次也较高，最高可

---

① （明）黄佐：《南雍志》卷一五《储养考》。
② 《大明会典》卷二二〇《国子监·拨历》。
③ 《明史》卷六九《选举一》。

达正三品的中央大员——侍郎、从二品的地方大吏——布政使，最低的也可任正七品的县官，而主要集中在监、司这一区域。朱元璋对国子监生特别信任，视为心腹，寄予厚望。如被誉为"天子耳目风纪之司"的督察院、六科，是清要衙门，担负着监察任务。任职官员可以直接向皇帝汇报工作，被皇帝视为耳目。虽然其职位品级不高，却权力持重。因此，初次出职者都以能得此职位为荣，洪武年间，此职也确实成了国子监生出职时最常任之职。

在使用人才方面，朱元璋坚持"不拘一格，量才使用"的原则，只要有一长可用，即可为官。朱元璋认为："人之才智，或有长于彼而缺于此者。若因其短而摒弃其长，则天下之才难矣。"[①] 早在洪武元年（1368）六月，朱元璋便命国子监祭酒梁贞："有异才出类者，即奏闻擢用之。"[②]

在"学而优则仕"的架构下，国子监生拥有优越的仕途，朱元璋的人才培养机制影响了一代监生，对明初国子监的教育产生了重大作用，导致洪武时期士子争往国子监读书，争先为国所用。因此，洪武时期国子监为国家培养了大量优秀的人才。《明史》的《列传》中，以国子监生的身份而被立传者，多集中于洪武年间入国学者。其中职位之高、权力之重、政绩之隆者，也以这部分人为最。代表人物有如陶垕仲、铁铉、暴昭、夏原吉、李庆、师逵、古朴、陈寿、虞谦、汤宗、茹瑺等，他们大多历任数朝，身历数职，精明强干，廉洁奉公，勤政为民，政绩卓著。

十二、余论

明初，国子监负有培养、选拔人才的使命，在组织、教学、学规、课程、监生待遇、成绩考核、学生出路等方面可称完备。而明太祖朱元璋又极重视国学，偏好选用监生为官吏，并给以监生相当优厚的待遇。因此，国子监在明初颇受欢迎，为明初国家建设培育了众多的人才，历年科举揭榜，国子监生多在前列。但随着科举地位的提高，监生出路渐难，国子学盛况难以再现。后来又开纳粟捐资入学之例，流品日杂，使得国子学的教育质量低落，监生更为世人所轻视。

明代国子监处于"国子监——府、州、县学——社学"这个国家教育体

---

① 《明太祖实录》卷一〇一。
② （明）黄佐：《南雍志》卷一《事纪》。

系的顶端，其办学效果除了受"入仕"途径的影响外，必然还受到所在教育体系基层学校教学质量的影响。朱元璋在大力办好国家高等学府的同时，也充分重视地方儒学和乡村社学的建设，这也应是明初国子监得以辉煌的原因。

第二节　明初地方的中等教育——儒学

府学、州学、县学，是全国府、州、县衙门所在地设立的一种官办的中等教育学校，统称为儒学。在朱元璋兴学重教政策的建构下，洪武时期各级教育呈现繁荣发展的景象，地方设有府、州、县、卫、所、诸司等儒学。

一、地方儒学的"庙学合一"体制

儒学，也称庙学。庙是祭祀孔子及先贤先儒的地方，学是传授儒家经典的地方。二者合一，表明中国古代学校教育不但传授儒家经典，而且重视祭祀孔子等先贤先儒。但直至宋代，庙与学分离的现象仍很普遍。元代，庙学规制逐渐完备。元代庙学所指范围很广，除了指路学、州学、县学等地方官学外，有时还指国子学、社学、书院等其他形式的学校。明代虽沿用庙学名称，但通常是指府、州、县学，而且"儒学"比"庙学"的称呼更普遍。

明代，地方儒学分为三个层级，即府学、州学、县学。这是就学校的地域规模而言，行政上它们彼此独立，统一隶属于中央。学校的建筑规模，朝廷没有统一要求。地方志在记载地方官学时，往往会将儒学的建筑分成庙制与学制。庙制有：大成殿、东西庑、启圣公祠、礼库、乐库、左右掖门、大成门、棂星门、碑亭、神厨、宰牲所等。学制有：尊经阁、去思祠、明伦堂、学仓、四斋、礼门、正门、馔堂、博文门、约礼门、遵义门、遵道门、教授宅、训导宅、号房、吏舍、射圃、泮池等。不同地区，学校之间的规制及规模有所不同，即使是同一所学校，因时期不同，也会有所变化。

虽然儒学的规模布局因校而异，但最重要的建筑"大成殿"和"明伦堂"，却是每校必不可少的。大成殿是庙制的中心。大成殿即孔子的享殿，也称礼殿、夫子庙、先圣庙、宣圣庙、文庙、孔子庙等。大成，取自"孔子之谓集大成"。其位居儒学的中心，坐北朝南，是儒学中最重要的建筑。殿中设有孔子像，像前摆放"大成至圣先师文宣王"牌位，左右祭祀四配、十哲。

学制以明伦堂为中心。明伦堂，儒学的讲堂。《孟子·滕文公上》曰：

"夏曰校，殷曰序，周曰庠；学则三代共之，皆所以明伦也。人伦明于上，小民亲于下。"意思是说"学校"，在夏代叫"校"，在商代叫"序"，在周代叫"庠"，这三代之"学"都是在共同教导人们懂得人与人之间的伦理道德，上层人士明白了人伦关系，下层民众就会相互亲和起来。明伦堂之称即源于此。明伦堂是儒学的重要建筑，它居于学宫的中心位置，一般位于大成殿之后或左右。明伦堂是儒学师生会课、肄业之所。明代以前，明伦堂有多种名称，明代基本上称明伦堂，但应天府学称明德堂。

明代以前，儒家学说即已取得统治地位，而国家所需的治理人才其实就是儒学人才。受此影响，儒学开始向学校教育渗透，学校以培养儒学人才为首要任务，教官的教、学生的学，皆以儒家经典为主要内容，学校教育逐渐儒学化。朱元璋即位伊始，充分吸取历代统治的经验与教训，从根本上确立儒家学说作为统治思想。因此，他对孔子及其学说表现出极大的尊敬，要求上自国子监，下至府、州、县学校，都要庙与学并建，于每岁春秋仲月通祀孔子。

地方儒学的教育关系到统治人才的培养和儒家思想的传播，在国家学制系统中居于核心地位。明政府在大力创办地方儒学的同时，也在不断地完善其教育制度，使得地方儒学的育才与国家的选才高度统一。科举制至明代，制度日益完备，功能进一步强化，地方儒学深受其影响。儒学生员以科举为主要学习目标，儒学教官以科举为主要考核标准，儒学教育围绕科举考试内容而展开，地方儒学的"庙学合一"体制完全被纳入科举制的轨道，以至成为科举的附庸。

二、洪武时期儒学的设立

早在元末的戎马倥偬中，朱元璋就开始设学施教。元至正十九年（1359），朱元璋命宁越知府王宗显开设郡学，"延儒士叶仪、宋濂为五经师，戴良为学正，吴沈、徐原等为训导。时丧乱之余，学校久废，至是始闻弦诵之声"。[①]

吴元年（1367）十月，明朝尚未建立，朱元璋即认为"治天下当先其重且急者，而后及其轻且缓者。今天下初定，所急者衣食，所重者教化。衣食

---

① 《明太祖实录》卷七。

给而民生遂，教化行而风俗美。足衣食在于劝农桑，明教化在于兴学校。学校兴则君子务德，农桑举则小人务本。如是为治，则不劳而政举矣"①。

朱元璋即位翌年（1369）便诏令郡县设立学校。府学设教授一员，秩从九品，训导四员，生员四十人；州学设学正一员，训导三员，生员三十人；县学设教谕一员，训导二员，生员二十人。在朱元璋"此最急务，当速行之"②的诏令下，地方儒学迅速发展起来。

洪武时期是明代教育体制及其规模的奠基期和鼎盛期。据《明一统志》记载，有明一代共设有1503所地方儒学，其中府、州、县学1435所，诸司卫学68所。另据今人统计，洪武时期，全国共设府、州、县学1303所，与当时所拥有的府、州、县总数相比，平均设学率为91.13%，这是前代从未有过的。从不同地区的设学率来看，直隶和山西、河南、陕西、浙江、广东五布政使司都是100%；北平、山东、江西、湖广、福建都在98%以上；而设有土司衙门的四川布政使司也达到94%以上，只有以土司衙门为主的云南、广西两省偏低，但也与其他地方一样，达到了当地的最高水平。

在府、州、县所设的儒学中，创建和重建占大多数。其中创建307所，占设学总数的23.41%；重建759所，占设学总数的58.40%；两者相加共1066所，约占设学总数的82%；而沿用前代旧校舍的仅237所，约占总数的18%。这些新创建的学校主要分布在北方和西南地区。其中，北平、陕西、山东、河南、山西等五布政使司和地处北方的直隶凤阳府及徐州共创建学校210所，占全国创建总数的68.40%；湖广、四川、云南、广西等四布政使司共创建学校69所，占全国创建总数的22.46%；北方地区和西南地区相加共创建学校279所，占全国创建总数的90.86。若从创建的学校占其地区所设学校的比重来看，北平、陕西、山东、云南、广西等五布政使司都达到37%以上，其中云南竟高达79.17%。

这种创建的学校多在边远地区的状况，既反映了明代以前这些地区学校教育的相对落后，又体现出明初统治者高度重视在边远地区推广儒学教育并付出了巨大努力。值得一提的是，由于边远地区人口稀少而其设学规制又与

---

① 《明太祖实录》卷二六。
② （明）黄佐：《南雍志》卷一《事纪》。

内地相同，以至形成边远地区单位人口平均拥有学校数反而高于内地的现象。据统计，洪武时期，直隶、浙江和江西共设府、州、县学 277 个，云南、广西、四川共设府、州、县学 199 个，两者相差不到一半。而以编里数计，直隶、浙江和江西共辖 33 916 个里，云南、广西和四川仅辖 3 021 个里，两者相差十倍之多。

洪武时期儒学普及率高，边远地区设学新建多的状况，是朱元璋高度重视兴学崇教，并特别注重边远地区学校建设的结果，这对于明王朝在天下初定之后迅速对百姓普及传统伦理道德教化，培养国家需要的朝廷官吏和顺民无疑具有重要作用。

三、明初最大的儒学——应天府学

南京作为明朝建国的都城，政治地位特殊，应天府学的地位极高。明初诏令天下府、州、县俱设儒学，应天府下辖的各县中除上元、江宁之外均设县学，而上元、江宁二附郭县则不另设县学，学生并入应天府学。由此，应天府学成为明初最大的儒学，受到地方官员与本地士绅的高度重视。

应天府学的基址在古浮桥之东北，其历史可以追溯到北宋时期的县学，后为元代路学。明初，曾以其地为太学，新国子监建成之后则改为应天府学。从建筑形式上看，应天府学"置一堂四斋，以上元、江宁不置学，赠二斋"，合计为一堂六斋。"一堂"即明德堂（其他儒学称明伦堂）。明初，应天府学中还立有一碑，为元代路学遗存，碑上覆以亭，极峻丽。府学中的棂星门以及门外华表，均为元代路学遗存。

洪武十五年（1382），颁布了规范生员行为的禁例，令各地学校"镌勒卧碑于明伦堂之左，永为遵守"。[①] 洪武二十四年，令府、县官每月朔望日诣学校，于孔庙拜谒行香，"行礼毕，请至明伦堂，师生作揖，教官侍坐，生员东西序立讲书"。[②]

府、州、县学每年招生的名额，明初规定：在京府学生 60 人，在外府学生 40 人，州学生 30 人，县学生 20 名，"日给廪膳，听于民间选补，仍免其

---

① 《大明会典》卷七八《礼部三十六·儒学》。
② 《大明会典》卷七八《礼部三十六·儒学》。

家差徭二丁"。① 依此规定，应天府学的生员额数应为 100 名（含上元、江宁二县的各 20 名）。针对明初"徙实京师"后外来人口大量涌入的情况，洪武二十五年"奏准起取富民原系生员者，送应天府学读书"。② 永乐三年（1405），"令起取人匠内有生员，照例送应天府学"。③ 洪武二十年后，儒学又招收增广生员。增广生员不享受廪膳，原无人数限定，直至宣德三年（1428），始定在京府学的增广生为 60 人，县学的 20 人，与廪膳生员人数相同，遂使应天府学的人数增加了一倍。

明初，对府、州、县学的官员编制，课程内容都作了十分细致的规定。一所府学中设教授 1 人，训导 4 人，共 5 人。教授为从九品官员，每月除禄米、俸钞收入之外，还可以享受月廪食米六斗的待遇。府学课程与州、县学大致相同，一般包括经、史、礼、律、书、乐、射、算等内容。其中经、史两门为主课，由府学中的教授亲自主讲，而礼、律、书、乐、射、算这些课则由训导主讲。洪武二十五年定礼、射、书、数之法：生员务要熟读朝廷颁行的经、史、律、诰、礼、仪等书，以备科贡考试；每月朔望日习射于圃；习书则依名人法帖，每日百字以上；习数务在精通《九章》之法。永乐三年申明，"师生每日清晨升堂，行恭揖礼毕方退，晚亦如之，生员会食肄业，毋得外出游荡"。④

应天府学的生员出路无非有二，一是通过翰林院考试后进入国子监继续深造；二是参加科举考试以取得功名。由于府学生员，尤其是廪膳生员，可以享受政府发放的月米，因此也有人故意拖延学习时间。针对这一情况，朝廷于洪武二十七年令"生员入学十年之上，学无成效，送部充吏，其有成效及十年以下，照依入学年月编次造册解部，以备起用，其科举岁贡亦照编次起送"。⑤ 也就是说，洪武时期廪膳生资格的时效为 10 年，如果在此期间学无成效，不通义理，则被罚作充吏。对于故意拖延者，"照卷追征食过廪膳还

① 《大明会典》卷七八《礼部三十六·儒学》。
② 《大明会典》卷七八《礼部三十六·儒学》。
③ 《大明会典》卷七八《礼部三十六·儒学》。
④ 《大明会典》卷七八《礼部三十六·儒学》。
⑤ 《大明会典》卷七八《礼部三十六·儒学》。

官，米数实收，开缴户部知数，本生送吏部充吏"。① 永乐二年，令增广生员入学 10 年，且年龄在 20 岁以上，"鲁钝不能行文者充吏"。② 正统元年（1436），将廪膳生员与增广生员的资格都缩减为 6 年，过此期限后，仍不谙文理的廪膳生员充吏，增广生员则降为民人。

四、儒学生员入学资格

明代，经本省各级考试入府、州、县学的求学者，通名生员，习称秀才，亦称诸生。生员入学之前，不管年纪多大，都被称为童生或儒童。生员入学考试，称为"童子试"，简称"童试"。通过童试，即可入学，成为生员。转变为生员，意味着身份的改变，生员在经济上享有政府各种的优免待遇，在法律上还被赋予了一定特权。更为重要的是，取得生员资格，才有可能由附学生升为增广生，由增广生补廪膳生，再到国子监生。还可以通过科举考试录取为科举生员，最终步入仕途。可见，儒学生员的入学考试绝非一般意义上的考试。从某种意义上讲，童试与科举的乡试、会试、殿试同等重要，甚至有人将其称为科举的四级考试。

童试虽然重要，但明初制度草创时，对生员的入学并无相应的考试制度，只是由地方官、监察御史、按察司官等"逐一相视"录取。明代中期，专理地方学政的提学官设立之后，生员入学才开始有了规范的考试，并逐渐形成由县试、府试、院试三级组成的童子试。

参加童试者，首先要符合入学资格。洪武二年所定条例规定："生员入学定例。凡各处府、州、县，责任守令，于民间俊秀及官员子弟选充，必躬亲相视，人才俊秀，容貌整齐，年及十五之上，已读《论》《孟》、'四书'者，方许入学。其年至二十之上，愿入学者听。在内监察御史，在外按察司，巡历到日，逐一相视。生员如有不成材者，黜退，另行选补。"③

由上可知，生员的入学资格主要包括：一对人的外貌要求，"容貌整齐"；二对人的年龄要求，"年及十五以上"；三对人的学业要求，"已读《论》、《孟》、'四书'者"。此外，还受家庭出身的限制，所谓"于民间俊秀及官员

---

① 《大明会典》卷七八《礼部三十六·儒学》。
② 《大明会典》卷七八《礼部三十六·儒学》。
③ 嘉靖《尉氏县志》卷二《官政类·庙学》，《天一阁藏明代方志选刊》第 49 册，上海古籍书店，1963 年。

子弟选充"，是将娼、优、隶、卒之家的子弟排除在外，"旧制选民间俊秀子弟入学，而娼、优、隶、卒不与焉，所以别贤愚，明贵贱也"。①

对于童生的家庭出身，则需要教官、地方官员的察访了。为此，明代实行保结制度，童生入试必要保结，所谓"高皇制卧碑，娼、优、隶、卒之子不许入学，故有司收考儒童，必取保结"。② 明末时，礼部尚书黄汝良仍疏："其童生入试，须令州、县教官各取保结，无过犯方准进场，有败伦而失简举者，教官与州、县官有罚。"③ 可见，朱元璋所定规矩的延续性。

五、儒学的教学内容及考核方式

洪武二年，明朝政府对地方儒学的教学内容做出规定：

——选官分科教授。礼、律、书，共为一科，训导二员。射、乐、算，共为一科，训导二员。

——府教授、州学正、县教谕掌明经史，务使生员知孝悌、忠信、礼义、廉耻，通晓古今，识达时务，及提调各训导教习，必期成效。

——生员习学次第：清晨，讲明经史，学律；饭后，学书，学礼，学乐，学算；未时，学习弓弩，教使器棒，举演重石。学此数件之外，果有余暇，愿学诏、诰、表、笺、疏、议、碑、传、记者，听从其便。

——礼、乐二事，见行集议，必候成书，颁降习学。④

根据上述规定可知：洪武二年，地方儒学设立时，儒学的教学内容大概包括经、史、礼、律、书、乐、射、算、诏、诰、表、笺、疏、议、碑、传、记等，其中，诏、诰、表、笺、疏、议、碑、传、记等作为选修课程。教学方式实行分科教授，府学教授、州学学正、县学教谕主要负责经、史教学，礼、律、书共为一科，乐、射、算为一科，俱由训导分教。

洪武二十五年（1392），儒学的教学内容被重新修订：

——朝廷颁行经史、律、诰、礼仪等书，生员务要熟读精通，以备科、贡考试。

——遇朔望，习射于射圃。

---

① 《明宪宗实录》卷四〇。
② （明）伍袁萃：《林居漫录》卷五《畸集》。
③ （清）孙承泽：《春明梦余录》卷四〇《礼部·贡举》。
④ 嘉靖《尉氏县志》卷二《官政类·庙学》。

——习书依名人法帖，日五百字以上。

——数务在精通《九章》之法。①

这次修订教学内容，明确规定生员的学习内容以应科、贡二试为准，将经史、律、诰、礼仪等列为须"熟读精通"的主课。

生员在校期间，日有课业，"月有月考，季有季考，岁有岁考"。②临近大比之年，还要参加科考。除此之外，还有一些不定期的考试，如御史的"观风"，也必须应付。

日课，即教官每日对生员的课业安排，包括教官讲授，生员背书，讲书，作课等活动。日课之外，教官还要对生员一月内课业进程进行检查，名曰月试，即教官"每月将终，会集生员，当堂考试一次"。③

除教官对生员有日课、月试之责外，地方官员也每月听诸生讲书、背诵，以考其学业。明初，《大明立学设科分教格式》规定："守令每月考验生员，观其进退揖拜之节，听其言语应对之宜，背读经史，讲通大义，问难律条，试其处决，讲礼务通古今，写字不拘格式，审音详其所习之乐，观射验其膂力，又能中的稽数，明其乘除，口手相应。守令置立文簿，同教授记载诸生所进功程。如一月某科某生学不进，则记载于簿。至三月学不进，罚此科训导俸米半月，罚多不过一月。"④

季考，即每一季将终，提调官会集生员，当堂考试一次，出题与月考同。凡遇季考之月，免其月考。考毕，定下生员考试等第，于明伦堂张榜公布。季考主要是检查生员近一个季度的学业，有时提调官除试诸生经义之外，还要试其治事之才，并参考其德行，以定其优劣等第。

岁考是由各省提学官每年巡历府、州、县学时进行的考试。提调官以岁考的成绩确定诸生的等第，决定其黜陟。提调官设立之前，各省由监察御史、按察司巡历各学。《大明立学设科分教格式》中规定："监察御史、按察司巡

---

① 《明太祖实录》卷二一六。

② （明）祝世禄：《环碧斋尺牍》卷二《与绩溪会上会友》，《四库全书存目丛书·集部》，第94册，齐鲁书社，1997年。

③ （明）王廷相：《浚川公移集》卷三《督学四川条约》，《王廷相集》，中华书局，1989年。

④ 嘉靖《尉氏县志》卷二《大明立学设科分教格式》。

历去处，考试各府、州、县教官、生员。……所在有司，守令正官提调，在内监察御史，在外按察司官每岁考核学生功课。"① 岁考内容与月考、季考差不多，不外乎经、书议、论、表、策等。

考核生员，必然涉及对学无所成者的处置，"洪武、永乐旧制：生员十年一考，学问长益者，留俟科举；学问荒疏者，黜为吏民"。② 可见，考核不合格的生员，或充吏，或罢黜为民。

地方官员参与考核儒学生员的学习情况，是洪武时期学校教育的一大特色。这一做法与朱元璋将学校教育作为对地方官员考核的重要内容有着直接关系。建国伊始，朱元璋就把兴学重教作为"治国之本"，将其与农桑两项作为考核地方官的主要内容，规定府、州、县官须在每月初一、十五亲自视学，检查办学情况。

六、儒学学规——禁例十二条

洪武十五年（1382）八月，朱元璋命礼部颁《学校禁例十二条》于天下：

一曰，今后府、州、县生员，若有大事干于家己者，许父兄弟侄具状入官辩诉，若非大事，含情忍性，毋轻至于公门。

二曰，生员之家，父母贤智者少，愚痴者多。其父母贤智者，子自外入，必有家教之方，子当受而无违，斯孝行矣，何愁不贤者哉！其父母愚痴者，作为多非，子既读书，得圣贤知觉，虽不精通，实愚痴父母之幸，独生是子。若父母欲行非为，子自外入，或就内知，则当再三恳告。虽父母不从，致身将及死地，必欲告之，使不陷父母于危亡，斯孝行矣。

三曰，军民一切利病，并不许生员建言，果有一切军民利病之事，许当该有司、在野贤人、有志壮士、质朴农夫、商贾技艺，皆可言之，诸人毋得阻挡，惟生员不许。

四曰，生员内有学优才赡，深明治体，果治何经，精通透彻，年及三十愿出仕者，许敷陈王道，讲论治化，述作文辞呈禀本学教官，考其所作，果通性理，连金其名，具呈提调正官。然后亲赍赴京奏闻，再行面试，如果真才实学，不待选举，即时录用。

① 嘉靖《尉氏县志》卷二《大明立学设科分教格式》。
② 《明英宗实录》卷一六八。

五曰，为学之道，自当尊敬先生，凡有疑问及听讲说，皆须诚心听受。若先生讲解未明，亦当从容再问。毋恃己长，妄行辩难，或置之不问。有如此者，终世不成。

六曰，为师长者，当体先贤之道，竭忠教训，以导愚蒙。勤考其课，抚善惩恶，毋致懈惰。

七曰，提调正官，务在常加考校，其有敦厚勤敏，抚以进学。懈怠不律，愚顽狡诈，以罪斥去。使在学者皆为良善，斯为称职矣。

八曰，在野贤人君子，果能练达治体，敷陈王道，有关政治得失，军民利病者，许赴所在有司，告给文引，亲赍赴京面奏。如果可采，即便施行。不许坐家实封入递。

九曰，民间凡有冤抑，干于自己，及官吏卖富差贫，重科厚敛，巧取民财等事，许受害之人将实情自下而上陈告，毋得越诉。非干己事者不许。及假以建言为由，坐家实封者，前件如已依法陈告，当该府、州、县，布政司，按察司不为受理，及听断不公仍前冤枉者，方许赴京伸（申）诉。

十曰，江西、两浙、江东人民，多有不干己事，代人陈告者，今后如有此等之人，治以重罪。若果邻近亲戚，全家被人残害，无人伸（申）诉者方许。

十一曰，各处断发充军及安置人数，不许进言，其所管卫所官员毋得容许。

十二曰，若十恶之事，有干朝政，实迹可验者，许诸人密窃赴京面奏。

前件事理，仰一一讲解遵守，如有不遵，并以违制论。仍命以所颁《禁例》镌勒卧碑，置于明伦堂之左。①

以上十二条禁例，即儒学学规。与生员有关的大致可分为三方面内容：一是与政治的关系，生员的言行受到严格限制；二是与父母、师长的关系，生员对父母须尽孝道，对师长必须尊敬，为师者也应竭忠教导学生；三是生员的选拔和考核。可见，朝廷的禁例主要是为了限制生员的言行，使其一心向学。

十二条禁例，在日后的执行中亦有调整修订，其内容更趋广泛，对生员

---

① 《明太祖实录》卷一四七。

的管束也更严。为了使生员更好地遵守学规条例，儒学除了置卧碑文以外，还将内容刊印成册，发给教官参照执行。

七、儒学生员肄业的出路

按照规定："诸生，上者中式，次者廪生，年久充贡，或选拔为贡生。其累试不第，年逾五十，愿告退闲者，给与冠带，仍复其身。其后有纳粟马捐监之例，则诸生又有援例而出学者矣。"[①] 也就是说，生员的出路大致如下：

一是参加科举。先参加乡试，中式成为举人；继而参加会试，考中成为贡士；最后参加殿试，择优取为进士。二是通过岁贡、选贡、恩贡、纳贡等途径入国子监。三是累试不第、年过五十，愿告退闲者，以冠带复其身。相比较而言，前二者是入仕的基本途径，而后者实属无奈之举。此外，明初间行荐举之法，常有生员通过荐举入仕。

明初应天地区科举生员中举率表

地区	乡试年份	科举生员额	举人额	中举率（%）	竞争度
应天	洪武三年	133	72	54.0	二取一
	洪武二十六年	800	88	11.0	九取一
	洪武二十九年	1 025	300	29.3	三取一
	建文元年	1 500	300	20.0	五取一
	永乐九年	1 500	300	20.0	五取一
	永乐十五年	2 000	100	5.0	二十取一

八、儒学教官的选任来源

"明代学校之盛，唐宋以来所不及"。这是与明初统治者对教育的高度重视，特别是与开国皇帝朱元璋的大力兴学重教分不开的。明初，统治者对地方教育的重视，不仅体现在设置教官的数量上，而且更重要的是体现在"最重教官之选"上，其选任来源主要有以下几方面：

其一，荐举儒士充教。朱元璋在明朝建立以前所设的儒学，其教官来源为征聘各地儒士，如最早设立的宁越府学，就是聘江南著名学者宋濂、叶仪

---

① 《明史》卷六九《选举一》。

为五经师，其学正、训导也皆是征辟名儒充任。洪武时期，科举人才不多，天下府、州、县皆立儒学，其教官来源主要仍然为荐举儒士，特别是在洪武十七年重设科举之前，就更是如此。如《明史·列传》所收洪武时期地方教官或曾任地方教官者共 38 名，其中 30 名都是来源于荐举，洪武时首任通政使曾秉正、刑部尚书开济、礼部尚书任昂和建文时著名大臣方孝孺等皆在其中。又如，《明史·文苑传》收载洪武时地方教官或曾任地方教官者共 18 人，其中 17 人是来源于荐举，著名文人陶宗仪、徐一夔亦列其中。可见，洪武时期，特别是其初期，荐举教官成为地方教官的主体部分，为明代教育的发展起了奠基的作用。

其二，考选监生充教。洪武八年（1375）三月，朱元璋因"北方丧乱之余，人鲜知学"，而"命御史台官员选国子生年长学优者分教北方各郡，……于是选林伯云等三百六十六人，给廪食，赐衣服而遣之"。[①] 这是《明太祖实录》中考选监生充教的最早记载，以后成为明代选任教官的经常性途径之一。按常例，监生完成学业后，再经历事即可铨选入仕，但若充教，为保证其质量，就必须经过严格的选拔考试，务得"年长学优""经明行修"之人方可。而且，明初每考选监生充教，往往是皇帝亲自过问。这虽然是选任教官的经常性途径，但只是作为教官主体部分的选任途径补充，并非主流。

其三，以副榜举人和考选下第举人充教。明代举人充教始于洪武时期，早在初设科举时，就已有个别举人充教。洪武十七年复设科举，即规定"以会试下第举人俱授学正、教谕"。于是，举人充教者逐渐增多。洪武三十年确定了副榜举人（会试未中式但中副榜者）例授教官和下第举人（会试未中式，亦未中副榜者）就教必经考选的制度。

考中举人者，绝大部分是府、州、县学的上等学成生员和国子监的优等监生，少部分是未仕儒士和"官之未入流者"，若以监生考中举人为标准，则举人就在学历上比府、州、县学生员高出两个层次。当然，在素质上，如在学识、能力等方面，一般也能达到相应的水平。况且，副榜举人的质量仅次于进士，下第举人就教，又是考选其优者，可见，来源于这一途径的教官，不仅能在质量上得到保证，而且可与生员在学历、学识和能力等层次上形成

---

① 《明太祖实录》卷九八。

较为合理的结构。因此，它一确立，就成为明代教官选任的标准途径，并且在洪武末期成为教官的主要来源，这对于保证教官素质和教育质量无疑具有重大意义。

九、儒学教官的考核

明制，所有官吏都要定期接受考核，儒学教官也不例外。明初，即定教官考核法。洪武二年（1369）规定："监察御史、按察司巡历去处，考试各府、州、县教官、生员，如府生员十二员、州八员、县六员学不进者，罚守令俸钱半月，教授、学正、教谕、某科训导各俸钱一月。府二十员、州十六员、县十二员学不进者，守令罚俸钱一月，教授、学正、教谕、某科训导黜退。若府二十员之上、州十六员之上、县十二员以上学不进者，守令笞四十。"[①]

儒学教官的考核，主要依据其教学业绩，有一定的标准。对达不到要求的教官，轻则罚俸，重则黜退。不过，判断生员是否"学不进"，仅凭监察御史、按察司官的检验，似乎缺乏客观标准。若干年后，新的教官考核法出台，即岁贡考核和中举考核。

洪武十六年，始定岁贡考核法。朱元璋采纳谏官关贤的奏请，命礼部榜谕天下府、州、县学：自明年为始，岁贡生员各一人，正月至京，从翰林院试经义、四书义各一道，判语一道，中式者入国子监，不中者罚之。[②] 第二年，礼部言："府、州、县岁贡生员不中式者，提调官吏论以贡举非其人律，教官、训导罚俸一年。贡不如期者，以违制论。"[③] 朱元璋批准执行。以后，岁贡生员考试不中者，各级教官罚俸，已成定例。

岁贡考核法实行后不久，朝廷又引科举中举额作为教官考课的标准。洪武二十六年规定："以科举生员多寡为殿最。县学生员二十名，教谕九年任内，有举人三名，又考通经者为称职，升用；举人二名，虽考通经为平常，本等用；举人不及二名，又考不通经者为不称职，黜降别用。州学生员三十名，学正九年任内，举人六名，又考通经者，升用；举人三名，虽考通经，

---

① 嘉靖《尉氏县志》卷二《官政类·庙学》。
② 《明太祖实录》卷一五二。
③ 《明太祖实录》卷一七四。

本等用；举人不及三名，又考不通经者，黜降别用。府学生员四十名，教授九年任内，举人九名，又考通经者，升用；举人四名，虽考通经，本等用；举人不及四名，又考不通经者，黜降别用。府、州、县学训导，分教生员，九年任内，举人三名，又考通经者，升用；举人二名或一名，虽考通经，本等用；举人全无，又考不通经者，黜退别用。先是教官考满兼核其岁贡生员之数，至是上以岁贡为学校常例，故专以科举为其殿最。"①

此法的制定，标志教官的考核由"兼核其岁贡生员之数"转变为"以科举为其殿最"。然而，前者也未必尽废，遇有岁贡生员考试不中，教官往往因"不勤教诲"而依例受罚。两者相权，一者是停俸之罚，一者则有降调甚至罢黜之罚，自然更重科举。

升用，一般在教官系统内升，训导升教谕，教谕升教授，教授升国子师。本等用，即原职用。至于黜降别用，"谓之用者，但不令复为教官，而以品级相等官内改用也。教授合改从九品税课司大使、仓大使、司狱巡检等官。学正、教谕、训导合改未入流河泊所官，税课局、织染局、盐课司大使、副使、仓大使、副使等官。"②

明代，中举不易，平均下来，一所学校三年之内，中举额还不到一名。因此，以中举为考核内容，教官普遍有压力。明人言之："学校之职，其满也，以其徒科贡之多寡为黜陟，多则迁，寡则降，甚者有罚焉。故儒者之受斯职，不得善地辄不乐。"③

十、以地方儒学为活动中心的乡饮酒礼

乡饮酒礼是我国古代礼仪制度的一部分，此礼的记载最早见于《周礼》。乡饮酒礼最初不过是乡人聚会的一种方式，其中不乏尊贤敬老的礼仪。周代乡饮酒礼曾在不同的场合举行，主要由乡大夫主持，讲求宾贤、尊长、敬老。

关于地方学校举行乡饮酒礼，史载，汉明帝永平二年（59）三月，"上始帅群臣躬养三老、五更于辟雍，行大射之礼；郡、县、道行乡饮酒于学校；皆礼圣师周公、孔子，牲以犬"。④

---

① 《明太祖实录》卷二二七。
② （明）孙旬：《皇明疏钞》卷三七，《续修四库全书》第464册。
③ （明）杨荣：《杨文敏公集》卷一四，文海出版社，1970年。
④ 《后汉书》，《志第四·礼仪志上》，中华书局，1965年。

汉代以后，乡饮酒礼得以延续，但将学校所举行的乡饮酒礼正式纳入礼典则是在隋唐时期。隋唐以后，乡饮酒礼得到不断完善，南宋大儒朱熹曾亲订乡饮酒礼，对后世影响很大。直至道光二十三年（1843），清政府决定将各地乡饮酒礼的费用拨充军饷，才被下令禁止。

乡饮酒礼得以延续，在于它符合儒家的德治思想，具有一定的社会教化意义。明朝统治者自然也看中它的社会教化功能，朱元璋曾说："乡饮酒礼，朕本不才，不过申明古先哲王教令而已。所以乡饮酒礼叙长幼，论贤良，别奸顽，异罪人。"① 由是，乡饮酒礼被纳入国家基本的礼制范畴。

洪武三年（1370）九月，礼书《大明集礼》告成，将乡饮酒礼列为嘉礼之一，并详列仪注："国朝受命勘定海内，即诏有司稽古考文，定为一代之制。于是取《仪礼》及唐宋所行，参酌损益为乡饮酒礼。又采周官属民读法之旨，于行礼之中一人升读律令。县邑则岁一行之，学校、里社则季一行之。"②

洪武五年四月，礼部奏请将乡饮酒礼推行于全国各地的儒学、里社。"在内应天府及直隶府、州、县，每年孟春正月、孟冬十月，有司与学官率士大夫之老者，行于学校，在外行省所属府、州、县，亦皆取法于京师。其民间里社，以百家为一会，粮长或里长主之。百人之内，以年最长者为正宾，余以齿序坐，……所用酒肴，毋致奢靡。若读律令，则以刑部所编《申明戒谕书》兼读之。"③

洪武十四年二月，朱元璋又命礼部申明乡饮酒礼，谕曰："乡饮之礼，所以叙尊卑，别贵贱。先王举以教民，使之隆爱敬，识廉耻，知礼让也。朕即位以来，虽已举行，而乡闾里社之间，恐未遍习。今时和年丰，民间无事，宜申举旧章。其府、州、县则令长官主之，乡闾里社则贤而长者主之。年高有德者居上，高年淳笃者次之，以齿为序。其有违条犯法之人，列于外坐，同类者成席，不许杂于善良之中。如此，则家识廉耻，人知礼让，父慈子孝、兄友弟恭之道不待教而兴，所谓宴安而不乱，和乐而不流者也。"④

---

① 《御制大诰·乡饮酒礼》，《皇明制书》卷二，《续四库全书》第 788 册。
② 《大明集礼》卷二九《乡饮酒礼》，《文渊阁四库全书》第 649 册。
③ 《明太祖实录》卷七三。
④ 《明太祖实录》卷一三五。

在多年实践的基础上，明廷正式制定《乡饮酒礼图式》，并于洪武十六年十月诏颁于天下。洪武二十二年，再定《乡饮酒礼图式》，规定："凡良民中，年高有德，无公私过犯者，自为一席，坐于上等。有因户役差税迟误，及曾犯公杖私笞招犯在官者，又为一席，序坐中门之外。其曾犯奸盗诈伪、说事过钱、起灭词讼、蠹政害民、排陷官长及一应私杖徒流重罪者，又为一席，序坐于东门之内，执壶供事。各用本等之家子弟，务要分别三等坐次，善恶不许混淆。"并规定："其所行仪注，并依原颁定式，如有不遵图序坐，及有过之人不行赴饮者，以违制论。"还规定："主，府知府、州知州、县知县，如无正官，佐贰官代，位于东南；大宾，以致仕官为之，位于西北；僎宾，择乡里年高有德之人，位于东北；介，以次长，位于西南；三宾，以宾之次者为之，位于宾、主、介、僎之后；司正，以教职为之，主扬觯以罚；赞礼者，以老成生员为之。"这个图式成为明代乡饮酒礼的定制。

朱元璋重新厘定和推行的乡饮酒礼，是针对当时的社会现实，参酌古代制度而采取的礼治措施之一。它继承了历代乡饮酒礼"别贵贱""叙长幼"的传统，又将饮酒与读律、正面表彰与反面警戒结合起来，既习礼又普法，成为明代乡饮酒礼的一大特色。

十一、儒学的经费与藏书来源

地方儒学的经费来源，一般是通过设置儒学田来解决。学田制是中国古代学校特有的制度，明朝继承了"有学必有田"的传统。洪武二年（1369），朱元璋即诏令天下郡县学校普遍设学田，学田的田租入学仓，供师生廪膳。后来，以学田多寡不一，定学粮三等，改由官府统一拨付。随着大量官田私有化，明初官拨学田大量流失，地方继而以官民私人捐助的方式重置儒学田。

地方儒学的开办和维持，首先必须要保证教官俸廪、生员廪膳的供应。天下郡县学普遍设立之后，洪武十五年四月，朱元璋"诏定天下府、州、县均设学田，以其租米入学宫，府学一千石，州学八百石，县学六百石，应天府学一千六百石。各设吏一人，以司出纳。师生月给廪膳米一石，教官俸如旧"。[①] 同年五月，句容县即拨儒学米六百石。

明制，府学设学生四十人，州学三十人，县学二十人，应天府学六十人，

---

① 《明太祖实录》卷一四四。

编制内的学生俱给廪膳，故称廪膳生。教官的设置，府学设教授一人，训导四人；州学设学正一人，训导三人；县学设教谕一人，训导二人。按当时规定的"师生月给廪膳米一石"的标准计算，府、州、县学各自所需的年度人头廪膳米是：府学五百四十石，州学四百零八石，县学二百七十六石。应该说，明初，"府学一千石，州学八百石，县学六百石"用于学宫的租米，不但可以满足师生日常口粮的需要，而且能够承担起教官俸禄以及其他方面的开支。

儒学教官的俸廪标准，府学教授为月米五斗，州学学正为月米二斗五升，县学教谕以及府、州、县学训导月米各二斗。当然，教官的俸粮标准不同时期亦有变化，据嘉靖《宁国县志》《太平县志》《沛县志》记载：宁国县，教谕一员，俸一年三十六石，训导二员，俸一年各三十六石；太平县，教谕一员，训导二员，俱月俸三石；沛县，教谕一员，月俸米三石，训导二员，月俸米三石。可见，明代中后期，教谕、训导大约为三石。

至于地方儒学的其他方面的办学经费，仍从官拨儒学粮中支出，后来改为地方徭役编派。另外，儒学的建设经费，地方财政无力全部承担，除动用部分官银外，还依赖地方官员、教官、生员、乡绅及民众的私人捐助。

儒学作为教学机构，教官的教与生员的学都离不开书籍。明代，"凡学宫皆制有尊经阁"，尊经阁是地方儒学的一个辅助建筑，专门用于藏书。

明初，地方儒学广泛设立，书籍普遍缺乏。鉴于此，朝廷多次赐书。如洪武十四年（1381），颁"四书""五经"于北方学校。洪武十五年，颁刘向的《说苑》于天下学校。随着御制书籍相继告成，朝廷也会及时颁赐各地学校。如南直隶句容县学所藏的朝廷颁书有：《性理大全》三十本、《书经大全》十本、《礼记大全》十八本、《五伦书》六十二本、《大诰》一本、《汉书》一部共四十本、《逆臣录》六本、《四书大全》二十本、《诗经大全》十二本、《为善阴骘》二本、《宇宙通志》一百本、《诸司职掌》二本、《文献通考》六十本、《皇明制书》八本、《易经大全》十二本、《春秋大全》十八本、《孝顺事实》二本、《大明律》二本、《彰善录》二本、《纲目》一部二十本。①

除了向全国范围内学校颁书外，朝廷还会针对个别学校赐书。此外，有

① 弘治《句容县志》卷二《学校》，《天一阁藏明代方志选刊》第 11 册。

的儒学还存有书版，以备印刷之用。

十二、余论

明代社会继承中国古代兴学重教的传统，充分吸收前代教育的发展成果，大力发展地方儒学教育。在明初国家学制系统中，地方儒学上与国学，下与社学有着密切的联系，它们共同组建起一个完整的教育体系，并在其教学制度、考试制度、课程安排、学校建设、教育管理、经费筹措等诸多方面都取得了明显进步。《明史》曾这样评价明代学校教育："盖无地而不设之学，无人而不纳之教，庠声序音，重规叠矩，无间于下邑荒徼、山陬海涯，此明代学校之盛，唐宋以来所不及也。"①

第三节　明初地方的启蒙教育——社学

明代学校的层级设置承袭元制，在县以下的乡里立社学，同时采取一连串的措施，将国家所掌控的教育层级向县以下的基层推进，使受教对象更加扩大，教育更加普及。此外，朝廷将"教化百姓"作为统治的根本，以社学来执行这一理念，使得皇权的触角延伸到社会的最基层。明中期后，社学呈现出启迪童蒙的功能，其作为教育机构的色彩才渐浓。

一、萌于元而盛于明的社学

"社"原意为土地神，后渐被引申，或用来指称聚落的地理单位，如州社、县社、乡社、里社、私社等；或被当做职能单位，如吟社、诗社等。至元代，社渐发展成一种农业的组织单位，使得朝廷以法令来确立"社"在地方乡里中的设置。

元世祖至元七年（1270）曾颁定十四条农桑之制，其中规定诸县所属村以50户为一社，若不及50户的，可与附近村并为一社，地远人稀不能相并的，允许各村自为一社。元朝以法令确立"社"作为县以下的基层组织，目的在于劝农，并不是行政单位，社长也不负责行政事务。到了元末明初，很多北方的乡村组织都以"社"之名来称呼，至此，"社"才渐由劝农单位转为州、县以下的行政单位名。

---

① 《明史》卷六九《选举一》。

到了明代,"社"仍是乡村、县以下的基层组织之一,但组织规模和名称均有所变化。洪武十四年(1381)推行里甲制,因乡村环境的差异及各地方言的不同,"里"的名称亦随各地情况之差异而有不同的称呼。如在北方常称为"社",这种情形到明末仍然存在,明末清初的顾炎武即说"今河南、太远、青州乡镇犹以社称"。①

明人冯应京《社学》一文释:"社学者,一社之学也,百又十户为里,里必有社,故学于里中者名社学云。"此处的"社"即乡村组织之基层单位,而在此设置的学校即是社学。

"社学"的名称曾见于元朝,正式使用则始于明初。自朱元璋令天下普设社学起,社学之名始盛,普遍被用来指称县级以下的学校。洪武八年(1375)正月,明太祖朱元璋下诏,令天下皆立社学。诏书中说:"昔成周之世,家有塾,党有庠,故民无不知学,是以教化行而风俗美,今京师及郡县皆有学,而乡社之民未睹教化,宜令有司更置社学,延师儒以教民间子弟,庶可导民善俗也。"②

这是明代官方下令设立社学的开始,诏书指出社学设立的目的在于教化乡社之民,导民以善俗,而"有司"则是府、州、县官。所以,设置时的官办色彩甚浓。然而,明代社学设立之初,上下视为虚文,办学成效欠佳,且部分地方官员借此舞弊而造成扰民事件时有发生。洪武十三年,朱元璋一气之下下令罢革社学。据《御制大诰》描述,罢革的原因是当时的府、州、县官以社学来牟私利。有愿读书者,因其无钱,不许入学;而家有三丁四丁不愿就读者,则收受贿赂,纵其愚顽,不强迫就读;也有父子二人都忙于务农或经商,没有时间读书,却通令都要入学。

社学的停废只是短暂性的,洪武十六年(1383)十月,朱元璋再次下诏,令民间自立社学,延师儒以教子弟,并且严格禁止有司干预。③ 这表明朱元璋仍然重视以社学来教化广大乡里百姓,只是鉴于教训,将社学由地方官员办理改交民间自行筹办。

---

① (清)顾炎武:《日知录集释》卷二二《社》,上海古籍出版社,2016年。
② 《明太祖实录》卷九六。
③ 《明太祖实录》卷一五七。

二、社学的设置与经费来源

社学设置的地点分在城与在乡两种。如果按朱元璋"感慨乡社之民未睹教化"的初衷，社学应都设在乡间，但据方志记载，大部分却位于城内外。照洪武八年的规定，每50户应立社学一所，若以洪武十四年推行的里甲制来看，一里有110户，每里应设社学两所。实际情况则不尽然，许多地区在设置时总忽略乡里，当初想要乡里之民皆蒙教化的理想并未完全实现。

尽管如此，此时仍是有明一代兴建社学的高峰期。有资料显示，在明代设置时间可考的 5 972 所社学中，洪武时期有 3 713 所社学，占总数的62.17%。而洪武时期设置的 3 713 所社学中，有 2 650 所社学是在南直隶地区兴建的，南直隶地区是明初社学数量最多的区域，而又以南京地区为盛。应天府城中"每坊厢各建一区，厅事四楹，左右厢六间，以学行者旧为之师，教一坊子弟"。句容县内，在县治者5所，名"笃信""居仁""执礼""由义""沈知"，东北、西北与东南、西南各一所，在乡者16所。所以，出现了"比闾族党诵读相闻"的盛况。

社学校舍多以改自既有屋舍为主，又以改自寺庙道观占大多数，少部分为择地新建。办学经费的来源主要有学田收入、市租、官拨谷粮、官民捐资以及学生纳费等方面，其中又以学田收入为最大宗，同时也是较为稳定而长期的经费来源；其次则为拨用谷仓粮。至于官民的捐资虽然为数不少，但多半发生于社学创设之初及修葺之时，并不属于常态性收入，而学生纳费则视各地情形而不同。

学田属于社学校产之一，其收入是维持社学运作的主要依靠。一般而言，社学所拥有的学田数并不多，仅能勉强维持教师报酬以及资助贫困学生而已。学田多半是由官府拨给，来源为新增的垦地、被官府没收的田地及由官府购置的田园。学田的经营，或由乡民租种，或由社学教师承种。官方或社学还将出租店房或铺面经营所得，作为社学支出费用。所以，社学经费的来源虽然有多种途径，但并不稳定，这也使得社学运作兴衰不定。

三、社学的教师与学生

社学教师的名称与编制没有统一的规定，员额则视学校大小而定，原则上一所社学设教师一人，较大规模的可设教师两到四名。教师多由各地官员遴选任用，也有由地方豪姓大族主导的特殊情况。教师资格方面，洪武八年只规定"延师儒以教民间子弟",洪武十六年又规定"经断有过之人不许为师"。可见,朝廷要求教师为有德性、有学识之人。

社学以招收庶民子弟为主。在学生资格方面,并无特殊的规定,所以增加了一般乡民的受教机会。从在校学生的年龄来看,学生多介于7至15岁之间,确实为启蒙教育的一种,其程度相当于古籍所言的"小学"。至于以15岁为限,则和地方儒学的入学年龄互相衔接。

社学的学生人数,也并无名额的规定,少则十余位学生,多则几十位,甚至上百位学生。在生活常规上对学生有严格的管理,以规范学生的在校言行举止。其中优秀者可升入地方儒学,实际上完成学业后,基本各安本业。

四、社学的学习课程

明初,社学的课程由朝廷规定,以学习朱元璋颁布的《御制大诰》和律令为主。实际办学过程中,初期大抵依循规定,不过各地主事者还是有其办学的空间,有些官民在上奏请立社学的同时,也提出了对于社学课程的规划,如洪武二十四年十月丙寅,湖广宝庆卫百户社人请百家置一师,并以经史教授民间子弟。这个建议皆被皇帝所采纳。观其内容仍不离教化百姓、移风易俗。

由社学课程的规划可知,社学的程度相当于小学,使学童自幼学习传统礼仪规范,培养基本的识字能力。只是社学初期课程中所强调的法制教育,使其多了政治教化的目的。

五、余论

明代社学具有"准官学"、普及教育、启蒙教育、平民教育等性质,并具有承先启后的发展地位。它是继宋代官方小学的规模与对象扩大后,官办小学再次向下延伸,深入到县级以下的乡里的教育机构,其学制也被清代所继承。在数量方面,从教育观点来看,反映教育机会的扩张;但从政治观点来看,社学的设置显示国家的控制更深入基层。只是国家对社会的控制逐渐从明初通过地方官员来执行,转变到明末渐让地方士绅参与。尽管明代社学的设置时兴时废,也不曾被纳入正式的官学系统,甚至无法取代其他私办的蒙学机构,但是这还是第一次以官方的力量来为乡里提供如此多的教育机会。始于明初的这一初等教育的普及趋势,对明代社会(特别是基层社会)产生了深刻的影响,是中国教育向平民化转变的契机。

第四节　明代的科举

科举在中国实行了约 1 300 年之久，从隋到清，一直紧紧伴随着中华文明史。其直接结果是选拔出了 800 多位状元，十万以上的进士，百万以上的举人。尽管里面不乏迂腐甚至卑劣之徒，但从整体上看，更多地选出了大批出色的、极有文化素养的各类人才，他们无疑是中国传统社会官员队伍的中坚力量。

一、科举制度的起止

科举制度是隋代以后各帝制王朝设科考试选拔官吏的制度，由分科选举人才而得名。历代的统治者都很注意选拔人才。隋朝建立后，隋文帝废除世族垄断的选官方法——九品中正制，于开皇七年（587）设置"志行修谨、清平干济"二科，分科举人。到隋炀帝时，扩大分科范围，首置"进士"科，以"试策"取士，在中国选官史上创下新的一页。唐王朝建立后，继续发展完善科举制度，以进士为入仕资格的首选。武则天更亲行殿试，增设武举。宋开宝六年（973），宋太祖亲御讲武殿，复试进士，遂使殿试成为科举制度中最高一级考试，并形成制度。宋代科举革新还体现在内容方面，儒家经典成为考试的主要内容，考试要求变声律为议论，变墨义为经义。由于元朝统治者自有一套用人制度，科举时开时停，所以处于中落时期。随着明王朝建立，科举再次进入了鼎盛时期。

明代科举较之以往，更趋于严密和规范。考试分乡试、会试、殿试三级举行，每三年一次。明朝前后 276 年，共产生状元 90 名，基本上亦三年一名。明代科举"设文武二科取士"，文举以经义、"四书"为主要试题；武举程式"悉如文例"。与科举相关的制度还有：以八股文作为考试规定的文体，题目限于"四书"，作答必须以程颐、朱熹及其弟子等的注解为准绳。明代科举录取人数还按地域差别予以平衡调控。

当然，科举制度也不可避免地存在着某些消极因素，唐代的赵匡就曾列举了 11 种弊病。到了清代，随着传统社会的没落，其消极因素也进一步凸显，如八股格式的考试文体，越来越束缚了人的思想，扼制了人的创造力发挥。在内外因素的压力之下，清廷宣布："自丙午（1906）科为始，所有乡、会试一律停止。"自此，在中国实行约 1 300 年之久的科举制度宣告结束。

二、明初科举制度的确立

明代入仕之途，是一条由荐举和科举并存、荐举为主逐步走向科举和荐举并存、科举为主，最终形成科举一统天下的道路。

早在吴元年（1367），朱元璋一方面命手下携带币帛四出访求遗贤，另一方面下令"设文武二科取士"，命"有司劝谕民间秀士及智勇之人，以时勉学，俟开举之岁，充贡京师"，① 为日后实行科举取士做准备。

明朝肇建，朱元璋宵旰忧勤，孜孜求治。随着各级官僚机构的设置和完善，需要任用大批的官吏。为此，朱元璋留用故元官吏的同时，多方招揽和培育人才。洪武元年（1368），朱元璋颁大赦诏，重申："怀才抱德之士，久因兵乱，潜避岩穴，所在官司，用心询访，具实申奏，以凭礼聘，共图治效。"② 并派官员分赴各地方访求贤才。洪武三年二月，朱元璋又谕廷臣举荐在野贤才。六月，再命各级官府访求天下儒术深、明治道者。

明初，荐举的名目非常繁多，有聪明正直、贤良方正、孝悌力田、儒士、孝廉、秀才、人才、耆民等，其中以儒士的数量最多。通过大规模地推行荐举，大量有用之才充实进各级官僚机构。但是，朱元璋并不满足于此，他要大力兴办学校，自己培养新的人才，并实行科举，开科取士。

明代科举始于洪武三年。这年五月朱元璋诏告天下："自今年八月为始，特设科举，以起怀才抱道之士。务在经明行修，博通古今，文质得中，名实相称。其中选者，朕将亲策于庭，观其学识，第其高下，而任之以官。果有才学出众者，待以显擢，使中外文臣皆由科举而选，非科举者毋得与官。"③

于是，八月在京师及各行省举行了明代以来的第一次乡试。本着"省诗赋，重经义"的原则，这次乡试对宋元科举考试的内容作了增损，还对被录取者进行骑术、箭法、书法、算术、律令等项目的加试。洪武四年，礼部在南京第一次举行全国性会试，取中 120 人。接着，朱元璋于奉天殿亲自廷试，取吴伯宗为第一名，授予礼部员外郎职，其他进士俱各授官。

---

① 《明史》卷七〇《选举二》。
② 《皇明诏令》卷一《大赦天下诏》。
③ 《明太祖实录》卷五二。

当时，官员的缺额很大。洪武四年（1371）正月，令各行省连续三年举行乡试，考取的举人都免予会试，直接赴京听候选官。但朱元璋很快发现所录取的大多是"后生少年"，文词虽好却缺少实际工作能力，"能以所学措诸行事者寡"。对此朱元璋大为不满，他抱怨："朕以实心求贤，而天下以虚文应朕。非朕求实求贤之意也。"于是，洪武六年二月令"各处科举，宜暂停罢。别令有司察举贤才，必以德行为本，文艺次之"①。断然停止科举，也表现了他在人才选拔上一味讲求实用和急于求成的心态。

科举一停就是十年。这十年中，一直以荐举的方式选拔人才，主要有三种途径：一是由官员访求民间举荐贤能，二是从国子监中的监生、贡生中选拔，三是从吏员中选拔。然而荐举制的滥荐和徇私的弊端，让朱元璋更难以容忍。仅在洪武十三年十月上旬，他就三次指出荐举中出现的问题。洪武十五年（1382）八月，监督御史赵仁奏书建议，对荐举上来的人才，应先初步考察，量能授职，在授职之后，再依其政绩进行考核，确实公勤廉干的加以擢用，庸怠贪鄙的则罢黜之。朱元璋即决定对被荐举至京的秀才实行考试，同时下诏恢复科举。

经过实践，朱元璋清醒地意识到，荐举出的人才和官吏，虽然实用，但大多没有经过学校教育的系统培养，只是长于某一方面。要造就一支绝对忠于朝廷的官吏队伍，达到整饬吏治的目标，只能从学校入手，对学生进行忠君报国及遵守法纪的教育，同时改革官吏选拔制度，恢复科举取士。诚然，科举选才有其不足，但这种方式是按照公平、公正、竞争原则，通过逐级考试选拔出来的，人才所感激的是朝廷，而不是某一个官吏，这就有助于忠君报国思想的树立，以及克服荐举制用人唯亲、裙带关系等弊端。同时，科举选拔出来的人才，知古今，识道理，具有较高的文化素质，因而更具备为官的素质，更符合强化皇权的需要。

洪武十七年（1384），朱元璋命礼部定"科举成式"，颁行于各省，永为定制，复命科举、荐举并行。新条例规定三年大比，各直省乡试设于子、午、卯、酉年秋八月，分三场进行。应试的对象及条件为："举子，则国子生及府、州、县生员之学成者，儒士之未仕者，官之未入流者，皆由有司申举性

---

① 《明太祖实录》卷七九。

资敦厚、文行可称者应之。其学校训导专教生徒及罢闲官吏、倡优之家与居父母丧者，俱不许入试。"① 自洪武十七年之后，明代科举考试再未中断。

三、明代科举的程式

明代的科举分乡试、会试和殿试三级进行。

（一）乡试又称乡闱，是由南、北直隶和各布政使司举办的省一级的考试，每三年一次，于子、午、卯、酉年的八月份在直隶和各布政使司驻地举行。乡试分三场，日程为八月的初九日、十二日和十五日。根据洪武十七年颁布的科举定式规定，初场试"四书"义三道，每道 200 字以上，经义四道，每道 300 字以上，若无力全做许各减一道。二场试论一道，300 字以上，判语五道，诏、诰、表、内科一道。三场试经、史、时、务、策五道，未能者许减二道，俱 300 字以上。此外，还规定了"四书"主《朱子集注》，《易》主程传、《朱子本义》，《书》主《蔡氏传》及《古注疏》，《诗》主《朱子集传》，《春秋》主左氏、公羊、谷梁、胡氏、张洽传，《礼记》主《古注疏》。

主持乡试的有正、副主考各一人，同考官四人，提调官一人，另外还有负责受卷、弥封、誊录、对读、巡绰监门、搜检怀挟带等官。考生黎明进入考场，入场时要经过严格的检查，以防挟带。入场后，考场的内外门户全部封闭加锁，每位考生由一名号军监视，防止作弊。要求黄昏时分交卷，如未完成，给烛三根，烛尽仍未完卷的，则被扶出考场。考卷评阅规定十天，由于试卷众多，加上弥封、誊录、对读等所花时间，实际用于评卷的时间便只有三四天而已。故考官一般"止阅前场，又止阅书义"②，所以头场考得好，得到考官赏识，便有可能中举，头场考砸，后两场考得再好也会是白搭。乡试中式者授予"举人"的出身资格，第一名为"解元"。乡试的录取人数由朝廷下达，明初不拘额数，至明洪熙元年（1425），规定各考区从 10 名到 50 名不等。后来有所增加，明代后期，南、北直隶增至 130 余名，其他各布政使司的名额也有所增加。

（二）会试又称礼闱，是由礼部主持的国家级考试，于乡试的第二年，即辰、戌、丑、未年的二月在京师举行。参加会试的必须是乡试中式的举人。

---

① 《明太祖实录》卷一六〇。
② （清）陆世仪《甲申臆议》，《陆桴亭先生遗书二十二种》，清光绪二十五年刻本。

会试和乡试一样分为三场，分别在二月的初九、十二日、十五日举行。考试内容也基本上和乡试相同，只是难度增大。由于是国家级考试，主考、同考、提调等考官，都由高级别的官员来担任，同考官的人数也比乡试增加一倍。会试中式者称为"贡士"，第一名叫做"会元"。会试的录取名额没有固定，皆临期奏请定夺，多的时候达到472人，少时仅有32人。成化十一年（1475）以后，一般定额录取300名，特殊情况下，由皇帝恩诏增加人数也时有发生。

明初，会试录取不分南北籍贯，直到洪熙元年（1425）仁宗皇帝有旨，才规定南方人占十分之六，北方人占十分之四。到宣德正统年间，又将全国分为南、北、中三卷，在100个名额中，南卷取55名，北卷取35名，中卷取10名。此后虽然在录取比例上有一些变化，但"分地而取"的原则却始终没有改变。

（三）殿试又称廷试，是以皇帝的名义主持的最高一级的考试，凡是在会试中取得贡士资格的人均可以参加。殿试考场设在皇宫内的奉天殿或文华殿，由皇帝亲临监试。殿试的时间，按科举程式的规定是三月初一，从成化八年（1472）起改为三月十五日。殿试的内容仅试时务策一道，试题由大臣代命，考试前一天呈请皇帝亲定。考试时间以一天为限，日落前交卷。读卷官是由进士出身的高级朝官中选出的，在一天当中，不多的数名读卷官要评定几百份试卷，时间是相当紧张的。不过参加殿试的人只分等第而不落选，读卷官的任务主要是把这些卷子分为三等，挑选出三份最好的卷子，以确定一甲三名的人选，其他试卷的等级名次则不重要。由于殿试是皇帝亲自主持的，皇帝本人就是主考官，对于及第者的名次，基本在读卷官进呈的基础上调整选定。中国传统社会中后期的政治人物，几乎全是由此种途径晋升的。

明代殿试的名次分为一甲、二甲、三甲。一甲三人，第一名称状元，第二名称榜眼，第三名称探花，均赐进士及第；二甲若干人，赐进士出身；三甲若干人，赐同进士出身。一至三甲通称"进士"，由于殿试只分等第而不落选，因此习惯上每于会试中式后即可被称为进士。"连中三元"是科场佳话，指在乡试中考取第一名"解元"，接着在会试中考取第一名"会元"，殿试中又考取第一名"状元"。这种好事极为罕见，连中三元者在明代的科举史中只出现过两人。经过科举考试，中进士者都给官做。状元授翰林院修撰（从六品），榜眼、探花授翰林院编修（正七品），二甲、三甲考选为庶吉士的皆为翰林院官，其他或授给事、御史、主事、中书、行人、评事、太常、国子博士，或授府推官、知州、知县等官。举人、贡生多次参加考试落第的，可以改入国子监，卒业后也可担任小京官，或做府佐和州、县正官，或做儒学的学官。

四、明代首届乡试、会试、殿试

自明代以来，南京的科举考场——江南贡院，即成为城市的文化地标之一。在其形成之前的明初，贡院曾数易其地。洪武初，以北城演武场为考试场所；永乐中，移至府学文墀宫；正统时，迁至武学讲堂；景泰初，才在秦淮河畔被没收的前武臣废宅地基上新建贡院。天顺元年（1457），应天府官员请国子监祭酒吴节撰写《应天府新建贡院记》，镌刻于石碑上，立于贡院内。

洪武三年（1370）八月，朱元璋在南京举行了明朝开国后的首次乡试，江南行中书省（包括今江苏、安徽、上海）区域内的十四府、四直隶州、十七属州及九十七县推荐的优秀学子赶赴南京，参加首届江南乡试。地点在"北城演武场"。据《洪武京城图志》载，演武场在覆舟山（今九华山）南，称"御教场"。该教场位于明宫城西北侧，南至珠江路以北红花园以东一线，北至覆舟山南，西到珍珠河东约200米南北一线，其中心位置在今演武厅东。当时为驻军习武演练之所，驻有"操练官旗军一万三千三百二十六"名。由于时间紧迫，只得搭建临时的芦席棚。为赶工期，除招募工匠外，还组织千余名士卒日夜赶工。一排排临时号舍建成后，进门当口竖挂一杆大旗，上书"有恩报恩，有仇报仇"。传说考试如同过阎罗关，往昔祖上积德的，自有神灵庇佑；如果祖上有过劣行，以至杀人越货的，这回就要遭报应。

经过三场九天七夜的艰辛考试，遴选出明朝第一批举人。放榜时，人山人海，中举者春风得意，欣喜若狂，从此步入仕途；落榜的顿足叹息，有的甚至号啕大哭。放榜次日，举行隆重的"鹿鸣宴"。主考官以下各级官员及新中科举人皆乘轿赴宴，畅饮喜酒，奏乐诵诗，其乐融融。

洪武四年二月，各行省录取的举人齐集南京，参加礼部举行的全国首次会试。考场仍旧在教场芦席棚内进行。礼部委任的主考官为陶凯、潘廷坚、赵权三人。举人进场时，检查极为严格，除有军士把守大门外，还在每间号房门口站立一名军士，称"号军"，需对考生再次核对字号，确定无误后方准入内。经会试考取者为"贡士",其遴选程式习称"拔贡"。

洪武四年三月初一,在会试中录取的贡士齐集明宫城午门内奉天殿,俗称"金銮殿"。洪武皇帝朱元璋身着朝服,端坐在龙椅上,首次亲自策试贡士。状元由皇帝亲自圈点认定,所以称为"点状元"。

被录取的进士张榜后,朝廷立即派人员骑快马向各行省飞报。当地官府接报后即派人员向中进士的府第报喜。报喜人员到进士家老远处就喊"报喜报喜",该户家人齐聚门前迎接喜报。报喜人员下马走进府邸用棍棒打破几样物件,谓"除旧布新"。府上一边包送银两给报喜人员,一边说"同喜同喜"。随之鞭炮齐鸣,张灯结彩,当地官员名士纷纷到府致贺,可谓极尽风光荣耀。

洪武四年的首次点状元程式甚为庄重,朱元璋亲自在奉天殿宣谕名册,赐宴中书省,授状元吴伯宗为礼部员外郎。次日,中书省为进士举行隆重的"琼林宴"。琼林宴始自北宋政和年间,因在皇家园林琼林苑举办,故称"琼林宴"。明初由中书省举办,废中书省后为礼部举办,宴请全体新科进士。琼林宴自此形成定制。

五、南京举行的殿试

洪武二十一年(1388)戊辰科殿试揭榜,第一名为国子监生任亨泰。朱元璋诏谕翰林学士、国子监祭酒宋讷给予褒赏,由其"撰题名记,立石监门"。[①] 这就是明清"进士题名碑"(俗称"状元碑")的由来。

据今人查考,明初,洪武、建文、永乐三朝由于若干原因,并非皆循三年举行一次会试、殿试的定例,曾二度中断。明初,三朝在永乐迁都之前共举行 13 次会试、14 次殿试,其中各有 2 次会试、殿试在北京举行,在南京实际举行 11 次会试、12 次殿试,点中状元 12 名。这 12 名状元的大名均镌刻在今江南贡院大门口东壁新制的"中国历代状元名录"石碑上。这 12 次殿试除 3 次未见录取进士名额外,其他 9 次共录取进士 1 309 人,其中录取应天府进士 19 名,内有名臣溧水人齐泰(初名齐德),建文帝时任兵部尚书。

自朱元璋诏谕为进士题名立碑以来,至永乐十年(1412)在南京最后一次举行会试、殿试为止,南京立有多少块状元碑呢?按明《南雍志》的记载为六块,均置于成贤街国子监:"前为仪门三间,下有进士题名碑四。东有敕

---

① 《明史》卷六九《选举一》。

建太学碑亭，西有敕修太学碑亭。又前为太学门三间，左有小门，下有进士题名碑二。"

朱棣取代建文帝后，按祖制逢"辰、戌、丑、未"年举行会试，永乐七年己丑应是会试之年。正月刚过，各行省举人纷纷赶到南京准备应试。二月，会试改在府学文墉官举行。会试后，本应于三月初一赴奉天殿参加殿试，可是朱棣却于二月初九离开南京巡狩北京，导致陈燧等95名贡士只得聚集于国子监，一边学习一边"俟车驾还京廷试"。但朱棣直到永乐八年十一月才回到京师。苦等两年的贡士，终于在"永乐九年辛卯补行殿试"，从95名贡士中录取进士84名。永乐十年按例又应举行会试、殿试，于是壬辰科照例举行。这样一来，永乐九年、十年连续举行两次殿试。永乐十一年，朱棣又北上迟迟不归。经礼部先后奏准，永乐十三年、十六年两次全国会试、殿试移至北京举行。至此，南京再也没有举行过会试和殿试。其间，朱棣只短暂地回过一次南京。永乐十七年秋，南京"六部政悉移而北"，朱棣再也没有回过南京了。

六、科场的内帘官与帘外官

考场中最重要的是考官，考官又分为内帘和外帘两个班子。内帘官包括主考官2人，同考官4人。其中主考官负责出题、审定试卷、决定去取、核定名次，并负责将取中的举人名单连同其试卷一并奏报给皇帝。同考官则协助主考官出题、阅卷。洪武三年（1370）开国第一试，考试官为御史中丞刘基、治书侍御史秦裕伯，同考官则是侍读学士詹同、弘文馆学士雎稼、起居注乐韶凤、尚宝丞吴潜与国史编修宋濂。洪武四年再次乡试，主试为兵部尚书吴琳与国子监司业宋濂。可见，当时对于考官人选并没有形成制度。永乐时期，主考官渐为翰林院专属。永乐十五年（1417）之后，定应天乡试考官由翰林院春坊官担任。正德之前，翰林院编修、检讨主持应天乡试较为常见。如永乐元年编修王达、永乐六年检讨王洪、永乐十二年编修周述、正统十二年（1447）检讨钱溥、成化元年（1465）编修彭华皆为主考官。此后制度又有所改变，主考官由翰林院编检官向讲读官转移。乡试主考官资历的不断上升，是科举考试地位提升的标志。

考场中除考官之外，其余官员都属于帘外官，其中包括提调官1人，监试官2人，供给官1人，收掌试卷官1人，弥封官1人，誊录官1人，对读官

4 人，受卷官 2 人以及巡绰监门、搜检怀挟官 4 人。应天府乡试中，监试官为监察御史充任，提调官、供给官由应天府官充任，收掌试卷官、弥封官、誊录官、书手于府、州、县生员、人吏中选用，对读官、受卷官选居官清慎者充之，巡绰监门、搜检怀挟官则由都督府委官。监试官与提调官是对考场内部纪律的总监督人。监试官与提调官需共同编订考场号图，检查席舍，并对其他入场执役差吏进行审核。

乡试首场开考前两天，考官即入考场。入场后，提调官与监试官要封锁考官住所，不许私自出入。即使递送试卷或供给日用品，也由提调、监试官共同开门，点检物品，无违禁夹带之物方许入内，随后仍将门户封锁。其余官吏则各司其职。考生入场时，由搜检官从头发搜到脚跟，如发现举子有夹带之事，就被连打带骂逐出考场，并取消考试资格。生员作文毕，试卷由受卷官收受，然后送弥封所，由弥封官撰写字号并封记，以保证阅卷人不知考生姓名。弥封之后，试卷送至誊录所，在誊录官的监督下由书手进行誊录。考生试卷以墨笔完成，为墨卷，而誊录则用红笔，称朱卷，如此一来，无法通过字体或其他卷面记号透露考生信息。誊录完成后，还要将试卷送至对读所由对读官进行对读，对读毕，方将朱卷送至内帘官处。朱卷首先由同考官评阅一遍，然后将其中优秀的试卷汇集，转交给主考官复阅。整个阅卷过程大约费时 10 天，接着就进入录取阶段。主考官按照乡试解额取足人数，排定名次，然后张榜公布。凡榜上有名，则为举人，夺魁者为"解元"。

考场中设立各种考官的用意是为了考试的公平、公正，但在规章制度与现实情况之间往往有很大差别，闱中政治对考官的影响极大。明代正德、嘉靖之前，乡试主考官多为翰林院编检，同考官的职位更低。而属于帘外官的监试、提调官则为督察院御史与布政、按察二司官，官职较高，因此常有干预帘内之事。针对此类情况，弘治四年（1491），"令各处乡试，帘内事不许帘外干预，考官务以礼待，不许二司并御史欺凌斥辱，文章纯驳，悉听去取，不得帘外巧立五经官以夺其权"。[①]

七、乡试解额与南北卷制

乡试解额，即各地乡试的录取名额。随着科举地位的提升，应试人数增

---

① 《大明会典》卷七七《礼部三十五·科举》。

多，各地都在力争增加乡试解额，而朝廷对此却一直没有放松。

洪武三年开国第一科，定直隶府、州贡额 100 名，河南、山东、山西、陕西、北平、福建、浙江、江西、湖广各 40 名，广西、广东各 25 名，若人才多处或不及者不拘额数。洪武十七年再开科，定"举人不拘额数，从实充贡"，并一直延续到洪熙元年（1425）。此后虽数次调整，但名额多寡的排位基本不变，这个排名大体与各地区文化发展水平一致。

地方人文的盛衰既有历史传统因素，也和经济发展程度相关。正因如此，明代科举不仅在乡试中实行解额制，更在会试中实行"南北卷"制度。南方地区经济发达，文教传统昌隆，士子在会试中也占有绝对优势。但对国家政治而言，官僚体系内部的地域失衡则不利于中央对地方的控制。南方为国家经济中心，赋税甲天下，且人口稠密，思想活跃，正是中央政权要倾全力掌控之区。如果朝中要职尽为南人所占，那些有损其自身或地方利益的政策则会遭到抵制。由于进士是高级官僚的预备队，因此在会试中把握南北取士的平衡更为重要。

南北卷制度的正式确立是在洪熙元年，此前于洪武三年颁布的科举条例中，虽然对各地乡试解额确定了框架，但对礼部会试则仅有"额取举人百名"的简单规定。洪武十七年后的几届会试中，南方士子的优势逐渐凸显，南北方矛盾不断激化，至洪武三十年终于引发了"南北榜案"。

"南北榜案"是明初科举考试中的重大事件，又称"春夏榜案"。洪武三十年丁丑科，二月会试，以翰林学士刘三吾、王府纪善白信蹈为主考官，取录宋琮等 52 名皆为南方考生，经三月廷试后，以郊为第一名、尹昌隆为第二名，刘谔为第三名，是为春榜。因所录 52 名全系南方人，故又称南榜。就答卷而言这个结果或许不失公允，但是北方一名未取，也为历史罕见。落第的北方举人联名上疏，告考官偏私南方人。朱元璋为此命侍读张信等人，于落第试卷中每人再各阅十卷，增录北方士子。但经复阅后，上呈次第依旧如故，北方考生的试卷仅可列第五十二名。又有人上告说刘三吾、白信蹈暗嘱张信等人故意以陋卷进呈。朱元璋大怒，五月，追定刘三吾为蓝玉党，以老戍边；白信蹈、张信等被凌迟处死；陈郊、刘谔、宋琮等人也遭遣戍，仅戴彝、尹昌隆免罪。六月，朱元璋亲自策问，取录任伯安等 61 名北方考生，廷试后，以韩克忠为第一名、王恕为第二名、焦胜为第三名，是为夏榜。因所录 61 人全系北方人，故又称北榜。"南北榜案"在一定程度上体现了南北政治平衡的要求，也体现了朱元璋打击和限制江南地主势力的一贯政策。此事首开明代分南北取士之先例，至洪熙以后遂成定制。

洪熙元年奏准，会试取士，临期请旨，不过百名。南卷取十之六，北卷取十之四。此后又在南卷、北卷的基础上增加了中卷，仍以百名为率，南北各退五卷为中卷。与乡试的解额相比，会试更重视的是取士的地域平衡，对于具体的数额并没有严格的规定，但无论取士多少，南六北四的基本规则必须遵守。

八、明代的观政进士和庶吉士

《明史》中有传可查的进士共有 1 325 人，初授国家六部、六科等中央官职者有 868 人，占 65.5％；初授州、县等重要地方官职者有 457 人，占 34.5％。在授职前，中第的进士（除一甲三名外）都要到中央各机关去见习一段时期，这是朱元璋对科举制度的一个改革，即实行观政进士制度。洪武"十八年廷试……使进士观政于诸司，其在翰林、承敕监等衙门者，曰庶吉士。进士之为庶吉士，亦自此始也。其在六部、督察院、通政司、大理寺等衙门者仍称进士，观政进士之名亦自此始也"。①

观政进士制度是朱元璋"但求实效，不尚虚文"主张在科举选官制度中的体现，是他于洪武五年（1372）提出并实施的"历事监生"制度的继续。观政进士制度自洪武年间创立后，经过不断的改进和完善，到明中叶已成为一种完善的制度，在观政期限、观政衙门、观政内容、观政考核、观政权力、观政待遇等方面都有一个定式，使观政进士制度规范化、制度化。应该说，这是中国科举制度产生后最完备的官员岗前培训制度，它对培养和选取既有书本知识、又有一定的实践经验的官员起着积极的促进作用。

进士还可以参加庶吉士的选拔，这在洪武年间就已开始。到了永乐二年（1404），庶吉士就专属于翰林院了，所以选拔庶吉士又称为"馆选"。中选的人由一名教习负责培养，教习由职高资深的翰林院或詹事府官员担任。三年学成后，成绩优秀者留在翰林院做编修、检讨，次一等的派出去当给事、御史之类的官，称为"散馆"。庶吉士散馆后，便成为翰林。明代庶吉士出身的

① 《明史》卷七〇《选举二》。

人升迁得非常快，到了明英宗天顺二年（1458）以后，朝廷已形成了"非进士不入翰林，非翰林不入内阁"的局面，甚至"南（南京）、北（北京）礼部尚书、侍郎及吏部右侍郎，非翰林不任"，所以"庶吉士始进之时，已群目为储相"，① 即一旦由进士经过馆选而成为庶吉士时，就被人们看做未来的宰相了。据统计，明代宰相170余人，由翰林出身的达到十分之九。可见，庶吉士虽然要多学习三年，但其前途和地位却比一般进士要高得多。

九、八股文的定型

明代科举考试中应用一种特殊的文体，即"八股文"。八股文，又称时文、制文、制义（或制艺）、八比文。考试时专取生员所学的"四书""五经"命题，以指定的程朱一派注疏为依据，"文略仿宋经义，然代古人语气为之，体用排偶，谓之八股，通谓之制义"②。生员应试要写八股文，就题命意，依注作解，并代圣人立意，用古人语气行文。明代建立科目考试的八股制度，目的是统一考试的标准，保证所选拔官员的质量，是朱元璋对科举制度的又一个改革。

八股文作为科举考试文体的出现，虽然是在明代，但它的形成却经历了一个漫长的阶段。学者多数认为，它起源于北宋科举的经义考试。经过宋、元和明初对八股文体的不断完善，到了明代中叶，八股文基本成型。其格式由——破题、承题、起讲、领题（或入手）、起股、中股、后股、束股八部分组成。"破题"即用两句话说破题目要义，重在扼题之旨，肖题之神，不侵上，不犯下，不将本题的意思遗漏，也不将本题的字眼全部写出。可以明破，也可以暗破、顺破、分破、对破，题目不同，破题的方法亦不同。破题之后为"承题"，即承接破题的意义而阐明之。因为破题的文字简练含蓄，所以要将破题中的紧要字眼承接下来，进一步阐明。正破则反承，反破则正承，顺破则逆承，逆破则顺承，余可类推，总之要语言明快，意义连贯。破题于圣贤诸人须用代字，如尧、舜称帝，孔子称圣人。承题则直称尧、舜、孔子，不再避讳。破题和承题的文字虽然不多，却非常重要。承题之后吸口气，准备"起讲"了。起讲是议论的开始，因为八股文要"代圣人立言"，所以起讲

---

① 《明史》卷七〇《选举二》。
② 《明史》卷七〇《选举二》。

通常用"意谓""若曰""以为""且夫""尝思"等字开头。明代的八股文起讲比较简短，仅三四句而已。起讲的方法很多，有的用起、承、转、合，有的用反、正、开、合，有的反起正收，有的正起反收，有的单行中仍用排句，有的则全系散行，不用对偶。而总括全题，笼罩全局，则是对起讲的基本要求。起讲后，用一二句或三四句话引入本题，称为"领题"（亦称"入手"，即起讲后入手之处）。领题之后就是文章的主要部分了。

八股文的主要部分是"起股、中股、后股、束股"四个段落，为全文的正式议论阶段。在这四段中，每段均有两股排比、对偶的文字，合共八股，故叫"八股文"。"起股"又称"起比"，"比"即对偶的意思，每股或四句或八句，总是题前着笔，提起全篇之势，所以又称"题比"。起股之后用一二句或三四句话将全题点出，称为"出题"。出题之后为"中股"，也称"中比"，是全篇的重心，长短不拘，着重要从正反两面发挥题义。"后股"是题的最后位置，亦称"后比"，长短并无一定，可针对题旨的立意，作最后的畅发。"束股"的作用是前六股意犹未尽，再用两股加以收束。束股的文字宜短不宜长，有的文章甚至不用束股，全篇只有六股。

八股文在明代初期对考核士子的基本文法与文史知识曾起到过一定的积极作用，但到了后来，所有的文章一律采用这种刻板的格式，无疑是对文化的一种摧残。它束缚了人们的创造性思维，把天下读书人引入一个越走越窄的死胡同，许多真才实学之士也因此而名落孙山。另外，八股文专从"四书""五经"中命题，并且要求考生必须遵照指定的注释本去回答，这就引导考生将精力全都用在死记硬背"四书""五经"上，儒家的其他经典也就束之不观了。

十、科举史上的第一学霸——黄观

黄观（1364—1402），字澜伯，又字尚宾，安徽省贵池县里山乡（今池州市贵池区里山街道）上清溪人。黄观祖籍徽州，幼年家贫，其父为生活所迫入赘许家，改姓许。洪武二十九年（1396），已经官居二品的黄观，才奏请朱元璋降诏允准其改回原姓。

黄观酷爱读书，"自幼勤奋，治学严谨，注重时论，不尚浮文"。在县、府、院三级考试中均为"案首"。洪武二十三年，黄观以贡士入太学，同年八月，在南京应乡试，中"解元"；次年三月应会试，中"会元"；四月参加由朱元璋亲发策问的殿试，在策论中力主"屯兵塞上，且耕且守，来则拒之，去则防之，则可中国无扰，边境无虞矣"。其策论深得朱元璋嘉许，取殿试一甲第一名，中"状元"，授官翰林院修撰。

黄观乃明代历史上第一位"连中三元"者。自隋唐以来1 300多年的科举考试，真正做到"连中三元"的仅十余人（学界有18人、17人、16人、14人、13人之说），而其中连中六元（即从童试的秀才到殿试的状元，经县考、府考、院考、乡试、会试、殿试均获第一名）的，仅有黄观一人而已。这是中国科举史上的传奇式人物，时人赞誉黄观"三元天下有，六首世间无"。

洪武二十九年，黄观升任礼部右侍郎，进入朝廷中枢，时年仅三十二岁。洪武三十一年五月，朱元璋驾崩，黄观成为即位的建文皇帝的御前重臣。建文元年（1399），明惠帝朱允炆改旧制，黄观任右侍中，参与重要国事奏议。时燕王朱棣自恃皇叔，拥兵自重，入朝不拜惠帝，群臣畏惧不敢言，唯独黄观当面斥之"虎拜朝天，殿上行君臣之礼；龙颜垂地，宫中叙叔侄之情"，致使朱棣怀恨在心。

建文四年，朱棣以讨伐齐泰、黄子澄为名，号称"靖难"，起兵北平，直逼南京，并公布"文职奸臣"名单，黄观名列第六。其间，黄观在长江上游督促各地赴援，当船行至安庆下游罗刹矶时，得悉惠帝已死，燕王登基，自知大势已去，遂投江自尽。

黄观死后，朱棣余怒未消，黄氏九族受诛，亲朋受监禁、谪戍者达百余人，且将黄观的名字从进士题名碑上抹掉。直到万历二十四年（1596），黄观始得昭雪，追谥"文贞"。在黄观的故居建黄公祠，在清溪翠屏山建衣冠冢，在县城复建状元坊，在南京秦淮河畔建黄公祠。

黄公祠藏有一块"血影石"。其来历有段故事：城破后，黄观妻翁氏不愿受辱，如黄观所料"吾妻有志节必死"，自沉通济门河。投河自尽时，吐血于石上，血沁石内，呈一人影，晴天不显，雨天则现，如观音像。有一僧人在通济庵眠，梦见石自述为黄观之妻，僧人解梦后，浇水于石上，人影显现出来，并有"愁惨状"。僧人明白这是翁氏托梦请求夫妇团聚，于是将此石放置于黄观祠，名曰"翁夫人血影石"。

明末清初，学者顾炎武有诗赞黄观夫妇："侍中祠下水奔浑，有客悲歌叩郭门。古木夜交贞女冢，光风春返大夫魂。先朝侍从多忠节，当代科名一状元。莫道河山今便改，国于天地镇长存。"

十一、科举对社会生活的影响

在科举考试中，产生出各种复杂的人际关系。考官与中式士子之间则为座主与门生的师生关系，同科中式者则成为同榜、同年（其彼此的互称）的关系。这些关系导致明代政治圈中不同派别与利益集团的产生，身处于其中的个人既可能得益于这些关系，也有可能受牵累于这些关系，却无法置身其外。

在师生与同年关系中，会试自然更为人所看重。不仅对座主，即使对会试中的同考官，各科进士亦执弟子礼，终身不衰。对于有志于仕途的学子而言，同榜、同年关系既是一种情谊，也是政治资本。乡试发榜之后，新科举人就开始往来投刺，宴饮聚集。相比于同榜举人，同年进士在官场上的起点更高，也更有政治影响力。一般而言，在没有利益冲突的情况下，同年者都乐于往来交游，同年会成为官绅社交生活中的重要组成部分。

参加科举考试的虽然只是学子，但科举的社会影响是多层面的。对于南京百姓而言，贡院三年一大比，还意味着额外的赋役负担。凡科场应用物件，都由应天府支付，而上元、江宁作为附郭县承担得最多。考场物件包括板木、纸扎、墨砚等，此外，入闱官员、书手、胥吏的日用供给，发榜之后举行的筵宴以及刊字印刷工匠的食银等，都由二县百姓，尤其是铺户承担。

当然，地方经济也得益于科举考试。每逢开科期间，考生们往往先期来到南京，在此访友拜师，交流学问。来南京赶考的士子成千上万，而陪考的人员则几倍于考生。古代科考不比今天，它是考生家族中的头等大事，每位考生身边的陪考人员少则几人，多则数十人不等。这是一支何等壮观的科考联军，浩浩荡荡，直奔南京，使这一地区的人气剧增。随之而来的是一大批服务行业——书肆、客栈、酒家、茶馆、青楼等发达兴盛。

科举对经济的影响还表现在物资丰富方面。每逢开科秋闱，考生在赶考途中享有通关免检的特权，所以许多商贾利用这一机会为考生免费提供车辆船只，然后打上"奉旨赶考"的旗号，堂而皇之地将大批私货带入南京。久而久之，形成民间货物贸易交流，使得南京的商品既琳琅满目又物美价廉，这样又吸引了大批购物观光者涌入南京。

科举考试促进了南京经济、文化的发展。科举题材被运用于生活物品的表现形式上。如一明代出土的青花瓷碗外壁绘有书生携书童于郊外，前方小岗上有两只毛猴，正捧接书生掷过来的三枚毛笔头样的"炮弹"，两枚已在空中飞行，另一枚则正待由书生手中发出，画意为"连中三元封侯"。"侯"是古代贵族五等爵位（公侯伯子男）中的第二等，故明代瓷画中常有猴子骑在马上，并有蜜蜂围绕的画面，意即"马上封侯"。此碗内心还绘有一官服官帽的高士，身后立一只梅花鹿，意为"高官厚禄"，底足有"官贵佳器"变体窗格款，鼓励人们走"学而优则仕"的道路。这只明代青花瓷碗以连中三元封侯为画题，说明当时连登榜首，即连得解元、会元、状元之称号，是多么备受推崇，令人赞赏，是无上的荣耀。这也客观地反映了科举制度在明代社会生活中颇具影响的一面，碗上纹饰就是一套鲜明的科举制度的宣传画。

十二、科举对人类文明的贡献

科举是中国的特产，是当时世界上最先进的人才选拔制度。这一制度打破了豪门世族对政权的垄断，使机会均等，只要具有真才实学，都有走上仕途的可能。这一科学的人才选拔程序，基本体现了公平、公正、公开的原则，"一切以程文为去留"，具有较强的开放性和竞争性，是中国在选拔人才方面的一大发明。1986 年，世界著名学者日本早稻田大学教授福井重雅在"中国秦汉史国际学术研讨会"上说："有许多人认为中国对世界文明的最大影响是把纸、印刷术、火药、指南针传到西洋，但这种说法已经过时了。其实，中国对世界最大的功绩就是科举制度。这种不依据特定家世和财产，而是依据其学问和才能选举人才的制度，是非常合理的现代化人才选拔制度。"

中国科举制度对东亚和西方国家产生过深远的影响。对东亚国家的影响表现在历史上日本曾一度仿行过科举，韩国（朝鲜）、越南曾长期实行过科举制度。对西方的影响则表现在英、法、德、美等国曾借鉴科举制建立了文官考试制度，推进了西方文明的进程。西方国家的文官考试制度首先产生于 19 世纪的英国，考试由专门成立的文官考试委员会主持，通过考试来任用某些文官。正如《剑桥中国隋唐史》一书的编者崔瑞德认为的那样：唐代的科举制度经过以后的长期发展几乎被全世界所接受，"许多世纪以后，这一制度为我们所有西方国家以考试录用人员的文官考试制度提供了一个遥远的榜样"。

从现有的资料看，中国科举制度的西传始于明代中叶，这也是科举制度处于鼎盛的时期。据统计，自 1570 年至 1870 年（英国建立文官考试制度）

的 300 年间，用外文出版涉及中国科举的文献达 120 余种。科举制度传入西方后一直为西方学者所肯定。美国学者柯睿格 1947 年在《哈佛亚洲研究学报》上发表的论文中指出："以科举考试为核心的中国文官行政制度的创立，是中国对世界的最重要的贡献之一。"1964 年，美国学者顾立雅也发表过这种看法：中国对世界文化的贡献远不止造纸和火药的发明，现代的由中央统一管理的文官制度在更大范围内构成了我们时代的特征，而中国科举制度在建立现代文官制度方面扮演过重要角色。可以明确地说，这是中国对世界的最大贡献。美国汉学家卜德在《中国思想西入考》一书中则说："科举制无疑是中国赠予西方的最珍贵的知识礼物。"

可悲的是，在现代中国人的印象中，科举却是一种落后腐朽的封建制度，如同鸦片、缠足等丑恶之类，为人们所唾弃。即使涉及，也是作为讽刺和批判的对象。如孩子们的课本上有《范进中举》和《孔乙己》，各地的戏剧舞台上有《琵琶记》和《秦香莲》，把科举描绘得令人心悸，使人们有一种摆脱科举后的轻松。不过，如果让这些动人的艺术作品来替代现代人对整个科举制度的理性判断，显然是太轻率了。20 世纪的中国有许多大事，由于了结得太匆忙而没能为它们作冷静的总结，科举制度算其之一吧。

当然，也有人在目睹世界潮流后为它说话的，中国民主革命的先行者孙中山在《五权宪法》等演说中多次说过："现在欧美各国的考试制度，差不多都是学英国的。穷流溯源，英国的考试制度原来还是从中国学过去的，所以中国的考试制度就是世界上最古最好的制度。"对科举深恶痛绝，将国贫民弱、割地赔款都归罪于八股取士的康有为，在《请废八股折试帖楷法试士改用策论折》中也说：(中国历代科举)"虽立法各殊科，要较之万国，比之欧土，皆用贵族，尤为非才，则选秀于郊，吾为美矣，任官选试，我莫先焉，美国行之，实师于我。"另一位在公车上书时为废科举摇旗呐喊、戊戌变法时为变革科举冲锋陷阵的梁启超，更是痛定思痛，发出惊世之言："夫科举非恶制也。所恶夫畴昔之科举者，徒以其所试之科不足致用耳。昔美国用选举官吏之制，不胜其弊，及一八九三年，始改用此种经验，美人颂为政治上一新纪元。而德国、日本行之大效，抑更章章也。世界万国中行此法最早者莫如我，此法实我先民千年前之一大发明也。自此法行，而我国贵族寒门之阶级永消灭，自此法行，我国民不待劝而竞于学，此法之造于我国也，大矣。人方拾吾之唾余以自夸耀，我乃惩末流之弊，因噎以废食，其不智抑甚矣。吾故悍然曰：复科举，便！"①

其实，现代中国的脚步也在自觉不自觉地向世界通行的方向移动。1980年代以后，我国开始借鉴西方文官制度建立中国的公务员制度，只不过我们并没认识到这源于中国古代的科举制度。1983年，美国卡特总统任内的人事总署署长区伦·坎贝尔应邀来北京讲学时曾说："当我被邀来中国讲授文官制度的时候，我感到非常惊讶。因为在我们西方所有的政治学教科书中，当谈到文官制度的时候，都把文官制度的创始者归于中国。"的确，中国历史上有不少事物是"失之华夏，得之四夷"，许多在我国本土上未被重视的东西，传到海外后反而被发扬光大。但不管怎么说，中国科举制度于明代传入西方，是中国对世界文明进程的一大贡献。

十三、余论

科举制度能在中国传统社会延续1 300余年，并能经久不衰地吸引大众投入，造就一大批文人进入"朝廷命官"的行列，着实显示出它顽强生命力的一面。而这种经久不衰的"学而优则仕"，也造成了无数中国文人的独特命运和广大社会民众的独特心态，成为中华民族在群体人格上的一种内在烙印。这一烙印至今仍然存在于人们的心中，存在于社会的各个角落。历史上由科举制度而形成的科举文化，已成为同时代中国历史文化的主体。

---

① 梁启超：《官制与官规（1910年）》，《饮冰室合集》，中华书局，1989年。

第五章　尊儒与驭士

第一节　元代士人的地位和境遇

元代，儒士的地位、出路和境遇始终是一个尖锐的社会问题，备受世人关注。在儒士地位的演进史上，自来论者多认为元代是一个儒士地位特别低落的时代。元代儒士地位低下和备受歧视的说法最早见于南宋移民谢枋得《送方伯载归三山序》：

> 滑稽之雄，以儒为戏者曰："我大元制典，人有十等，一官二吏，先之者，贵之也；贵之者，谓有益于国也。七匠八娼、九儒十丐，后之者，贱之也；贱之者，谓无益于国也。嗟哉，卑哉！介乎娼之下丐之上者，今之儒也。"

同为南宋移民的郑思肖的《心史》也有相同的说法：

> 鞑法：一官、二吏、三僧、四道、五医、六工、七猎、八民、九儒、十丐，各有所统辖。

这种说法长期广泛影响了人们对元代社会的认识。对于"九儒十丐"的历史真伪，清代学者阮元早就加以驳斥，认为九儒十丐，"知其为不然"。陈垣先生指出此说"出于南宋人之诋词，不足为论据"。谢、郑二氏原是宋移民中有名的激进派，一方面哀故国的沦亡，另一方面悼衣冠的沦丧，语出过激，并不意外。事实上"九儒十丐"之词，正是一些失意未降元之文人，见江南士人与元朝勾结，心怀不满，乃以此讽刺之。"九儒十丐"不过是元初经历了剧烈的社会颠覆，针对新朝果然废除科举而流行于民间的一则辛辣笑料，并肯定元代并没有"一官二吏……九儒十丐"的法律，实际上儒士的地位也没有坏到极致。此说不过因异族入侵、江山易代产生的激愤情绪。

为了稳定在江南的统治，元政府多用怀柔笼络策略，这主要表现在以下两个方面：其一，政令疏阔，轻徭薄赋。至元二十八年（1291）十二月，中书省臣上书言："江南在宋时，差徭为名七十有余，归附后，一切未征。"语气可能有点夸张，但当时统治者笼络江南地主的"轻徭薄赋"政策，应是不争的事实。所以潘耒评述道："元有天下，令田税无过三升，吴民大乐业。元统、至元之间，吴中富盛闻天下。"其二，拉拢江南士子参政。元代科举取士制度并不正常，终元之世，江南登进士者，也不过 19 人，他们参与元政权的方式是走吏治这条路。

方孝孺说："元之有天下，尚吏治而右文法。凡以吏出仕者，捷出取大官，过儒生远甚，故儒多屈为吏。"这些由士而吏之人，大都"忠厚洁廉，宽于用法"；他们在江南官吏中，所占比例大约十之二三。考虑到元朝政权的特殊性质，这个比例应该不算低。元统治者对江浙士子的怀柔与笼络策略，是相当成功的。士子们除少数参与元政权外，大多数人因衣食无忧，过着恬然自适的悠闲生活，似乎完全忘记了国家政权是由异族人把持的这一事实。刘基后来回忆，当时海内无事，"士大夫安享富贵而养功名，文人雅士渲染太平，歌舞升平，极尽侈靡之能事"，甚至"上下相蒙，政以贿成"。以至明朝开国后，士子们对元政府的仁泽仍感怀不已。如参加了朱元璋政权的宋濂，致仕后，多次在著述中表达了这种心情。他在为文人危素所作的墓志铭中，悉用至正纪元，不用干支。如其中"（至正）二十八年闰七月，元顺帝北奔"之语即大有深意。按至正二十八年（1368）是洪武元年，宋濂不奉正朔，实则是江南士子不满朱明政权、怀念元朝的一种隐晦反映①。钱穆在《读明初开国诸臣诗文集》一文中亦谈及此问题。他对明初陈旅、欧阳元、刘基等人在为《宋学士文集》作序中称元为本朝感到不解，认为"明初诸臣不忘胡元，真属不可思议之尤矣"。这里的"诸臣"主要指江南士子。

萧启庆先生指出，元代儒户的权利大于义务。唯一的义务是入学以备选用。在权利方面，既免金军之扰，又得廪生之资，在赋税方面也享受优免甚大。甚至"豪富势要兼并之家"竟然千方百计要窜入儒籍。在贵族、官吏之

---

① （明）宋濂：《宋学士文集·芝园后集》卷九，上海商务印书馆，1929 年。

下的各色户籍中，儒户和各教教士同是最受优遇的阶层。然而，由于一般儒士根基既浅，又乏援引，又无显赫声名，而且大多数为种姓制度下最受歧视的南人，故出路问题一直困扰着大多数儒士。

元代科举的时废时行，使士人入仕变得相当困难。即使科举实行之时，但由于科举名额在四等人中平均分配，这实际上不利于人数众多的汉族儒士，尤其是文化较为发达的江南地区。在这种情况下，儒士们企图越过科举，直接进入仕途，就出现了大量的"游士"。游士之多，尤其是在元末江南地区更为突出，反映了儒士的出路问题变得越来越困难。

元姚燧《送李茂卿序》云："大凡今仕惟三途：一由宿卫，一由儒，一由吏。"其中由宿卫及儒者十分之一，吏则十九有半。这当是元初的仕途之路。实际上元代的仕进之途远非如此。"当时仕进有多歧，铨衡无定制。其出身于学校者，有国子监学，有蒙古字学，回回国学，有医学，有阴阳学。其策名于荐举者，有遗逸，有茂异，有求言，有进书，有童子。其出于宿卫、勋臣之家者，待以不次。其用于宣徽、中政之属者，重为内官。又荫叙有循常之格，而超擢有选用之科。由直省、侍仪等入官者，亦名清望。以仓庾、赋税任事者，例视冗职。捕盗者以功叙，入粟者以赀进，至工匠皆入班资，而与隶亦跻流品。诸王、公主，宠以投下，俾之保任，远夷、外徼，授以长官，俾之世袭。凡若此类，殆所谓吏道杂而多端者欤。"① 这样的状况，与儒士的传统价值观念必然发生冲突，从而引起愤懑。

元代儒士的出路，萧启庆先生总结为两条，一是补吏，即充任胥吏，是元代儒士的最主要出路；二是出任儒学教官，也是儒者登仕的另一条主要途径。然而，儒士屈身为吏，难免有委屈之感，而且升迁极为缓慢。县吏出身者，如无特殊机遇，往往需二三十年时间，始能取得路、府衙门较高级的吏职，然后于正从九品内迁除。而大多数吏员困于路、县，终老无受敕之期。元代的国子学教官，名额很少，而且和一般教职不一样，不属于一个升迁系统，一般儒士无望染指。所以，由教职入仕，多寄望在地方学校。然而，地方学校的教官品秩既低，升迁又难，从直学到教授，最快也需要 14 年的岁月，甚至有的前后经过三十多年，等熬到了升迁的时候，又到了致仕的年龄。

---

① 《元史》卷一八《成宗本纪》。

虽然元代的儒士仍有一定的入仕机会，但与前代和明清相比，儒士入仕的主要问题，不在于机会的"量"的问题，而在于职位的"质"的问题。无论是以吏进还是以学官进，大多数士人都必须永沉下僚，位居人下①。

总之，元代儒士的地位和处境虽不如想象和传说中的差，但与宋、明、清相比，由于儒家思想从"道"的地位转变为许多"教"的一种，而儒士也失去唯我独尊的传统地位，不过是几个受到优宠的"身份团体"之一而已，而与佛教、道教、达失蛮（回教教士）、也里可温（基督教士）地位等同。这种地位和处境的此消彼长，更由于儒士仕进无制度上的保障，仕进受阻，元代儒士所受的尊敬的程度远不如以前，以至于"武夫豪卒诋诃于其前，庸胥俗吏姗侮于其后"。

第二节　明太祖朱元璋的"重"士与"驭"士

在元末群雄并起之时，朱元璋以一布衣，起家于濠梁，二十年间，定鼎金陵，遂有天下。在四处征伐之中，几丧其身，而最终能"脱他人之所制，获帅诸雄，固守江左十有三年而即帝位"，一个重要的原因就是诚恳待士、礼贤下士②。

朱元璋虽然少时"无资求师以学业……遂致圣人贤人之道，一概无知"，然其能在戎马之际，寻儒问道，博采群言。而其周围，又延揽了当时伟然杰出之士，故能深谋远虑，翦灭群雄，所以更能认识文人儒士在指陈时事、赞成帝王基业中的重要作用。其所到之处，多方寻访，无论元朝故官还是山林隐逸之士，一闻之，即束币往聘，尊隆备至。至正十三年，朱元璋南略定远，冯国用偕弟国胜来归，二人俱喜读书，习兵法，"太祖尝从容询天下大计，国用对曰：'金陵龙盘虎踞，帝王之都，先拔之以为根本。然后四出征伐，倡仁义，收人心，勿贪子女玉帛，天下不足定也。'"③于是甚见亲信，委以心腹。其后，朱元璋先取金陵的战略即始于国用。其年，李善长来归，参与机务。

---

① 萧启庆：《内北国而外中国：蒙元史研究》，中华书局，2007 年。
② 本节主要参考贾继用：《元明之际江南诗人研究》，齐鲁书社，2013 年。
③ 《明史》卷一二九《冯胜传》。

十六年渡江，得儒士陶安，令其参幕府事，下集庆，即召谕官吏父老，"贤人君子有能想从立功者，吾礼用之"。同年，徐达下镇江，朱元璋谓徐达曰："镇江有秦元之者，才器老成可用，尔入城，为吾访之。"达访得之，因命朱文正、李文忠以白金、文绮往聘。从龙至，朱元璋亲自出城迎接，朝夕咨访时政，常称为"老先生"而不名。十八年，朱元璋道经徽州，召儒士唐仲实、姚琏等咨访时政，在此时得到元朝学正朱升，预帷幄密议，朱升的"高筑墙，广积粮，缓称王"的建议遂成为此后朱元璋剪灭群雄、争夺天下的最基本的策略。同年，下婺州，招儒士许元、叶瓒玉、胡翰、汪仲山等会食中书省，日讲经史。又招延儒士叶仪为经师，戴良为学正，吴沉、徐原为训导。二十年春，刘基、宋濂、章溢、叶琛至南京，朱元璋喜出望外地说"我为天下屈四先生"，并命有司设礼贤馆处之，可见，其重儒和用贤的迫切心情。吴元年十月，遣吴琳、魏观等以币帛求遗贤于四方。

朱元璋不仅自己重儒，也告诫诸将，毋轻儒者，"宜亲近之，令陈说古人之书，听其议论，以资知识"①。朱元璋这种重儒和求贤若渴的态度，使其"所至收揽豪隽，征聘名贤，一时韬光韫德之士，幡然就道"②，大批文人学士，被网罗账下。对这些文人儒士，朱元璋皆能待以腹心，帷幄朝夕，咨访不倦，如冯国用建议首取金陵，以为根本，朱元璋用之。李善长进言："汉高起布衣，豁达大度，知人善任，不嗜杀人，五载成帝业。今元纲既紊，天下土崩瓦解，公濠产，距沛不远，山川王气，公当受之，法其所为，天下不足定也。"朱元璋信之，并始终以汉高自期。赵翼亦云："明祖行事，多仿汉高③。"陶安进言云："海内鼎沸，豪杰并争，然其意在子女玉帛，非有拨乱救民安天下心。明公渡江，神武不杀，人心悦服，应天顺人，以行吊伐，天下不足平也。"故朱元璋屡屡告诫诸将毋得嗜杀，不得抢劫，不准焚毁房舍，严禁劫掠妇女，"入集庆，秋毫无犯，故一举而定。每闻诸将得一城，不妄杀，辄喜不自胜"。是以胡大海以一武人，犹知"不杀人，不掠妇女，不焚毁庐舍"。故李文忠下杭州，徐达克元都，市不易肆，民安如故。这些文人儒士在

---

① (明)高岱：《鸿猷录》卷二，上海古籍出版社，1992年。
② 《明史》卷一二八《章溢传》。
③ (清)赵翼，王树民校证：《廿二史札记校证》卷三二，中华书局，1984年。

他的周围便形成了一个智囊团，为其制定行之有效的治军和作战方略。

除了寻访文人学士，以资己用，朱元璋还要求官员举荐贤才。至正二十四年三月，他说："自古圣贤明王，建邦设都，必得贤士大夫相与周旋，以成至治。今土宇日广，文武并用，卓荦奇伟之才，世岂无之。"① 令中书省下有司宣布此意。同年十二月，他又告诫群臣，元人在建国之初，"辅弼之臣，率皆贤达；进用者，又皆君子，是以政治翕然可观"，其后，小人擅权，奸邪竞进，法纪废弛，遂至土崩瓦解，"故必选贤能，以隆治化，尔等有所荐引，当慎所择"，是时已经注重举荐仁人君子，防止官员滥举。至吴元年，称帝前夕，天下三分，已有其二，他仍然说："若得才识贤俊之士，布列中外，佐吾致治……混一之业，可以坐致。古语云：国无仁贤，则国空虚。尔等其各举贤才，以资任用。"他反复陈说，举贤任能，是治国之根本。

在明王朝建立之前，朱元璋需要大量的文人儒士为其削平群雄和建立帝国出谋划策，故其一直注意延揽豪杰，礼遇文士，君臣默契，相安无事，他对文士的态度，可以用一"重"字概括。他的待士态度，也并非虚应故事，其诚心相待，用而不疑，这与张士诚待士徒为邀誉决然不同。

开国之初，朱元璋仍然延续了他的重视文人儒士的政策，广为延揽。洪武元年八月，朱元璋下诏，令有司寻访怀才抱德之士，礼聘入京，并"命征元故官，送至京师"。其后危素、张以宁、王祎、曾坚、朱梦炎，皆授以官。当年九月，又下求贤诏："朕惟天下之广，固非一人所能治，必得天下之贤共理之。向以干戈扰攘，疆域彼此，致贤养民之道，未之深讲。虽赖一时辅佐，匡定大业，然怀才抱德之士，尚多隐于岩穴，岂有司之失于敦劝欤？朝廷之铄于礼待欤？抑朕寡昧，不足以致贤欤？将在位者壅蔽，使贤者不上达欤？不然，贤士大夫幼学壮行，思欲尧舜君民者，岂固没世而已哉！今天下甫定，愿与诸儒讲明治道，启沃朕心，以臻至治。岩穴之士，有能以贤辅我以德济民者，有司礼遣之，朕将擢用焉。"②

朱元璋认为，"世乱则用武，世治宜用文"，而此时明帝国刚刚建立，大乱甫定，从朝廷到郡县，都有大量的人才缺口，朱元璋又急于求治，而元朝

① 《明太祖宝训》卷五。
② 《明太祖实录》卷三五。

故官和山林隐逸之士往往多不乐于仕进。故洪武元年十一月，乃遣文原吉、詹同、魏观、吴辅、赵寿等分行天下，访求贤才。① 洪武三年二月，以六部乏人，复下诏求贤。五月，诏天下守令询举有学识笃行之士，礼送京师，并设科取士。六月，命有司访求天下儒术深明治道者。四年四月，命征天下儒士贡举下第者及山林隐逸者，悉起赴京。六年四月，命吏部访求贤才于天下。

这时，朱元璋已从割据政权的首领成为统治全国的九五至尊，没有任何势力可以与他争夺天下之才，虽然他屡屡下诏荐举和访求贤才，并开科取士，但其待士的态度也悄然发生了变化，洪武年间对待文人的政策也逐渐变得明朗。

如果说，在建国之前，"明祖重儒"，起码包括两层含义，即敬重和重用，那么，已登上帝位的朱元璋对于儒士文人的态度，已经不再是单纯的重用。在洪武三十一年之间，更多的可以用一个"驭"字概括，仿照赵翼的说法，"明祖驭儒"。

在洪武初年，即洪武五六年前，朱元璋待士还是相当宽容的。洪武元年八月，朱元璋下诏："天下征至贤良官吏，中书省量才授任，老病不愿仕者，听徙流迁：徙者，释还为民。"② 对于文人儒士，多不强求，不愿做官者，也从容放还。杨维桢，不愿出仕，"仍给安车还"。汪克宽，洪武二年，与修《元史》，"书成，固辞老疾。赐银币，给驿还"。徐一夔，"将授翰林院官，以足疾辞，赐文绮遣还"。高启、谢徽被荐修《元史》，后擢高启为户部侍郎，谢徽为吏部郎中，二人固辞，并赐金放还。张昱，以老辞，厚赐遣还。梁寅、赵汸、陶宗仪、王彝也各因故辞不受官，朱元璋皆厚赐遣还而无咎。对于文人儒士来说，这是一种相当宽容的政治环境，此间还少有无故诛戮儒士文人的记录，虽然在洪武二年，许存仁因事死于狱中；洪武三年，中书省右丞杨宪因专恣不法，与侍御史刘炳俱伏诛，但明初政策远未殃及儒士。

但是，朱元璋的待士态度已经悄然发生变化，这早在至正二十四年的诏书中告诫慎举贤才时已经显示端倪，但当时天下未定，不宜实行。洪武元年十一月，遣文原吉等分行天下，访求贤才时，朱元璋就告诫他们："朕非患天

① 《明太祖实录》卷三六。
② 《明太祖实录》卷三四。

下无贤，患知人之难耳！苟所举非所用，危害甚大。"① 二年九月，他又说："朕屡敕百司访求贤才，然至者往往名实不副，岂非举者之滥乎。"对当时举荐的士人不能满足需要倍感失望，要求"严举措之法"，这与明帝国建国之前，所到之处，招贤纳士，唯恐士人不至，已经有很大的不同。因为在帝国建立之前，朱元璋和张士诚、陈友谅不止是在进行争夺土地的战争，同时也是在争取士人和士人这个群体和阶层的支持。而此时，元室北遁，只有甘肃、四川和西南诸族未入职方外，中原已定，"率土之滨，莫非王臣"，朱元璋待士的心态和政策也会自然发生变化。

第一，借修《元史》诸书笼络士人。

洪武元年，明王朝建立，元顺帝北遁，史称北元。此时，虽然中原已定，然残元在东北、西北、西南有着很强的残余势力，并频繁地侵扰边地并和明军作战，对刚刚建立的明王朝仍是很大的威胁。朱元璋积极图治，为巩固政权，频繁下诏荐举贤才并派官吏四处寻访，然元朝故官和山林隐逸之士，有相当一部分甘隐于岩穴，不肯出仕，如戴良、陶宗仪、王逢；还有一部分就是对明王朝持疑虑、观望甚至敌视的态度，甚至甘为元朝殉身，如张昶；而作为明王朝佐命功臣的刘基、宋濂也不时发出故国之思，士人多以归卧为高，以隐逸为尚。当此之际，洪武二年二月，朱元璋下诏纂修《元史》。

历来修前朝史书，除皇帝本人作为一种文化事业，粉饰清平，宣扬自己的文治外，大抵为总结经验教训，以史为鉴，向世人表明自己为天命所归的正统地位，而这往往于天下大定之后。朱元璋在建国之初，四方未定，元虽北遁于漠北，然复国之心犹在，此时即急于修纂前朝史书，其用意必费于考察。

史馆开馆伊始，朱元璋即下诏说："元虽亡国，事当记载。况史记成败，示劝惩，不可废也……卿等务直述其事，以垂鉴戒。"② 即明确表示纂修《元史》即为总结前代的得失。宋濂的《进元史表》云："钦惟皇帝陛下，奉天承运，济世安民，建万世之丕图，绍百王之正统……独谓国可灭而史不当灭，特诏遗逸之士，欲求议论之公，文词勿至于艰深，事迹务令于明白，苟善恶

① 《明太祖实录》卷三六。
② 《明太祖实录》卷三九。

了然在目，庶劝惩有益于人，此皆天语之丁宁，愈见圣心之广大。"《元史目录记》又云："惟皇上龙飞江左，取天下于群雄之手，大统既正，亦诏修前代之史，以为世鉴，古今帝王能成大业者，其英见卓识若合符节，盖如是。"宋濂为《元史》总裁，所言皆当秉承圣意。所以，在朱元璋看来，修《元史》是为保存一代之史，"求议论之公"，以为鉴戒，并向世人宣告自己是"奉天承运"，"绍百王之正统"。

然而，朱元璋诏修《元史》的目的并非仅仅如此，其实有着良苦的用心。他不仅要告诉世人，尤其是告诫那些仍有故国之思，不愿为新朝所用的元朝故官和士人，元朝作为一个朝代已经灭亡，而且，尤其重要的是他希望通过《元史》的修纂，使大批士人放弃幻想，为己所用。换言之，即笼络人才，扩大和巩固其政权基础，"其实用意是把修史作为一种政治手段，招徕、引诱地主阶级参加明朝政权"①。这就是朱元璋的文字统治术。

洪武二年，朱元璋诏修《元史》，就是为笼络诸贤。钱穆云："牧斋《诗集小传》，大兵入燕，危素趋所居报恩寺入井，寺僧大㭊挽起之，曰：国史非公莫知，公死，是死国史也。兵垂及史库，言于主帅，辇而出之，累朝实录得无恙。入国朝，甚见礼重。明祖殆有感于此，心知修国史可以徕多士也。"②洪武二年、三年史馆两次开局，皆以宋濂、王祎为总裁，前后参与者有赵埙、汪克宽、胡翰、宋僖、陶凯、陈基、曾鲁、高启、赵汸、张文海、徐尊生、黄篪、傅恕、王锜、傅著、谢徽、朱右、贝琼、朱廉、王彝、张孟兼、高逊志、李懋、李汶、张宣、张简、杜寅、殷弼、俞寅29人，这些人皆以"山林隐逸"入局，当时都以文章学术闻名于世，在士人中有较高的声誉和广泛的影响。朱元璋正是看中了这一点，这也是他征召他们修史的原因。赵汸《送操公琬先生归鄱阳序》云："凡文儒之在官者无与于是，在廷之臣各举所知以应诏。"其实道出了朱元璋在借修《元史》来笼络缙绅阶层的真实用心。

《元史》修成后，29人之中，除张文海、黄篪、俞寅不知所终外，虽有9人接收官职，但仍有17人乞归，并没有完全达到朱元璋最初的目的。

① 罗仲辉：《明初史馆和〈元史〉的修纂》，《中国史研究》1992年第1期。
② 钱穆：《读明初开国诸臣诗文集》，《中国学术思想史论丛》（六），北京，生活·读书·新知三联书店，2009年，下同。

《元史》第一次散馆后当月，即洪武二年八月，在南京天界寺诏开礼局，至洪武三年七月礼书修成，前后一年的时间。参与者有曾鲁、徐一夔、周子谅、董彝、梁寅、胡行简、蔡深、滕公琰、徐尊生、宋讷、唐肃等三十余人。① 洪武三年，命儒士魏俊民、黄篪、刘俨、丁凤、郑思克、郑权六人编类《大明志书》。六年，诏修《大明日历》，"这些书的编纂，用意之一便是牢笼士大夫"②。由于明太祖不懈的努力，对知识分子的争取和笼络政策产生了预期的效果，使绝大多数在野文人逐渐减轻甚至放弃了对明朝政权的疑虑和抵触，由甘当遗民转而参加明朝政权。

第二，强征入官。

通过荐举和《元史》及礼乐诸书的修纂，相当一部分文人儒士参与了明朝的政权，使朱元璋获得了缙绅阶层尤其是大部分江南士人的承认和支持；但仍然有一部分士人执意拒绝征聘，朱元璋便极刑威逼，强征他们入官或以各种方式将其纳入自己的政治体系，以巩固和扩大统治的社会基础，这与建国之前征聘儒士的态度已经有了极大的不同。

秦裕伯，字景容，大名人。仕元至福建行省郎中，会世乱，弃官寓扬州，复避地松江之上海，以养母。时张士诚据苏州，遣人招之，不纳。吴元年，上命中书省檄下松江起之，裕伯对使者曰："受元禄二十余年，背之，不忠也；母丧未终，亡哀而出，不孝也。"乃上书中书省固辞。洪武元年，复檄起之，称疾不出。上乃手书谕之曰："海滨之民好斗，裕伯智谋之士而居此也，苟坚守不起，恐有后悔。"裕伯拜书入朝。③ 陶凯，字中立，临海人，领至正乡荐，除永丰教谕，不就。朱元璋屡征不应，"上求之心切，谕使人曰：'陶凯不应，可取一族人首级来。'族人之四远求凯，见上"④。萧岐，字尚仁，泰和人。五岁而孤，事祖父母，以孝闻有司，屡举不赴。洪武十七年，诏征贤良，

---

① 罗仲辉：《论明初仪礼》，《明史论丛》，中国社会科学出版社，1997 年。

② 罗炳锦：《明太祖的文字统治术》，吴智和主编《明史研究论丛》（第二辑），大立出版社，1985 年。

③ （明）廖道南：《殿阁词林记列传》卷四，明文书局，1991 年。

④ （明）朱国祯：《参政陶公》，《皇明开国臣传》卷三，明文书局，1991 年。

强起之。① 凌云翰，不容辞避，迫胁上路。② 王逢被强征，因其子掖为通事司令，仕于明，泣求得免。③ 卢熊，洪武初以故官迫遣赴京。练鲁，明太祖诏求人才，有司辟鲁应聘，不得已，至武林，作辞病诗九首，声调悲壮，思志沉郁，若不知其意之所在。

当时"朝廷取天下之士，网罗捃摭，务无余逸，有司敦迫上道，如捕重囚"，夺士人之志，强征为官，不从则极刑相逼，危言相吓。朱元璋搜求贤才，已经到了无所不用其极的地步。

第三，明初刑用重典和士不为君用之罪。

《明史·刑法志》说，朱元璋"惩元纵弛之后，议刑用重典，然特取决一时，非以为则"，并说"吾治乱世，刑不得不重"。明初刑用重典，一是为重刑立法，颁行《大诰》，假峻法绳民。据杨一凡的《明初重典考》，洪武年间作为"常经"的三部基本法典，即吴元年律令、洪武七年律和三十年律、诰，在量刑上都较为苛刻，与前代法律相比，明显属于重典性质。而《大诰》三编总共罗列凌迟、枭首、夷族罪千条，斩首、弃市以下罪万余种，说明洪武年间实行的是远比前代强化多了的重典政策。重典作为明太祖既定的治国方针，在洪武三十一年中，自始至终都是推行了的。

还有就是肆意法外用刑。洪武三十一年间，朱元璋酷刑诛戮，擅杀无度，"以区区小故，纵无穷之诛"④ 者，往往而见。仅见于《大诰》中的刑罚就有族诛、凌迟、极刑、枭令、斩、死罪、墨面文身、挑筋去指、去膝盖、剁指、断手、刖足、阉割为奴等三十余种，各种典籍记载当时刑罚之酷烈，尚不至此，足以令人触目惊心。如"铲头会"，据明李默《孤树裒谈》载："高皇帝恶顽民流窜避缁流，聚犯者数十人，掘坑埋其人，十五并列，特露其顶，用大斧削之。一削去数颗头。"又有"剥皮实草"："明祖严于吏治，府、州、县卫之左特立一庙以祀土地，为剥皮之场，名曰皮场庙，官府公座旁各悬一剥

① 《明史》卷一三九《萧岐传》。

② (明)瞿佑：《归田诗话》卷下，何文焕、丁福保：《历代诗话统编》(六)，北京图书馆出版社，2003年。

③ (清)钱谦益：《列朝诗集小传》甲前集《席帽山人王逢》，上海古籍出版社，1959年，下同。

④ (清)夏燮：《明通鉴》卷八《太祖洪武十六年》。

皮实草之袋，使人触目惊心。"① 此外若刷洗、抽肠、秤杆之残忍，盖史所罕见。

在这种重典用刑的背景之下，吏之犯法，往往施以严刑，而被抄家、灭族者，不乏其例。洪武年间的四大案最为典型，株连最广。洪武九年，空印案起，"论诸长吏死，佐贰榜百戍边"。十八年，户部侍郎郭桓贪污案，"自六部左右侍郎下皆死，赃七百万，词连直省诸官吏系死者数万人"②。十三年和二十六的胡蓝党案，株连死者数万人，甚至有只字往来者，皆得罪。洪武一朝，宰相四人：徐达、李善长、汪广洋、胡惟庸，无一善终。"洪武三年时所封的三十六个公爵，除了战死及二十三年前善终的十四人外，在胡案前被杀死和'赐死'的有十四人，因胡案株连被杀的有六人。"③ 明朝开国功臣，无论是熊罴之宿将，还是帷幄之谋臣，几乎被诛灭殆尽。"内外官僚，守职维艰，善能终是者寡，身家诛戮者多"④。

徐祯卿《翦胜野闻》中说："太祖视朝，若举带当胸，则是日诛夷盖寡。若按而下之，则倾朝无人色矣。中涓以此察其喜怒云。"至于"京官每旦入朝，必与妻子诀，及暮无事，则相庆，以为又活一日。法令如此，故人皆重足而立"。

洪武九年，叶伯巨上书云：

> 臣又观历代开国之君，未有不以任德结民心，以任刑失民心者。国祚长短，悉由于此。古者之断死刑也，天子撤乐减膳，诚以天生斯民，立之司牧，固欲其并生，非欲其即死。不幸有不率教者入于其中，则不得已而授之以刑耳。议者曰：宋、元中叶，专事姑息，赏罚无章，以致亡灭。主上痛惩其弊，故制不宥之刑，权神变之法，使人知惧而莫测其端也。臣又以为不然。开基之主垂范百世，一动一静，必使子孙有所持守。况刑者，民之司命，可不慎欤！夫笞、杖、徒、流、死，今之五刑也。

---

① 邓嗣禹：《明大诰与明初之政治社会》，《明朝开国文献》第一册，学生书局，1966年。
② 《明史》卷九四《刑法二》。
③ 杨一凡：《明初重典考》，湖南人民出版社，1984年。
④ （明）吕毖：《明朝小史》卷二，正中书局，1981年。

用此五刑，既无假贷，一出乎大公至正可也。而用刑之际，多裁自圣衷，遂使治狱之吏务趋求意旨。深刻者多功，平反者得罪。欲求治狱之平，岂易得哉！近者特旨，杂犯死罪，免死充军。又删定旧律诸则，减宥有差矣。然未闻有戒敕治狱者务从平恕之条。是以法司犹循故例。虽闻宽宥之名，未见宽宥之实。所谓实者，诚在主上，不在臣下也。故必有罪疑惟轻之意，而后好生之德洽于民心，此非可以浅浅期也。

何以明其然也？古之为士者，以登仕为荣，以罢职为辱。今之为士者，以溷迹无闻为福，以受玷不录为幸，以屯田工役为必获之罪，以鞭笞捶楚为寻常之辱。其始也，朝廷取天下之士，网罗掎摭，务无余逸。有司敦迫上道，如捕重囚。比到京师，而除官多以貌选。所学或非其所用，所用或非其所学。洎乎居官，一有差跌，苟免诛戮，则必在屯田工役之科。率是为常，不少顾惜，此岂陛下所乐为哉？诚欲人之惧而不敢犯也。窃见数年以来，诛杀亦可谓不少矣，而犯者相踵。良由激劝不明，善恶无别。议贤议能之法既废，人不自励，而为善者怠也。有人于此，廉如夷、齐，智如良、平，少庾于法。上将录长弃短而用之乎？将舍其所长、苛其所短而置之法乎？苟取其长而舍其短，则中庸之材争自奋于廉智。倘苛其短而弃其长，则为善之人皆曰：某廉若是，某智若是，朝廷不少贷之，吾属何所容其身乎！致使朝不谋夕，弃其廉耻，或事掊克，以备屯田工役之资者，率皆是也。若是非用刑之烦者乎？

对叶伯巨批评的滥刑、滥杀，朱元璋似乎并不十分在意，他最在意的是叶伯巨对分封诸王的反对意见，认为这是在离间自己和皇子的骨肉之情，派人把叶伯巨捉来，要亲手射死他，多亏丞相趁朱元璋高兴的时候奏请从宽，才把他暂下到刑部大狱，最后还是死在了狱中。

摧折士人的结果是，"家有好学之子，恐为郡县所知，反督耕于田亩"。洪武初年，朱元璋屡征天下儒士文人至京，开始似乎还有相当的耐心，但当时山林遗逸和元朝故官，坚卧不起者比比皆是。朱元璋思贤若渴，登用贤士唯恐不及，虽多次下诏求贤，然而士人不慕荣进，竟以归卧为高，虽有司敦迫上道，如捕重囚，犹有矢志不应，拒不出仕，甚至以死相抗，誓死不至者，但还没有明确因为不愿出仕而遭诛戮的记载。

250

从洪武十八年开始，明太祖朱元璋亲自编纂颁行《大诰》、《大诰》续编、《大诰》三编、《大诰武臣》。这四编《大诰》，总计236个条目，其中《初编》74条，《续编》87条，《三编》43条，《武臣》32条主要内容由案例、峻令和明太祖的"训诫"组成。《大诰》禁令的主要矛头所向，一是贪赃枉法、科敛害民的贪官污吏，为害乡里的豪强富户、无业游民，同时也针对一切"不从朕教"的臣民，其中当然包括拒绝出仕的文人儒士。这还要从当时以诗文名满天下却被诛杀的高启说起。

高启字季迪，号槎轩、青丘，长洲（今苏州）人。张士诚据吴时，高启居于吴淞之青丘外舅周仲达家，因号"青丘子"。洪武初，他与同县人谢徽被举荐参修《元史》，"授翰林院国史编修官，复命教授诸王"。洪武三年秋，朱元璋御阙楼，擢高启为户部侍郎，启自陈年少，不敢当重任，于是赐白金放归。高启是明初首屈一指的大诗人，赵翼说他"一出笔，有博大昌明气象，亦关有明一代文运，论者推为明初诗人第一"，洪武七年（1374），却被朱元璋腰斩于市，年仅39岁。

高启被杀，《明史》是说他"尝赋诗有所讽刺，帝之未发也。及归居青丘，授书自给，知府魏观为移其家郡中，旦夕延见甚欢。观以改修府治或谴，帝见启作《上梁文》，因发怒，腰斩于市"。钱谦益在《列朝诗集·高太史启》中引《吴中野史》则说，高启所作讽刺之诗为《宫女图》，诗云："女奴扶醉踏苍苔，明月西园侍宴回。小犬隔花空吠影，夜深宫禁有谁来？"钱谦益认为，朱元璋灭陈友谅后，并收其姬妾，被胡美、李善长之子侄所窥觑，有所染指。宫廷之事暧昧，诗意或许为此而发，所以不为朱元璋所容。但根据《明史·胡美传》，胡美洪武十七年坐法死，其入乱宫禁之事到了洪武二十三年李善长事败时才被发露，这时候高启已死去十多年了，当然不会预知并作诗讽刺。

真正引发朱元璋不满的，应是高启的辞官。高启本来是一个慷慨豪迈之士，有纵横才略。他在诗《赠薛相士》中曰："我少喜功名，轻事勇且狂。顾影每自奇，磊落七尺长。"即使是在隐居青丘之时，他也经常"登高望远，抚时怀古，其言多激烈慷慨"。入明后，高启为全国重新统一而感到高兴，他为新王朝大唱赞歌。比如那首非常有名的《登金陵雨花台望大江》诗，其结尾云："我生幸逢圣人起南国，祸乱初平事休息。从今四海永为家，不用长江限

251

南北。"《穆陵行》又云:"幸逢中国真龙飞,一函雨露江南归。"这些诗歌反映了高启积极的入世心态。洪武二年(1369),高启受诏入京参与修《元史》,他在《召修〈元史〉将赴京师别内》诗中说道:"宴安圣所戒,胡为守蓬茨?我志愿裨国,有遂幸在斯!"非但如此,他还积极勉励有才能的朋友出仕。如"北郭十友"之一的余尧臣调为新郑簿时,高启作《答余新郑》诗云:"幸逢昌期勿自弃,愿更努力修嘉名。"

然而入京后,敏感的高启很快就感觉到巨大的政治压力。朱元璋攻破苏州后,对吴中官属和富豪大加挞伐,这其中就有高启最亲密的亲人和朋友。在残酷的现实面前,高启的干云之志早已破灭,他选择了逃离,辞官回乡。

如果说高启辞官仅仅让朱元璋心生不悦的话,那么高启在"魏观案"中所作的《上梁文》则可视为其一道催命符。"魏观案"是指洪武七年苏州知府魏观与文人高启、王彝以"浚河扰民"与"修府治兴既灭之基"之罪遭诛一事。魏观(1305—1374),字杞山,蒲圻(今湖北省蒲圻县)人,元末隐居,"读书勤苦不辍,倜傥有治材"。朱元璋下武昌时授国子助教,再迁浙江按察司佥事、两淮都转运使,后入为起居注,与吴琳以币帛求遗贤于四方。洪武初,侍太子读书,授诸王经,举荐天下遗才且多被擢用,宠信冠于同僚。洪武三年(1370),进太常卿考订祭祀典礼,"称旨,改侍读学士,寻迁祭酒……旋召为礼部主事"。在他66岁那年,"以衰耄乞归,赐参政俸。优赡于家。既行,复召还,与詹同、宋濂赐宴奉天门,命各赋诗以纪其事"。由此可知,魏观算得上是一位深受朱元璋信任的老臣了。

洪武五年,在廷臣的荐举下,魏观出任苏州知府。先是,前任知府陈宁为人苛刻,"征赋苛急,尝烧铁烙人肌肤,吏民苦之,呼之为'陈烙铁'"。魏观到任后,惩陈宁苛酷之弊,以宽厚为政,明教化、正风俗;延揽人才,建黉舍,聘周南老、王行、徐用诚与教授贡颖之定学仪,引王彝、高启、张羽订经史,举耆民周寿谊、杨茂、林文友行乡饮酒礼。政化大行,课绩为天下先。第二年魏观被擢升为四川行省参知政事,将行未行之际,苏州百姓上文乞留。朱元璋也认为苏州大郡难其代,遂命观复知。于是,魏观又得以留任。魏观知苏州政绩赫然,这固然与其品行、才干有关。但更重要的是,他得到了当地民众特别是文人的大力支持。史称魏观"学问富而德行修,践扬中外"。以礼乐教化风行吴中,政治作风开明,吴中文人对他亦心悦诚服,乐为驱使。然而就在这官民一体、百废俱兴的大好局面下，"魏观案"事发。关于"魏观案"的缘起有多种版本，试举下述二者：汪端《明三十家诗选·高启小传》云："洪武七年，观以张氏（张士诚）据旧府治为宫。今治湫溢，因按故址徙之。吴地多水患，复浚锦帆泾以资民利。指挥蔡本与观有隙，为飞语上闻，帝使御史张度觇之。度险人也，诬观兴既灭之基，有异图，遂被诛。季迪尝为观撰府治《上梁文》，度目以党，帝怒，并逮至京论死，年三十九。"语甚简略，不过大致情形叙述甚明。杨循吉《吴中故语》的记载较为客观："苏州郡治，本在城之中心，僭周称国，遂以为宫，颇为壮丽。元有都水行司在胥门内，乃迁治焉。及士诚被俘，悉纵煨焰为荒墟……（魏观）因署隘，按旧地而徙之，正当伪宫废址。初，城中有一港曰"锦帆泾"，久已埋塞，亦通之。时吴帅右列方张，乃为飞言上闻云：'观复宫开泾，心有异图也。'上使御史张度觇焉。度一狡狯人，至郡，则伪为役人，执搬运之劳，杂事其中。斧斤工毕，择吉构架，观以亲劳其下，人予一杯，御史独谢不饮。是日，高启为《上梁文》……至是，御史还奏，观与启并得罪。前工尽辍，郡治犹仍都水司之旧。"

魏观早就用实际行动证明了自己对新政权并无二心，朱元璋亦曾多次对他的政绩进行褒奖，他断不会怀疑魏观的忠心。这里真正让朱元璋动了杀机的，不是魏观，而是进《上梁文》的高启。

高启在南京时，便是魏观的属官，两人互相赏识，结为忘年交。魏观到苏州后，特意把高启一家搬到城中夏侯里居住，与启朝夕聚谈欢酌。洪武七年，魏观在张士诚旧邸的基础上修建府衙，上梁时，依照风俗举行祷祝仪式，高启呈诗文以贺。其中有一首诗《郡治上梁》云："郡治新还旧观雄，文梁高举跨晴空。南山久养干云器，东海初升贯日红。欲与龙庭宣化远，还开燕寝赋诗工。大材今作黄堂用，民庶多归广庇中。"该诗中"龙廷"，典出自司马光诗"朱节耀龙廷"；"黄堂"源于《姑苏志》："苏州府治，春申君之子所建，因数失火，涂以雄黄，故名。"明开国后，以黄色为皇家本色，民间禁用。"黄堂"与"龙廷"遂成为皇室禁脔，高启诗中以为府衙堪与相比，确有犯忌之嫌疑。单从诗文角度而言，此诗写得气势磅礴，借赞扬苏州府第大梁之机，称颂郡守魏观真为国家栋梁之材。然而此诗过分夸耀府衙可"广庇"民庶，堪与"龙庭""黄堂"比胜，焉知不会触动朱元璋嫉恨宿敌张士诚的那根敏感

神经?《上梁文》今已不存，据支伟成《吴王张士诚载记》卷三称，其中有"龙盘虎踞"四字。"明祖遣御史廉得其迹，大怒。遂执观械启，并执于法死"。

"龙盘虎踞"，多用以形容地势雄壮险要之地，一般特指南京。谋士冯国用就曾以"金陵龙蟠（盘）虎踞，真帝王之都"为由，建议朱元璋攻占南京，并定都于此。高启的诗《登金陵雨花台望大江》，亦曾盛赞金陵"钟山如龙"。现今高启竟敢称赞昔日宿敌张士诚的治所为"龙盘虎踞"，这在朱元璋看来无疑是谋反的证据。新仇加上旧怨，高启真是不死也难，只可惜倒霉的魏观与王彝一起做了冤死鬼。金檀《高青丘年谱》载魏观被诛后，"帝亦寻悔，命归葬"，"黔国沐公、杨玺卿、彭少保、廖春坊序观遗集曰《蒲山牧唱》，俱言观陷于诬，诏以礼葬祭，诸王为哀赙"。大概朱元璋也意识到魏观的忠心与冤枉，很快就为之雪冤。然而，他始终不提高启之曲，实则是对高启的怨恨之心一直未消的缘故①。

朱元璋除掉高启还有另外一个目的：借之警告那些不与新王朝合作的江南士子。此心愿落空后，明太祖开始大兴文祸，使用暴力手段镇压不与新王朝合作的士子。在元朝与张士诚统治期间，江南读书人着实过了一段优游逍遥的时光。至正十六年（1356），张士诚据有吴浙，僭王自立。张士诚虽系贩盐出身，但他基本上继承了元代笼络江南士子的政策。一些士子参加或表示拥护张吴政权，这其中就包括了高启的好友戴良与王逢。然而，他们很快就因张士诚的举措乖张而失望了，尤其是，当大诗人杨维桢对张士诚顺逆成败的劝谏遭拒绝后，江南士子纷纷离开了张吴政权。张士诚据吴虽不能完全实现士子们的政治理想，但他能保境息民，对士子"开宾贤馆以礼羁寓"，使得"一时士人被难择地，视东南若归"。因而当1366年11月朱元璋军攻打平江城时，遭到城中军民的顽强抵抗。当时，"城中木石俱尽，至拆祠庙、民居为石包具"。可见，当时张士诚还是很得吴中居民之心的。城陷之后，朱元璋为示报复，下令将张士诚官属及杭州、湖州、嘉兴、松江等府官吏家属与外郡流寓之民二十余万押解至京，同时为彻底铲除张士诚的余孽，惩戒那些曾经归附敌对政权的苏州百姓，朱元璋对苏松地区格外加赋。

---

① 吴士勇：《诗人高启之死与明初江南文祸》，《史学月刊》2006年第2期。

此外，朱元璋还视苏州为要害之地，设苏州卫指挥使司，派心腹驻重兵于此。即便如此，朱元璋对苏州仍然放心不下。这可从洪武年间苏州知府频繁的人事变动中看出来：朱元璋称帝三十一年，苏州知府竟换了三十人，他对苏州官吏的警觉甚至达到了神经质的地步。朱彝尊曾做过统计："考洪武中，苏守三十人，左谪者吴懋，坐事去者何质、张亨，被逮者王暄、丁士梅、汤德、石海、王绎、陈彦昌、张冠、黄彦端，坐赃黥面者王文，而子尚与魏杞山皆坐法死。当时领郡者，亦不易矣！"朱元璋也曾试图通过拉拢江南士子的方式来稳定其在江南的统治。洪武年间，许多江南士子心怀旧主，甚至明确无误地表明了对朱明政权的不满。如学者戴良因见恢复元室无望，隐居浙江四明山，并以老病为由固辞朱元璋礼聘；他与一群者旧故老以"宴集为乐"，"酒酣赋诗，击节歌咏，闻者以为有《黍离》《麦秀》之遗音焉"，抒发着对朱明政权的不满。陈基修完《元史》后，仍作诗深怀张吴政权，痛诋朱元璋："一望虞山一怅然，楚公曾此将楼船。间关百战捐躯地，慷慨孤忠骂寇年。"这里的"楚公"，即士诚弟士德；寇，即明太祖也。大诗人杨维桢，见到明使者奉币诣门，干脆说："岂有老妇将就木，而再理嫁者邪？""皇帝竭吾之能，不强吾所不能则可，否则有蹈海死耳。"与高启一同被害的王彝，也曾参与修《元史》，书成被荐入翰林院，但他与高启一样不愿做官，以母老乞归。本来明太祖的门第出身与发迹历史，就使得其与士子之间产生了难以弥合的心理裂痕；而江南士子的这种刻意不合作的态度，则更加深了这道裂痕。此外，以军功发迹的淮西勋贵，对朱元璋大张旗鼓地征辟儒生、兴科举、办学校、锐意文治的做法看着很不舒服，觉得凭空便宜了这些读书人。他们不断地挑拨离间，对朱元璋决意将屠刀举向江南士子也起了一定的催化作用。魏观、高启和王彝生不逢时，成了洪武初年众多文祸中的第一批刀下鬼。

高启被腰斩的噩耗传出后，天下读书人多惜其才气而悼其冤屈。徐贲、杨基、张羽、王行、戴良、王逢等吴中文人，对高启的不幸遭遇也寄予了深切的同情。从他们哀悼的诗文中，不难发现江南士子对自身频遭厄运的愤懑、压抑的心态以及对朱元璋高压政策的抵触情绪。

朱元璋对士子们的这些心态与情绪自然不会熟视无睹，他一不做二不休，索性改变以往命人持币帛礼聘的做法，直接出言威胁：若不与我合作，必将斧钺相加。避居上海的大名府名士秦裕伯、浙江临海县文人陶凯受此威胁只得乖乖就范。而那些推脱不至的往往身遭不测，《大诰》三编"秀才剁指"条记载，广信府贵溪县儒士夏伯启叔侄，为不出仕而自断其指，朱元璋下令说："是异其教而非朕所化之民，尔宜枭令，籍没其家，以绝狂夫愚夫仿效之风。""苏州人才"条记载，苏州人才姚叔闰、王谔二人，以儒者举于朝廷，然征而不至，被枭令并籍没其家，并下令"寰中士大夫不为君用是外其教者，诛其身而没其家，不为之过"。在洪武三十年颁行的《钦定律诰》列不准赎死之罪共有一百二十四条，其中诰十二条之中就有"寰中士大夫不为君用"，是与"十恶""强盗""强奸"等并列的重罪，许多被迫出仕者，为求解职，甚至诈死、佯狂。百余年后的成化年间，对于坚辞不愿赴官者仍以此相戒。

第四，文字狱。

关于明初文字之祸，赵翼《廿二史札记》以为，"明祖通文义，固属天纵，然其初学问未深，往往以文字疑误杀人"。朱彝尊《静志居诗话》也说："明孝陵恩威不测，每因文字少不当意，辄罪其臣。"洪武年间的文字狱大抵有三种：

一是因诗文得祸。如佥事陈养吾作诗曰："城南有嫠妇，夜夜哭征夫。"太祖知之，以为伤时，取到湖广，投之于水。① 《大诰》三编"作诗诽谤第十一"，言江宁知县高炳"敢亵慢妄出谤言，以唐律作流言以示人获罪，而身亡家破"。朱琳，字士林，泰兴人。洪武间，以诗累，安置于云南。卞元亨诗"恐使田横客笑人"，流放于辽阳，十年赦还。郁鲁珍，元明之际诗人、画家，与凌云翰、瞿佑交善，以《题松石轩诗卷》被累，死狱中。曾坚，洪武三年以感符玺事作《义象歌》，被诛。

其次是以奏疏直言得祸。洪武九年，平遥训导叶伯巨应诏直言，"当今之事，太过者三：分封太侈也，用刑太繁也，求治太速也"。书上，朱元璋大怒说："小子间吾骨肉，速逮来，吾手射之。"既至，丞相乘帝喜以奏，下刑部狱，死狱中②。

再次是表笺之祸，《廿二史札记》记载得较为详细：

---

① （明）刘辰：《国初事迹》，中华书局，1991年。
② 《明史》卷一三九《叶伯巨传》。

《朝野异闻录》，三司卫所进表笺，皆令教官为之，当时以嫌疑见法者：浙江府学教授林元亮，为海门卫作《谢增俸表》，以表内"作则垂宪"诛；北平府学训导赵伯宁，为都司作《万寿表》，以"垂子孙而作则"诛；福州府学训导林伯璟，为按察使撰《贺冬表》，以"仪则天下"诛；桂林府学训导蒋质，为布、按作《正旦贺表》，以"建中作则"诛；常州府学训导蒋镇，为本府作《正旦贺表》，以"睿性生知"诛；澧州学正孟清，为本府作《贺冬表》，以"圣德作则"诛；陈州府学训导周冕，为本州作《万寿表》，以"寿域千秋"诛；怀庆府学训导吕睿，为本府作《谢赐马表》，以"遥瞻帝扉"诛；祥符县学教谕贾翥，为本县作《正旦贺表》，以"取法象魏"诛；亳州训导林云，为本府作《谢东宫赐宴笺》，以"式君父以班爵禄"诛；尉氏县教谕许元，为本府作《万寿贺表》以"体乾法坤，藻饰太平"诛；德安府学训导吴宪，为本府作《贺立太孙表》，以"永绍亿年，天下有道，望拜青门"诛。盖"则"音嫌于"贼"也，"生知"嫌于"僧"也，"帝扉"嫌于"帝非"也，"法坤"嫌于"发髡"也，"有道"嫌于"有盗"也，"藻饰太平"嫌于"早失太平"也。《闲中今古录》又载：杭州教授徐一夔贺表有"光天之下，天生圣人，为世作则"等语，帝览之大怒，曰："生者僧也，以我尝为僧也。光则薙发也，则字音近贼也。"遂斩之。礼臣大惧，因请降表式，帝乃自为文播天下。又僧来复谢恩诗，有"殊域"及"自惭无德颂陶唐"之句，帝曰："汝用殊字，是谓我歹朱也，又言无德颂陶唐，是谓我无德，虽欲以陶唐颂我，而不能也。"遂斩之。按是时文字之祸起于一言。时帝意右文，诸勋臣不平，上语之曰："世乱用武，世治宜文，非偏也。"诸臣曰："但文人善讥讪。如张九四厚礼文儒，及请撰名，则曰士诚。"上曰："此名亦美。"曰："《孟子》有'士诚小人也'之句，彼安知之？"上由此览天下章奏，动生疑忌，而文字之祸起云。

赵翼所记，未必都与史实相符，有些是后人附会，有些不一定纯粹是文字之祸，或者与当时的政治斗争有关，但洪武年间士人因文字得祸的情况是存在的，后人的记载并非都是好事者捕风捉影，无中生有。

另外，明代的廷杖作为折辱官吏的一种残忍的手段也始于明太祖。据

《明史·刑法志》载，廷杖是明代刑法不衷古制者之一，"杀人至惨而不丽于法，踵而行之，至末造而极，举朝野之命，一听之武夫、宦竖之手"。洪武年间，被杖死的有皇侄朱文正，工部尚书薛祥，而刑部主事茹太素因陈时务，言多忤触，亦被杖于朝。

在明初的严酷政治环境之下，士人的处境和遭际相当险恶。历代开国，未有过之。士人动辄得罪，稍有不慎，刀锯随之，致使天下之士，倾耳而听，重足而立，阖口而不敢言。袁凯，字景文，松江华亭人。洪武间为御史。上虑囚毕，命凯送皇太子覆讯，多所矜减。凯还报，上问："朕与太子孰是？"凯顿首言："陛下法之正，东宫心之慈。"帝以凯持两端，恶之。凯惧，托癫疾辞归。上使人文诇之，佯狂得免，以寿终。[①] 士大夫在朱元璋的猜忌之下，遭际之艰难，于此可见。

朱元璋重典治国，待士严酷，未必不与其内心对文人的轻视有关。宋濂为开国文臣之首，朱元璋宠遇备至，曾说："朕闻太上为圣，其次为贤，其次为君子。宋景濂事朕十九年，未尝有一言之伪，诮一人之短，始终无二，非止君子，抑可谓贤矣！"[②] 然而，即便口上如此，其内心亦未必如此。《明史》又记载了朱元璋与桂彦良的一段对话："帝曰：'江南大儒惟卿一人。'对曰：'臣不如宋濂、刘基。'帝曰：'濂文人耳，基峻隘，不如卿也。'"这也可见其内心对待文人的潜在的轻视态度。

总之，从起事到建国之前，朱元璋为争取天下计，尊重士人，并待以诚心。建国之后，朱氏则望治心切，遂改"重"为"驭"，立士不为君用之法。从"重"到"驭"，体现了朱元璋待士态度的变化。对于被征召士人，"方其未仕，敬礼之，优渥之，皆所以崇儒也。及其既仕，束缚之，驰骤之，皆所以驭吏也"。朱元璋待士态度的急剧变化和洪武年间的文人政策形成，与其内心对待士人的潜在态度不无关系，使士人无可奈何地陷入了整体沦落和尴尬的境地。

---

① （清）钱谦益：《列朝诗集小传》甲集《袁御史凯》。
② 《明史》卷一二八《宋濂传》。

第三节　洪武年间士人的贬谪流放

　　明初，征召遗逸的同时，遣戍流放同样引人注目。元明易代，元朝故官，张士诚、方国珍旧部被送至金陵甄别，其中一部分被委以新朝之职，一部分暂时留在南京闲住，一部分流放。流放地主要是两处：一是中都临濠，一是云南。于是临濠和云南成为明初两个士人集中的地方。同时，在辽东、甘肃、两广、贵州、海南等边陲极远之地，也出入着因故被贬谪和流放的士人。

　　中都临濠是当时士人最主要的流放地之一。流放或贬谪到临濠的人员主要有三个来源：一是元朝故官和张士诚、方国珍旧部；二是朱元璋在平吴以后，即"徙苏州富民实濠州"。贝琼《荐福草堂记》云："逮国朝平吴，迁民五百家于临濠。"朱彝尊说："当明之初，富家类多徙濠。"至"洪武三年六月，上谕中书省臣曰：'苏、松、嘉、湖、杭五郡，地窄民众，细民无田，往往逐末利而食不给。临濠朕故乡也，田多未辟，土有遗利，宜令五郡民无田产者，往临濠开种，就以所种田永为己业，官给牛种舟粮资遣之，三年不征其税。'于是徙者四千余户"。三是"太祖用法严，士大夫多被谪"。明初，坐法的官吏也是徙居临濠的士人的来源之一。所以，徙居临濠者除元朝故官和张士诚、方国珍旧部，还包括由吴中地区所徙之民和当时因各种原因坐事贬谪的官员。

　　在明初，流放与否，没有标准，也没有期限，更近似于放逐。文献中所谓的"例徙临濠"，如果还有什么标准，那就是他们多仕于前朝或是朱元璋的敌对势力。

　　顾瑛，卜筑玉山草堂，园池亭榭，饩馆声伎之盛，甲于天下。四方名士若张翥、杨维桢、柯九思、李孝光、郑明德、倪瓒，方外若张伯雨、于彦成、琦元璞辈常主其家。日夜置酒赋诗，一时风流文雅，著称东南。张士诚据吴，其避隐嘉兴之合溪。母丧，归绰溪。张氏再辟之，断发庐墓，潜心佛典，自称金粟道人。至正末，因其子为元水军副都万户，恩封武略将军骑尉钱塘县男。洪武元年，以元故官例徙临濠，二年三月卒，年六十[①]。

――――――――

　　① （清）顾嗣立：《元诗选》初集，中华书局，1987年。

顾瑛是元末江南文坛的领袖之一，也是有文献记载死于临濠的第一位流放士人。谢应芳的《祭顾仲瑛》提供了顾瑛在临濠流放生活的大致情况，同时写出江山易代后灾难降临的过程："朝廷更化初，召役事重穆。挈家赴临濠，星言去程速。"来到流放地，顾瑛尽快适应了恶劣的环境，"诗去秋复春，客来书满幅"，然而身在戴罪流放之中，顾瑛随时感到恐惧与威胁，"自言多疾戾，经年在床褥。郁攸屡惊吓，使我长觳觫。尚须手颤定，亲札寄篇牍。安知仅逾月，遽尔闻不禄。初疑传者讹，细闻泪盈掬"。虽然他仍然像在玉山草堂那样以诗自遣，诗来书往。但是，故乡在千里之外，欲归不成，旧家亭馆，花开花谢，只能在记忆中见之了。

与顾瑛死于临濠形成鲜明对比的是，洪武二年三月，在南京，朱元璋下令征召诸儒和天下才俊之士，来自苏州的高启、谢徽、傅著，还有顾瑛的老友、玉山草堂的常客陈基、王祎，在天界寺纂修《元史》，王祎则为总裁，这是入明的第二年，正是新朝百废待举的时候，此时顾瑛却在流放地默默离开了人世。

杨基、徐贲、余尧臣同为吴中北郭诗社的成员，他们都是因为曾仕于张士诚，在至正二十七年例赴南京甄别，而后同时流放至临濠。与顾瑛不同的是，他们在临濠流放的时间较短，没有死在流放地。洪武元年夏，杨基被授予荥阳知县，余尧臣被授予新郑主簿。徐贲也在洪武元年冬回到南京。在流放中的生活是艰苦的，杨基后来回忆当时在临濠的境况说："城荒地僻生计拙，时脱春衫倩人卖。破楼夜雨邻钟急，委巷秋风茅屋坏。"杨基和徐贲结"梦绿轩"以居，徐贲居东楹，杨基居西楹，时常赓诗唱和。

张士诚故官中以新朝官员身份被流放至临濠的有唐肃。唐肃，少与上虞谢肃齐名，称会稽二肃。至正壬寅，举乡试。张士诚时为杭州黄冈书院山长，迁嘉兴路儒学正。士诚败，例赴京，寻以父丧还。洪武三年，以荐与修礼乐书，擢应奉翰林文字，其秋，科举行，为分考官，免归。六年，谪佃濠梁，卒。唐肃以"大不敬"罪，流放于临濠。与唐肃同被例赴临濠的申屠衡说，当时的流放生活"丹崖之来，受田二十亩，岁比不登，无所以食，每为文以应人之求，得其文者往往饷遗以资其匮"，唐肃于洪武七年卒于谪地。申屠衡，字仲权，长洲人。少从杨维桢学，通《春秋》，为古文有法。元季不仕，自号"树屋佣"。洪武三年，征至京，草谕《谕蜀书》，称旨，授翰林修撰，以病免，寻谪居濠上，卒。

方国珍旧部中被流放至临濠的有朱右和郭秉心。朱右，字伯贤，临海人，元至正末司教萧山，参与了刘仁本的续兰亭集会。洪武三年，参与修《元史》。六年，修日历，除翰林院编修。七年，修《洪武正韵》，寻迁晋府长史。九年，卒于京师。有《白云稿》。郭公葵，字秉心，临海人，元末翰林编修，和朱右于洪武元年流放至临濠，在流放生活中因病而死。

流放至临濠，在明初很长一段时期内都是文人士子的噩梦，有人被流放至老始得归，也有不少后来又出仕于新朝。杨基，洪武元年起为荥阳知县，二年入礼局考礼，四年被荐为江西行省幕官，六年奉使湖广，召还，授兵部员外郎，迁山西副使，仕至按察使。余尧臣，洪武元年夏授新郑主簿。徐贲，洪武七年被荐至京，九年春奉使晋冀。授给事中，改御史，巡按广东，又改刑部主事，迁广西参议，以政绩卓异擢河南左布政使。朱右，洪武三年入京修史，仕至晋府长史。然而，更多的流放士人则湮没在明初的严酷的政治和险恶的流放之中。

由于大批戴罪之人流放至临濠，在当时已经形成了一个社会问题。洪武九年，叶伯巨上疏云："汉之世，尝徙大族于山陵矣，未闻实之以罪人也。今凤阳皇陵所在，龙兴之地，而率以罪人居之，以怨嗟愁苦之声充斥园邑，朝廷知非所以恭承宗庙意也。"然获罪者仍相继而来。

云南是明初士人另一个重要的流放地。云南为边陲极远之地，与中都临濠相比，在当时士人眼里，流放的味道更浓。在明初流放云南的士人中，前朝故官少，新朝官员多，他们之中更多的则是因事谪戍，辽东、甘肃、贵州、广东、广西、海南等地也出入着因故流放的江南士人。另外，洪武年间士人许元流放至韶州，宋濂流放至四川茂州，苏伯衡谪居酃州，乌斯道贬谪定远，危素谪和州，高逊志谪朐山，吴文度谪云中，刘三吾、盛彧戍边，明初被流放的士人之多，盖历朝皆无。

洪武年间士人的流放，显示了他们在易代之后的艰难处境，对于个人来说，无疑是一场浩劫。从元入明，对于相当多的士人来说，不只是朝代的更替，更意味着是灾难的开始。

第四节　洪武年间士人的死难折辱

朱元璋从起事到建立明朝，谋划之功，多得自诸儒。然而，洪武建号伊始，在频频下令征召诸儒和天下才俊之士的同时，朱元璋即把屠刀指向士群，肆意诛杀折辱，士人稍有过错，便刀锯随之。明初因事死难的士人之多，死因之离奇，为历代开国之最。

一、朱明政权的敌国士人

明初未见朱元璋无故诛杀士人的记录。最早因仕于朱元璋的敌对势力而被杀的是吴中士人饶介和越中的刘仁本。

至正二十七年九月，明军下苏州，饶介同张士诚的平章李行素、徐义、马士麟、谢节、王元恭、董绥、陈恭，同金高礼，内史陈基，右丞潘元绍等被送至南京，而后陈基参与修《元史》，书成归，卒于常熟。谢节、潘元绍被授以官，而饶介伏诛。姚广孝与饶介为友，称其为人倜傥豪放，书似怀素，诗似李白，气焰光芒，烨烨逼人。然其诗不多传，或在明初已经散佚。著有《右丞集》，已无传本，抑或政治忌讳使然。《元诗选》补遗录其诗十五首。

刘仁本，被俘，伏诛，时至正二十七年。方国珍归附之后，"余官属从国珍降者，皆徙滁州。独赦邱楠以为韶州知府"，詹鼎例赴京，后历刑部郎中，独仁本伏诛。史载"太祖数其罪，鞭背溃烂死"。

朱元璋在与他为敌的元朝江南守臣、逐鹿枭雄之中，最恨三个人，第一个是张士诚，第二个是陈友谅，第三个就是刘仁本。可以说，就是这三个不识时务的人横亘在他黄袍加身的路途之前，推迟了他实现梦想。至正兵起之后，南北交通阻绝，国珍岁岁治海舟，为张士诚粟十余万石于京师，刘仁本实司其事。朱元璋所加之罪，抑或即此。饶介仕张士诚，力劝岁输粟于大都，刘仁本亦属同例，两人或因此被杀。或许因为输粟大都延缓了元朝的灭亡，为朱元璋平定天下设置了障碍。

饶介和刘仁本在朱元璋看来，实为敌国之人，杀之固然不需借口。明王朝建立以后，朱元璋采取各种办法，甚至派人分行天下，访求贤才，无论山林隐逸之士，还是前朝故官，都在征召之列。与征召诸儒形成鲜明对比的是，此时因细故被杀的士人却比比皆是。

二、入仕新朝的元朝故官

自大都来归的元朝故官入仕新朝之后，出处和境遇各不相同。然而，在洪武初年的重典之下，许多人不得善终。

危素是第一批被授以官职的元朝故官。洪武元年八月，元顺帝北遁，明军入大都，朱元璋即命征元故官送其至京师。二年正月，危素与故元翰林学士张以宁、王时，编修雷焕，刑部侍郎程徐，太常博士孙吾与、胡益，礼部员外郎曾坚，主事黄肃等自北平至京，不久以危素与王时为翰林侍讲学士，以张以宁为侍读学士，曾坚为礼部员外郎，程徐为刑部侍郎，黄肃为礼部主事。

开始，危素颇受礼遇。朱元璋经常向他咨访元朝兴亡之故，次年，兼弘文馆学士，赐小车免朝谒。朱元璋"尝偕诸学士赐宴，屡遣内官劝之酒，御制诗一章以示恩宠，命各以诗进，素诗最后成，帝独览而善之曰：'素老成有先忧之意。'时素已七十余矣"[1]。

然而，对于危素这样的元朝老臣出仕新朝，朱元璋从心中或许早已轻视之，故后来极尽折辱之能事。《闲中今古录》云：

> 元顺帝有一象，宴群臣时拜舞为仪。本朝王师破元都，帝北遁，徙象至南京。一日，上设宴，使象舞，象伏不起，杀之。次日，作二木牌，一书危不如象，一书素不如象，挂于危素两肩。

明陆容《菽园杂记》卷三亦载：

> 高皇一日遣小内使至翰林，看何人在院。时危素太朴当直，对内使云："老臣危素。"内使复命，上默然。望日传旨，令素余阙庙烧香。盖余、危皆元臣，余为元死节，盖厌其自称老臣，故以愧之。

此事与《明史纪事本末》卷一四记载稍异：

___

① 《明史》卷二八五《危素传》。

一日上御东阁，闻履声橐橐，上问为谁，对曰："老臣危素。"上曰："是尔耶！朕将谓文天祥耳。"素惶惧顿首。上曰："素元朝老臣，何不赴和州看守余阙庙去？"遂有是谪，素逾年卒。

这是一种特别的羞辱。《元史》名臣余阙因抗拒起事义军，扼守和州而殉难，被比做唐朝的张巡死于睢阳。明初，为元朝死节的余阙仍是忠臣典范，而归顺明朝的危素，却要为元亡承担骂名，成了谁也不待见的千古罪人。

《明史》本传载，御史王著等论素亡国之臣，不宜列侍从，诏谪居和州，守余阙庙，岁余卒。其实，明初士人被贬谪、被诛戮，多出自圣衷，危素谪居和州，当是朱元璋本意，王著等人不过代行其词罢了。危素谪居和州是在洪武三年冬，到五年正月卒。危素没有死在朱元璋的刀锯之下，却是被折辱而死。

曾坚，字子白，金溪人。至正十四年进士，十八年任江西行省左右司员外郎。洪武二年，与危素一起被遣送至南京，授礼部员外郎。洪武三年，会感符玺事作《义象歌》，被诛。其《义象歌》今不见，但其在诗中表达的思想感情或已经触犯了朱元璋，因而被杀。

黄肃，字子邕，江西新城人。元季官至礼部主事，自北平来见，命仍故官。明年，升侍郎，已降郎中。复升工部侍郎，任尚书。未几，出参政广西。坐党祸死。有《醉梦稿》。

以上是来自大都的元朝故官出仕新朝后在洪武初年死难的士人，至于来自张士诚和方国珍旧部的官员死难者更是不可胜数。他们或因细故被杀，或流放至死，或坐党祸牵连以殁，死难人数之多，可谓触目惊心。

三、入仕新朝的吴中士人

吴中是张士诚控制的核心地区，也是当时士人最集中的地方，明初，死难的士人，也以吴中最多。而由"吴中四杰"——高启、杨基、徐贲、张羽之死，则可以窥见明初江南尤其是吴中士人的命运。

高启无疑是明初最杰出的士人，然而明初士人荣辱生死，系于君主一念。高启死于朱元璋的雄猜和好杀，也是必然之事。杨基之死，各书所载，几无异辞：在山西按察使任上"被谗夺官，谪输作，竟卒于工所"。"明初驭下多从重典，藩臬守令，稍有赃罪，怀印未暖，即逮之去，非远戍则门诛。"① 杨基的经历颇为典型：历尽荣耀苦难，屡踣屡起，仕至一省封疆，也不免死同苦役工卒。徐贲死于洪武十二年刑部主事任上，死因不详。

张羽死于洪武十八年，是四杰之中最后一个去世的士人。张羽的朋友童冀所作《太常司丞张来仪墓铭》："赋蹇剥，寻罹谴，投炎荒。天万里，逾瘴海，一苇航。未半道，亟赐环，泽汪洋。抵京国，仅信宿，遽云亡。"对于张羽的死因，未有一言叙及，盖或畏于明初严酷的政治，不得已而隐讳其辞。张习的《静居集后志》云："先生窜领表，寻召还，以对内政之不协，恐祸及己，遽投龙江以没。"《明史》本传云："坐事窜岭南，未半道召还，羽自知不免，投龙江以死。"以张羽畏罪自杀。明初，江南士人自杀者也不乏其人，如戴良，辞官忤旨，待罪阙下，洪武十六年自裁于京师。王翰拒绝征召，于洪武十一年赋诗自决。程国儒，坐事被系，自尽死。周咨，因事诖误，自尽死。洪武十八年前后，正是明太祖大批诛杀功臣的时期，也是胡惟庸案之后、蓝玉案欲起之时。当是时，牵连而死于非命者，动以万计，举朝恐慌。张羽恐祸及己，才投江以死。张羽之死，抑或与胡惟庸案有关，或是洪武年间严酷的政治和明太祖有计划诛杀功臣的牺牲品。

死于非命的吴中士人还有陈汝言、王蒙、莫礼、卢熊、花士良等。陈汝言，入明后，任济南府经历，洪武四年，坐法死，死因不详。王蒙，洪武初，知泰安州事，尝谒胡惟庸于私第，与会稽郭传、僧知聪观画，惟庸伏法，蒙坐事被逮，洪武十八年九月瘐死狱中。《明兴杂记》云："高皇诛蓝玉，籍其家，凡有只字往来，皆得罪。"可见，洪武年间严酷的株连之法。莫礼，字士敬，吴江人。洪武中，以税户人才征，授户部员外郎。秩满超升本部右侍郎，转至侍郎。俄因坐党事卒。临刑前赋诗有"一心忠义坚如石，惟有皇天后土知"之句，人多伤之。

卢熊，洪武初，以故官迫遣赴京，母卒，竟归，复起为工部照磨，寻以善书擢中书舍人，迁兖州知州，为政务恺悌，不求赫赫名。州初罹兵革，人情凋弊，适大帅李善长营鲁王府，浚兖州河，熊抚绥供亿，事集而人不扰，俄以簿录刑人家属事，坐累死。先是，熊尝上疏言州印篆文讹谬，忤旨，至

---

① 嘉靖《广东通志初稿》卷一二，书目文献出版社，1987 年。

是竟得罪。

花士良，高邮人。至正末，从张士诚住吴下，为省都镇抚。洪武初，擢凤翔府事，引年归老于钱塘。其天资高迈，学术过人。孙、吴之书，乐府、隐语，靡不究意。善丹青，吹凤箫，弹紫檀槽，歌白苎词，万其佳趣，天下知名，时人戏呼为"花巧儿"，后以事死于非命，士林中深痛惜之。

杨循吉《吴中故语》云："洪武时，吴中多有仕者，而惟严公一人得全归焉。"可见，洪武年间吴中死难士人的大概。

四、入仕新朝的浙东士人

浙东士人在朱元璋起事诸臣中最多。至正十八年，朱元璋下婺州，"召儒士许元、叶瓒玉、胡翰、吴沉、汪仲山、李公常、金信、徐孳、童冀、戴良、吴履、张起敬、孙履，皆会食省中，日令二人进讲经史，敷陈治道"①。至正二十年，刘基、章溢、叶琛、宋濂被聘至南京，浙东士人从此开始大批参与朱明政权。浙东士人不同于吴中士人，他们更是一个儒者，多以建功立业和兼济天下为己任，所以，他们多是积极的用世者。入明前，为朱元璋四处征伐，翦灭群雄，出谋划策，刘基之功居多；入明之后，为巩固政权，多赞助之功。而且，明初文治礼乐，浙东士人也多是参与者，如宋濂和王祎是《元史》的总裁。然而，他们在洪武年间的命运也与吴中士人一样，许多人也因故罹难。

许元，大概是明王朝建立之后被杀害的第一个浙东士人。许存仁，名元，以字行。金华许谦子。太祖素闻谦名，克金华，访得存仁，与语大悟，命傅诸子，擢国子博士。吴元年，擢祭酒。存仁出入左右垂十年，自稽古礼文事，至进退人才，无不与论议。既将议即大位，而存仁告归。司业刘丞直曰："主上方应天顺人，公宜稍待。"存仁不听，果忤旨。金事程孔昭劾其隐事，遂逮死狱中。许元下狱死的真正原因是辞官忤旨，所谓"隐事"云云，不过是借口罢了。苏伯衡《祭许祭酒文》感叹说："嗟《易》所谓'蹇蹇'，而媚嫉者覆以为'惮悖'，吹毛求其疵瑕，中伤成于俄顷。"是抨击媚嫉者的阴险可恶，然未必不是对朱元璋"吹毛求疵"的愤怒和不满。洪武初年，虽无"士不为君用"之法，但在朱元璋看来，已有不为君用之士。许元出入朱元璋左右近

---

① 《明太祖实录》卷六。

十年，而最终难逃厄运，深层原因或在于此。

张孟兼，浦江人。名丁，以字行。洪武三年，与修《元史》，史成授国子学录，历礼部主事、太常司丞。刘基尝为太祖言，今天下文章，宋濂第一，其次即臣基，又次即孟兼。太祖颔之。孟兼性傲，尝坐累谪输作，已，复官。太祖顾孟兼谓濂曰："卿门人邪？"濂对："非门人，乃邑子也。其为文有才，臣刘基尝称之。"太祖熟视孟兼曰："生骨相薄，仕宦徐徐乃可耳。"未几，用为山西佥事，廉劲疾恶，纠摘奸猾，令相牵引，每事辄株连数十人，吏民闻张佥事行部，凛然堕胆，声闻于朝。擢山东副使，布政使吴印者，僧也。太祖骤贵之，宠眷甚。孟兼易之，印谒孟兼由中门入，孟兼杖守门卒。已，又以他事与相拄。太祖先入印言，逮笞孟兼，孟兼愤，捕为印书奏者，欲论以罪，印复上书言状。太祖大怒曰："竖儒与我抗邪？"械至阙下，命弃市①。

或因朱元璋曾做过和尚，而偏袒僧人。登帝位之后的朱元璋屡有宠遇僧人之举。洪武初，召有道僧人集天界寺，而宗泐、来复备受宠遇。吴印以钟山寺主僧见知人主，而张孟兼遂以此易之。张孟兼死于洪武十年，真正的原因不止是与朱元璋宠臣作对，而在其廉劲疾恶和高傲的性格，以至于触犯天颜而不顾。朱元璋说："张孟兼轻薄小人，必是妄自尊大，以致布政司官观透所以为人，少有笑慢，以致此等小人，不顾生死，阻坏公政之事。"② 张孟兼死于构陷，亦自成之，然明初的高度集权和严酷的政治是根本原因。

苏伯衡在明初士人死难者之中的遭遇尤为惨烈。苏伯衡，字平仲，金华人。明师下浙东，坐长子仕闽，谪徙滁州。李善长奏官之，力辞归。伯衡警敏绝伦，博洽群籍，为古文有声，元末贡于乡。太祖置礼贤馆，伯衡与焉。岁丙午，用为国子学录，迁学正，被荐，召见，擢翰林编修，力辞，乞省觐归。洪武十年，学士宋濂致仕，太祖问谁可代者，濂对曰：伯衡，臣乡人，学博行修，文词蔚赡有法。太祖即征之，入见，复以疾辞，赐衣钞而还。二十一年，聘主会试，事竣，复辞还，寻为处州教授，坐表笺误，下吏死。二子恬、怡救父，并被刑。洪武二年，许元因事死于狱中，苏伯衡不避忌讳，作《祭许祭酒文》，痛斥媚嫉构陷的小人，间接地表达了对当时严酷政治的不满。

① 《明史》卷二八五《张孟兼传》。
② 《明太祖文集》卷七。

苏伯衡在行动上"不为君用",在言语上又直言无忌,最后被朱元璋所杀也是很自然的。

浙东士人罹难者还有吴沉、戴良等。吴沉,字浚仲,兰溪人,元国子博士吴师道之子。吴沉以文学膺宠眷,官至东阁大学士,礼遇亚于宋濂。以懿文太子故宫人谗之,下狱竟死。时沉已归隐兰之尹源,械系至京,太子营救不能免,朝野伤之。戴良于洪武十五年被征入京,以老疾固辞,忤旨,次年四月自裁。赫赫有名的刘基、宋濂也都是洪武年间罹难的浙东士大夫。

明初士人大批罹难是由多种原因促成的,明初重典的大环境和朱元璋待士态度的变化及洪武年间的文人政策是悲剧产生的主要原因。

朱元璋"惩元纵弛之后,刑用重典,然特取决一时,非以为则"①。然洪武三十年间,始终以重典治国。终洪武之世,对士人命运影响较大的有两条,即朱元璋用刑繁苛和求治太切。由于用刑繁苛,求治太切,以至于洪武三十年间,士之小有忤意,便刀锯随之,至有全室被戮,襁褓不遗。纵观洪武年间因事罹难的士人,其中多是因细故被杀,或下狱而死,谪死,鞭死,杖死,腰斩,输作而死,而死得不明不白的更不乏其人。而朱元璋肆意法外用刑,洪武年间士人因此而罹难者之多为历朝之最。

朱元璋本人用法严酷和嗜杀之性,也是士人罹难的原因之一。《国初事迹》载:

> 太祖克之,命金院赵伯仲、先锋程八守之。友谅遣兵复破安庆,伯仲与程八走遁,直至龙江。知府谭若季亦遁,中途闻寇兵退,复回,入城抚安百姓。事闻,太祖怒曰:"主将不能固守,城陷远遁避之。知府不能远走,寇退乃能入城安民。将伯仲、瞿徽失陷城池诛之。"常遇春谏曰:"伯仲等系渡江旧人,姑用赦之。"太祖曰:"不依军法,无以戒后。"各给弓弦一条,发妻子与之,命其自缢死。
>
> 太祖克婺州,金院胡大海领兵围绍兴,其子胡三舍、王勇等三人犯酒禁,太祖命诛之。都事王恺谏曰:"胡大海见总兵攻绍兴,可以本官之故饶他。"太祖怒曰:"宁可胡大海反了,不可坏了我号令。"自抽刀

---

① 《明史》卷九三《刑法一》。

杀之。

明王朝建立之后，更以严刑峻法驭下。若敢犯天威，罪在不赦。《明史·王朴传》载：

> 王朴，洪武十八年进士，除吏科给事中，以直谏忤旨罢，旋起御史。陈时事千余言，性鲠直，数与帝辩是非，不肯屈。一日，遇事争之强。帝怒，命戮之。及市，召还，谕之曰："汝其改乎?"朴对曰："陛下不以臣为不肖，擢官御史。奈何摧辱至此! 使臣无罪，安得戮之? 有罪，又安用生之? 臣今日愿速死耳。"帝大怒，趣命行刑。过史馆，大呼曰："学士刘三吾志之，某年月日，皇帝杀无罪御史朴也。"竟戮死。帝撰《大诰》，谓朴诽谤，犹列其名。

《剪胜野闻》载：

> 太祖尝下诏免江南诸郡秋税，复税之。右正言周衡进曰："陛下有诏已蠲秋税，天下幸甚，今复征之，是示天下以不信也。"上曰："然。"未几，衡告归省假。衡，无锡人，去金陵甚近，与上刻六日后复朝参，衡七日失期。上怒曰："朕不信于天下，汝不信于天子矣。"遂命弃市。

朱元璋"与臣下争意气，不与臣下争是非"[1]，生杀如同儿戏，可见一斑。朱元璋雄猜多忌，官员的一举一动，都难逃其监视。稍有不慎，轻者严谴，重者被戮。所以，明初因细故被遣、被杀，死得不明不白者不计其数。

宋濂被朱元璋誉为"开国文臣之首"，侍从朱元璋十九年，始终小心谨慎，忠心耿耿，然而即是如此，也难逃厄运。洪武十年，宋濂上疏乞骸骨归，朱元璋亲饯之，敕其孙宋慎辅行，宋濂辞谢说："臣性命未毕蓬土，请岁觐陛阶。"既归，每就帝圣节称贺如约，帝推旧恩，恋恋多深情。十三年失朝，帝召其子中书舍人璲、殿廷仪礼司序班慎问之，对曰："不幸有旦暮之忧，惟陛

---

① 孟森：《明史讲义》，中华书局，2006年。

下哀矜裁其罪。"帝微使人廉之，则无恙。下璲、慎狱，诏御史就诛濂，没入其家。先是，濂尝授太子及亲王经书，太子于是泣泪谏曰："臣愚戆，无他师傅，幸陛下哀矜，裁其死。"帝怒曰："俟汝为天子而宥之。"太子惶惧不知所出，遂赴溺，左右救得免。帝且喜且骂曰："痴儿子，我杀人，何与汝也？"因遍录救溺者，凡衣履入水者擢三级，解衣舄者皆斩之，曰："太子溺，俟汝等解衣而救之乎？"乃赦濂死而更令入谒，然怒卒未解也。会与后食，后具斋素，帝问之故，对曰："妾闻宋先生坐罪，溥为作福佑之。"帝艴然投箸而起。濂至，帝令毋相见，谪居茂州，而竟杀璲、慎。王鏊《震泽纪闻》载，宋濂致仕后，君臣相约每岁一朝。后朱元璋怜其年老，不忍其千里来京贺万寿节，"先生老矣，明年可无复来"。次年宋濂未至，朱元璋忘前语，使人视之，宋濂"方与乡人会饮赋诗，上闻大怒，命即其家斩之"。后得马皇后救，免死，谪茂州。

宋濂曾说："君臣遇合，自古而难，非道之符契，情之感孚，鲜有善始善终者。"宋濂之死和明初诸儒被杀道出了君臣疏隔，伴君如伴虎，而最终祸及于身的不可避免的悲剧结局。

入明士人与朱元璋的疏隔，在朱元璋看来未必不是自外其教，也导致许多士人被杀或下狱而死。君臣遇合，自古为难，而保全终始尤难。历经战乱，由元入明的士人，多以隐逸为高尚，是时代之风气，亦是不得已而为之。即便入仕新朝者，亦一意求去，"在下者相率以求退之义要其上，乃使上者积怨内蕴"。如："危素之雅志不仕，特不忘胡廷，乃不欲仕新朝耳。元酋已北遁，素犹不惜一出其身，复官仅一日而明兵已入燕。其为人无识可想。而当时群士竟重之，明祖也不得不加礼，反感内郁，一时激发，亦可见当时上下心情之睽隔为何如矣！明祖之薄待当时之群士，其心情岂不有所谅乎？"[①]

朱元璋摧折群士无所不用其极，除直接流放和诛杀外，廷杖、输作也是明初士大夫的噩梦。开国之后，鉴于朱元璋对士人的摧辱，刘基曾谏言："古者公卿有罪，盘水加剑，诣请室自裁，未尝敢轻折辱之，所以存大臣之体。"詹同因取《大戴礼》及贾谊疏以进，且曰："古者刑不上大夫，以励廉耻也，必如是，君臣恩礼始两尽。"朱元璋虽表面上赞同刘基、詹同所言，表示"六

---

① 钱穆：《读明初开国诸臣诗文集》，《中国学术思想史论丛》（六）。

卿贵重，不宜以细故辱”，并偶有宽宥，然对于士人的折辱大抵依然如旧。廷杖和输作在洪武年间比较普遍。

廷杖，是指皇帝直接命人在殿廷上责打官员。廷杖自东汉已有之，然自明始盛。明代的“廷杖之刑亦自太祖始”[①]。夏燮的《明通鉴》云：“太祖所谓扑刑者，盖兼笞杖言之矣。《刑图》所列，有笞杖而无鞭，而其论笞杖曰：‘毋以筋胶诸物装钉。’则用皮之有禁也。然明之廷杖，即鞭之遗制，而其为毒，岂但用皮而已？”所以，明前期廷杖所用刑具为笞、杖、鞭混用。

廷杖作为一种刑罚，明王朝建立之前，朱元璋已经用之。《国初事迹》载：

> 太祖命冯国胜围高邮。伪金院俞某开门诈降，国胜轻信，辄令指挥康泰等数百人先入城，俞某于城楼上忽放下闸板，关其门，尽杀之。太祖知不利，即召国胜回，决以大杖十，罚其步走高邮。国胜怒，四门齐上，一鼓而破之，俞某就擒。

洪武年间，大臣被杖死者有皇侄朱文正、朱亮祖父子，工部尚书薛祥，刑部主事茹太素因奏疏繁琐而被杖。廷杖之刑是明初廷堂之上比较普遍使用的刑罚，但并不是法律明文规定的刑罚，它不仅仅是为了皇帝泄愤，以及使触犯的朝臣受到皇帝认为应有的处罚，还在于警示作用。朱元璋对士大夫的处罚，在于折辱他们的人格，威吓其他的朝臣，所以他不留任何的尊严给大臣，还要公开地处罚，让其他人触目惊心，以达到杀鸡儆猴的目的。

输作，即罚劳役。明初罚输作的士人如吴中四杰之一的杨基，大约在洪武十二年在山西按察使任上，被逮，夺职，供役卒于工所。刘崧，洪武十三年在北平按察副使任上，坐事输作京师。孙蕡，约洪武七年，以事逮系，版筑京师城墙。张筹，字惟中，常州无锡人，十年坐事罚输作。乌斯道，坐输作凤阳之池河。郑士利，输作终身。张孟兼，罚输作。吕本，罚役功臣庙。对于士人来说，输作不仅是精神的折磨，艰苦的劳役也使许多人不堪忍受，折磨致死。四明人李本至都门输作，日涉冰雪，负土石，手足酸瘃流血，可

---

① 《明史》卷九五《刑法三》。

见劳役的艰辛。危贞昉代父输作，不胜劳，越七月病卒。

孙蕡在输作京师时，"望都门呕吟，为粤声。督工者以闻，召至上前，陈所作诗，皆忠爱语，特命释之"①。其《输役萧墙》云："系组赴乌台，解佩辞禁垣。弛刑许输役，获谴尚承恩。局踏感明宥，引咎复何言。平明操板筑，日没就徽缠。寒气袭敝裘，重负赪我肩。抚已谅无愧，服勤思盖愆。息杵入屏城，仰瞻东华门。祥风拂左纛，卿云护彤轩。翠凤丽羽翰，飞棱高中天。重关起象魏，光彩一何鲜。百辟罗周行，鸣珂翁锵然。皋夔俨穆肃，董贾来翩翩。白日光昭融，下照宁有偏。微命嗟薄劣，独兹阻周旋。"孙蕡被遣输作，犹承圣恩，仰瞻圣明。虽劳役艰苦，抚已无愧，也只能引咎不言，自叹命运薄劣了。

以输作摧折士人在明初已经是一种社会问题。洪武九年，叶伯巨上书言："洎乎居官，举动一跌于法，苟免诛戮，则必屯田、工役之科，所谓取之尽锱铢，用之如泥沙，率是为常，少不顾惜。"希望朱元璋省刑，宽待士人，叶伯巨却因此下狱死。到洪武二十一年，解缙仍然呼吁朱元璋"永革京城之工役"，可见，洪武年间输作一直没有停止。

在严刑峻法的大环境下，朱元璋任意喜怒为生杀，天下无一日无过之人，因事获罪者有之，得无妄之灾者也有之。

袁凯，字景文，松江华亭人。少以《白燕诗》得名，人呼为袁白燕，洪武三年为御史。一次帝虑囚毕，命凯送皇太子覆讯，多所矜减。凯还报，帝问朕与太子孰是，凯顿首言："陛下法之正，东宫心之慈。"帝以凯老猾，持两端，恶之。凯惧，佯狂免告归，久之，以寿终。《剪胜野闻》亦云："帝以凯持两端，下凯狱，三日不食，出之，遂佯狂病颠（癫），拾啖秽物。帝曰：'吾闻颠（癫）者不肤挠。'乃命以木锥锥凯，凯对上大笑。帝放归，自缧木榻于床下。久之，上使人召之，凯慢坐对使者歌，使者怜其缧，还奏状，上不为疑。已而，太祖晏驾，凯始出，优游以终。"

所谓伴君如伴虎，在朱元璋周围，无论是渡江旧臣，还是入仕新朝之士，稍有不慎，就威刑相加。而茹太素与同官十二人坐排陷詹徽，俱镣足治事。洪武年间文人政策的形成，使原来已经暌离的君臣关系进一步恶化。入明士

---

① （清）钱谦益：《列朝诗集小传》甲集《孙典籍蕡》。

人，无论是元朝故官，还是张士诚、方国珍旧部，抑或刚刚出仕新朝的士人，都无可避免地面临着洪武时期险恶的政治环境，他们或被贬谪流放，或遭诛戮，或被拘禁……善终者鲜有其人，这在历朝开国也是罕见的。

第五节　明成祖朱棣的崇儒礼士

朱元璋这个雄桀之主，为了使士人为新兴的大明王朝所用，时时对儒学表尊崇之意，但又要去掉其中对专制皇权有违碍的方面，并通过文字狱来慑服、遏制士人，警惕他们可能有的种种不忠、疑贰。朱元璋通过这些措施，保证了明代皇权专制政体的延续，并使得此后洪熙、宣德朝"仁宣之治"的出现。明代在宦官、党争、流民等棘手问题面前，在皇帝与朝臣、内阁与外官的长期角力中能够延续二百七十多年，与朱元璋在开国之初采取的这些文化措施并因而奠定的政治局面关系至大①。

朱元璋褒崇儒学、优礼儒士的制度，明代各朝皆奉行。建文朝历时仅四年，且迫于成祖之压力，历史记载较少。永乐朝是从侄子手中夺取权力的，为了掩饰篡夺之迹，显示得国之正，大力笼络士人。不过，朱棣在攻下南京之后诛杀方孝孺并禁绝其书的行为，为他崇儒的形象投下了阴影，以及对永乐及其后各朝士人造成的深远影响，不容忽视。

方孝孺是明初著名学者，少时从宋濂学，后被推荐为汉中府学教授，深得蜀献王信任，受聘为世子之师，优礼异于常人。建文帝即位后召为翰林侍讲，咨以国政，诏敕多出其手，颇见亲信。"靖难之役"发生后，姚广孝曾向成祖请求："城下之日，彼必不降，幸勿杀之。杀孝孺，天下读书种子绝矣。"成祖首肯。燕兵下南京，建文帝自焚死。成祖命方孝孺草登基诏书，遭到拒绝，被成祖磔于市。关于此事之细节，《明史》记载甚悉：

> 至是欲使草诏。召至，悲恸声彻殿陛。成祖降榻，劳曰："先生毋自苦，予欲法周公辅成王耳。"孝孺曰："成王安在？"成祖曰："彼自焚死。"孝孺曰："何不立成王之子？"成祖曰："国赖长君。"孝孺曰："何

---

① 本节主要参考张学智：《中国儒学史·明代卷》，北京大学出版社，2011 年。

不立成王之弟？"成祖曰："此朕家事。"顾左右授笔札，曰："诏天下，非先生草不可。"孝孺投笔于地，且哭且骂曰："死即死耳，诏不可草。"成祖怒，命磔诸市。孝孺慨然就死，作绝命词曰："天降乱离兮孰知其由，奸臣得计兮谋国用犹。忠臣发愤兮血泪交流，以此殉君兮抑又何求。呜呼哀哉兮庶不我尤。"时年四十有六。①

孝孺弟与孝孺同就戮，孝孺妻及二子自尽死，二女投秦淮河死。诛九族，死者共八百七十余人。永乐间，藏孝孺书者罪至死。建文诸臣自杀的被杀的，著名者尚有练安、黄观、铁铉、张纹、陈迪、茅大芳、周以德、王叔英、高巍、曾凤韶等数十人。

方孝孺未被戮时，已有清望。其师宋濂至有"如以近代言之，欧阳少勋、苏长公辈姑置勿论，自余诸子，与之角逐于文艺之场，不识孰为后孰为先也"之誉。当时人皆以方孝孺为天下士林之领袖，其一身进退所关士论非轻。其友人，也是同死于壬午之难的王叔英曾说："执事之身，系天下之望，士之进退，天下之幸与不幸欤！侧闻被召，计此时必已到京，获膺大任矣，兹实天下之大幸也。"

及成祖渡江，"靖难"功成，孝孺被难，同僚原约与孝孺同殉难者，此时多投靠新主。在生死关头，两种截然不同的态度无法掩盖地大白于世。以道自任，以诛十族惊天下的方孝孺向世人宣示了真正的读书种子所应有的道义担当，同时也反衬出争事新主诸臣风节上的缺陷。如郎瑛《七修类稿》中有《名人更无耻》一条，其中即议论士节：

> 文天祥在燕京时，欲为黄冠去国，南官王绩翁欲合谢昌元等十人请保释之。世祖亦有然意。留梦炎曰："不可，天祥傥出，复召号江南，置吾十人于何地？"遂寝其事。我太宗渡江靖难之时，廷臣胡广、金幼孜、胡俨、解缙、杨士奇、衡府纪善、周是修同约死节。明日，惟是修诣国子监尊经阁下缢焉。他日士奇为之作传，与其子曰："向使同尊翁死，此传何人作也？"呜呼！众固可责矣，若留、杨数言，尤为无耻之甚。读书

---

① 《明史》卷一四一《方孝孺传》。

明大义，至此尚尔云云，天理人心安在哉！

杨士奇是明代前期的名臣，世人犹且不能曲掩其失节，一般士人之言行，则更不易掩饰。方孝孺作为知识人忠愤被难的典型，自然激起人们对立身大节的思考。如成祖的儿子明仁宗继位后即下诏："若方孝孺辈，皆忠臣，诏从宽典。"并下令赦免建文死难诸臣的罪名，给予田土，谪戍者放还，其在教坊司、锦衣卫、浣衣局及习匠、功臣家为奴者，悉宥为民。

为迅速消除诛戮建文朝旧臣造成的负面影响，在兵事稍定，天下粗安后，成祖朱棣即大弘儒学，留心文事。永乐元年（1403），礼部请补试因兵革未举行的应天府、浙江布政司等乡试，成祖立即应允，为适应中心北移之后的文化形势，将设北京国子监。又命翰林学士解缙等负责修《永乐大典》，敕谕说：

> 天下古今事物散载诸书，篇帙浩穰，不易检阅。朕欲悉采各书所载事物类聚之，而统之以韵。庶几考索之便，如探囊取物尔。尝观《韵府》《回溪》二书，事虽有统，而采摘不广，纪载太略。尔等其如朕意，凡书契以来，经史子集百家之书，至于天文、地志、阴阳、医卜、僧道、技艺之言，备辑为一书，毋厌浩繁。①

翌年书修成，因内容多有缺略，成祖命重修，以姚广孝、刘季篪及解缙总负责。"命礼部简中外官及四方宿学老儒有文学者充纂修，简国子监及在外郡县学能书生员缮写，开馆于文渊阁。"永乐五年书成。据《四库全书总目》，参与修永乐大典者共 2 169 人，书共二万二千余卷。成祖赐名《永乐大典》，并亲为撰序。《永乐大典》是类书中最大者，价值极高，是中国图书史上的一项伟大工程。

永乐二年（1404），宽假北方岁贡生员考试，下谕：

> 北方近三四年间兵戈扰攘，诸生舍俎豆而事军旅，飞刍挽粟之劳，

---

① 《明太宗实录》卷二〇。

奔走流离之苦，岂暇于学。今考不中式者，可发回原学，补其废学年数，以俟再试。再试不中，如例处之。

礼部问会试的选士数额，成祖令准洪武时取中最多之数。此届会试共取中 472 名，并矜怜近年因兵革，影响士子习学备考，故令礼部出题更试下第举人，择文词优等者 60 人，皆命于国子监进学，俟后科再考。永乐三年，成祖谕礼部臣：

> 学校育材以资任用，太祖高皇帝内设国子监，外设府、州、县学，选用师范教育俊秀，严立教法，丰廪蠲徭，期待甚至。建文以来，学校废弛，所司又不督励，虚靡廪禄。尔礼部宜申明旧规，俾师教无缺，士学有成，庶几国家得贤材之用。

永乐四年，翰林侍读胡广对成祖说："陛下待儒臣进退之际恩礼俱至，儒道光荣多矣。"成祖笑答："朕用儒道治天下，安得不礼儒者？致远必重良马，粒食必重良农，亦各资其用耳。"其尊崇儒学，以儒道治天下的基本国策皆表出。从这些事上可以看出，在国家大事安定之后，成祖对文治给予越来越多的关注，且兴学育才，崇儒礼士方面的措施越来越多。

永乐五年（1407）十一月，成祖将亡妻徐皇后所撰的劝善书《内训》赐予群臣，使之作为女子典范教于家。此书分德性、修身、慎言、谨行、勤厉、警戒、节俭、积善、迁善、崇圣训、景贤范、事父母、事君、事舅姑、奉祭祀、母仪、睦亲、慈幼、逮下、待外戚等二十篇。成祖以此书赐臣下，寓有以儒家之道为家范教子弟之意。

成祖亦特别注意以儒家之道教皇太子。永乐五年《永乐大典》修成后，成祖留心儒家治道，余暇常阅读历代儒家之书，并摘录其中关于治平者汇为一书，令翰林学士提出修改意见，俾做皇太子读书之教本，令知圣贤心法、治平之术。《明太宗实录》载：

> 上出一书示翰林学士胡广等曰："古人治天下皆有其道，虽生知之圣，亦资学问。由唐虞至宋，其间圣贤明训具著经传。然卷帙浩繁，未

易遽领其要。帝王之学，但得其要，笃信而力行之，足以为治。皇太子天下之本，于今正当进学之时，朕欲使知其要，庶几将来太平之望。秦汉以下教太子者多以黄老、申韩刑名术数，皆非正道。朕间因闲暇，采圣贤之言，若'执中''建极'之类，切于修身、齐家、治国、平天下者。今已成书，卿等试观之，有未善更为朕言。"广等遍览毕，奏曰："帝王道德之要备载此书，宜与典谟训诰并传万世，请刊印以赐。"上曰："然。"遂名曰《圣学心法》，命司礼监刊印。

三个月后书印成，成祖亲自为序，遣人颁赐予皇太子。这些都说明成祖非常重视从太子到大臣子弟儒学基础的教育培养。

成祖崇儒的一个重要举措是《五经大全》《四书大全》《性理大全》的编纂和颁布。成祖 21 岁就藩，平生好武事，一生多经战阵，雄才大略。即帝位后亦留心文事，多有创制。编纂大型儒书，早在洪武年间即有动议。《明史·解缙传》载：

一日，帝（朱元璋）在大庖西室，谕缙："朕与尔义则君臣，恩犹父子，当知无不言。"缙即日上封事万言，略曰："臣见陛下好观《说苑》《韵府》杂书与所谓《道德经》《心经》者，臣窃谓甚非所宜也。《说苑》出于刘向，多战国纵横之论；《韵府》出元之阴氏，抄辑秽芜，略无可采。陛下若喜其便于检阅，则愿集一二志士儒英，臣请得执笔随其后，上溯唐、虞、夏、商、周、孔，下及关、闽、濂、洛，根实精明，随事类别，勒成一经，上接经史，岂非太平制作之一端欤？又今六经残缺，《礼记》出于汉儒，踳驳尤甚，宜及时删改。访求审乐之儒，大备百王之典，作乐书一经，以惠万世。[①]

当时国事初安，儒书的编纂、集成多在礼乐、制度方面。思想文化方面，大型工程之兴动尚无足够的条件，而成祖时条件已经成熟。成祖编修三部《大全》，一是为了科举考试有系统的教科书和参考书，二是为了改变元朝统

---

① 《明史》卷一四七《解缙传》。

治者重军事、政治，不重文化的现象，三是为了将全国知识分子的思想统一到儒学上来，四是为了大兴文教。在靖难之后扫除诛杀方孝孺在知识分子心中留下的恶劣影响，显示自己以儒学治国，崇文德、摈申韩的政略，同时改变朱元璋用法太严，文化气氛过于畏葸的局面。

永乐十二年（1414），成祖谕翰林学士胡广，侍讲杨荣、金幼孜：

> "五经""四书"，皆圣贤精义要道，其传注之外，诸儒议论有发明余蕴者，尔等采其切当之言，增附于下。其周、程、张、朱诸君子性理之言，如《太极通书》《西铭》《正蒙》之类，皆六经之羽翼，然各自为书，未有统会，尔等亦别类聚成编。二书务极精备，庶几以垂后世。①

命胡广等总其事，仿修《永乐大典》例，荐举朝臣与外省教官有学问者参与纂修，并命开馆东华门外，光禄寺供馈。由此谕可知，三部《大全》原拟撰二书：《五经四书大全》和《性理大全》。《明太宗实录》卷一六八永乐十三年九月条下也记载："己酉，《五经四书大全》及《性理大全》书成。"

从元仁宗皇庆二年（1313）十一月颁布的科举条制看，蒙古人、色目人，第一场考经问五条，题目从"四书"中出，答题参照朱熹的《四书章句集注》。第二场考策一道，以时务出题，不考"五经"。汉人、南人，第一场考明经、经疑二问，"四书"内出题，答题参照朱熹的《四书章句集注》。除此以外，还要考经义一道。答题之参照，《诗》主朱熹的《诗集传》，《书》主蔡沈的《传》，《易》主程颐的《程氏易传》和朱熹的《周易本义》。以上三经，兼用古注疏。《春秋》用三传及胡氏传，《礼记》用古注疏。第二场，古赋、诏、诰、章、表、内科一道。第三场，策一道，经史、时务内出题。蒙古人、色目人只考"四书"，不考"五经"，愿考者如考中，加一等授官。汉人、南人二者皆考。这说明，蒙古人、色目人的考题比汉人、南人的考题简单，适应其文化程度相对较低的现状，突出对其种族上的优待。同时说明，在元朝人看来，"四书"的内容可涵盖"五经"，"四书"在重要性上比"五经"要高。因"四书"主朱熹的《四书章句集注》，所以朱熹的地位要高于其他

---

① 《明太宗实录》卷一五八。

经师。

到了明代，这种情况不仅延续下来，而且还进一步发展。洪武十七年 (1384) 颁科举定式，乡试、会试皆各三场。三场以后成为定制，但"四书"的分量逐渐加重，经的分量逐渐减轻。出题主要在"四书"内，射、策取科的士子也多在"四书"上用功，"五经"成了虚应故事。既不能遍通"五经"，专攻之一经也逐渐空疏。顾炎武说：

> 明初三场之制，虽有先后，而无重轻，乃士子之精力多专于一经，略于考古。主司阅卷，复护初场所中之卷，而不深求其二、三场。夫昔之所谓三场，非下帷十年，读书千卷，不能有此三场也。今则务于捷得，不过于"四书"一经中拟题一二百道，窃取他人之文记之，入场之日抄誊一过，便可侥幸中式，而本经之全文有不读者矣。率天下而为欲速成之童子，学问由此而衰，心术由此而坏。①

这是明代注重理学，经学因此废坠的主要原因。而朱熹的地位因科举之故，遂如日中天，确然而不可拔。

成祖于三部大全寄望甚重，谕编纂儒臣"务极精备，庶几以垂后世"，但实仓促成书。下敕谕编书在永乐十二年十一月，书成呈览在永乐十三年九月，实际编书日不足十个月，中间成祖曾下诏催促，并增拨人手。编纂者不得不由缓变促，书的内容不得不大量采辑前人成书而稍事补缀，此点甚遭后人诟病。顾炎武认为是"上下相蒙，以饕禄利"之举，批评甚为痛切：

> 当日儒臣奉旨修《四书五经大全》，颁餐钱，给笔札，书成之日，赐金迁秩，所费于国家者不知凡几。将谓此书既成，可以章一代教学之功，启百世儒林之绪。而仅取已成之书，抄誊一过，上欺朝廷，下诳士子，唐宋之时有是事乎！②

---

① （清）顾炎武：《日知录》卷一六《三场》，花山文艺出版社，1991 年，下同。
② （清）顾炎武：《日知录》卷一八《书传会选》。

此书稿成后，成祖"览而嘉之"，赐名《五经四书性理大全》，并为之作序，命礼部刊印，赐六部、两京国子监及天下郡县学。这篇序十分重要，虽极有可能出于侍从之手，但传达的是成祖编纂此书的设想与意图，表达了成祖治理国家的基本思路，即崇用儒家之道。序言认为，雍熙之世是因为儒家圣人以道治国，后世之乱象是因为背离了儒家之道。儒家的道即天地万物之理，是一切事物产生和存在的法则。儒家之道集中地表现在"四书""五经"中，诸儒的传注，是"四书""五经"的羽翼。修纂三部《大全》，从大处说，是为了探寻圣贤之蕴奥，树立诚身立本，以儒学作为治平基础的宏规。从近处说，是为了显示追宗太祖，宣扬文治，成就一代英主的意向。成祖借修《永乐大典》、颁布仁孝皇后的《内训》、亲自撰辑教皇太子以儒家之道的《圣学心法》，以及编纂三部《大全》，明白地将自己以儒家治国的理想诏示天下，并希望以此改变自己诛方孝孺十族，肆力捕杀建文旧臣的凶残、鸷桀面目，给天下以文治明君、雄才圣主的印象。

顾炎武认为，洪武、永乐的文化措施引发了中国后期社会的转变，说：

愚尝谓自宋之末造以至有明之初年，经术人材于斯为盛。自八股行而古学弃，《大全》出而经学亡，十族诛而臣节变。洪武、永乐之间，亦世道升降之一会矣。[1]

综观明代前期，特别是洪武和永乐两朝的儒学政策，可知有明一代延续宋元以来以儒学为思想基础的文化格局而又有所加深，儒学对社会生活各个方面的影响既深又广，特别是通过科举的推动，其深入人心的程度，为历代所不及。明代在文化学术上的大手笔，皆与儒学有关。儒学在明代起到了安定社会、缓和矛盾、传承文化学术的作用。明代初年的文化政策，为终明之世各朝所遵行，从国家典章制度、思想理论、文学艺术到平民的一般行为规范、信仰、道德，无不打上儒家思想的烙印。

---

[1] （清）顾炎武：《日知录》卷一八《书传会选》。